智能制造系列丛书

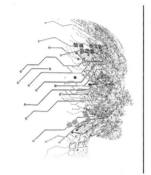

制造企业创新路径
——方法与案例

李翔 李颖 著

机械工业出版社

本书围绕产品创新、产品实现和客户价值三大体系，十一个维度进行展开，构建了相对完整的创新升级路径，并分别从范围、战略及组织三个方面论述了企业的创新定位，形成了包括创新战略规划、项目研发论证、集成创新研发和价值创造四大阶段的创新研发体系；最后结合全球极具创新特色的公司——特斯拉的创新实践案例，分别从战略定位、电池技术、电子电气架构、自动驾驶、芯片技术、能源技术、轻量化技术、新工艺的创新，以及包括制造创新、营销创新、开放生态创新和组织创新方面进行了详细剖析。

本书以理论为支撑，以路径为核心，以案例为辅证，突出体系及能力，从战略和管理出发，是企业决策者的创新启发书籍，可以帮助其带领企业付诸创新实践；也适合企业创新开发实践者阅读，可激发其创新思路、建立科学的创新方法；亦可成为中高层管理者和广大高校管理类学生的参考书籍。

图书在版编目（CIP）数据

制造企业创新路径：方法与案例/李翔，李颖著. —北京：机械工业出版社，2022.3

（智能制造系列丛书）

ISBN 978-7-111-70194-1

Ⅰ.①制… Ⅱ.①李…②李… Ⅲ.①制造工业-企业创新-研究-中国 Ⅳ.①F426.4

中国版本图书馆 CIP 数据核字（2022）第 029868 号

机械工业出版社（北京市百万庄大街 22 号　邮政编码 100037）
策划编辑：孔　劲　　　　责任编辑：孔　劲　王　良
责任校对：樊钟英　刘雅娜　封面设计：马精明
责任印制：常天培
天津翔远印刷有限公司印刷
2022 年 4 月第 1 版第 1 次印刷
184mm×260mm・14.5 印张・317 千字
0001—2500 册
标准书号：ISBN 978-7-111-70194-1
定价：69.00 元

电话服务　　　　　　　网络服务

客服电话：010-88361066　机　工　官　网：www.cmpbook.com
　　　　　010-88379833　机　工　官　博：weibo.com/cmp1952
　　　　　010-68326294　金　书　网：www.golden-book.com
封底无防伪标均为盗版　机工教育服务网：www.cmpedu.com

因为相信,所以看见!

前言

每一次技术飞跃,都将在不同程度上改写产业的竞争格局,甚至推动社会变革,而创新是推动技术飞跃的原动力。工业革命就是技术推动下的社会变革,目前我国正处于新一代信息技术与工业技术深度交融的时期,这是一个大时代,是创新的大时代!

智能制造是"工业4.0"的核心,笔者很庆幸这几年能够有机会参与到相应的具有挑战性的智能制造项目的规划中,并将个人的一些设想变成了蓝图(系统性规划),看到企业按照规划逐步实施,并且在某些关键领域实现了持续性的技术积累,建立了企业新的竞争优势,虽然整个过程充满艰辛,但是企业却因此而由大变为强,由衷地为他们感到骄傲!

更为幸运的是在规划之初,不少企业能够接受建议,暂时放弃某些高大上的技术和概念,理性地回归企业本源,重新审视和反思企业的产品、制造、服务三大核心环节。通过对企业的业务再定位、再优化,围绕智能制造进行规划,且有序地实施推进,同时根据推进的情况,不断优化规划和业务。这样做使企业能在迅猛发展的信息技术面前从容应对,不再被云计算、大数据、物联网、移动应用、人工智能等新技术绕得云里雾里,为了技术而技术,而是让这些新技术有效地服务于企业业务:一方面,赋能企业,实现高质量发展;另一方面,围绕客户需求,通过业务整合及供应链协同等实现传统业务的突破,开始谋划可能业务转型的切入方向。

在智能制造的实践过程中,"创新"是继"业务"之后的又一关键词。记得十多年前笔者在进行企业信息化规划的培训中多次提及,由于信息技术的迅猛发展、企业信息技术应用的不断深入,IT相关的岗位及职能也将顺应时代的发展而逐渐演进,并用了一个非常形象的比喻进行了说明:IT人员已经从之前的地下室（网络建设）回到了地面（服务支撑，有岗位无部门），大多数企业的IT人员已经拥有独立的办公桌（系统开发及实施等，从属部门），部分企业的信息化负责人已经拥有独立办公室（信息化规划等，独立部门），极少数企业的信息化负责人已经进入了圆桌会议室（IT治理等，并进入企业决策层，参与公司战略决策），只有到此才能成为真正的CIO（Chief Information Officer，首席信息官）；未来CIO"I"的内涵也将由Information（信息）向Innovation（创新）转变，会诞生一批首席创新官，未曾想这种变化现在正在很多的企业发生。

笔者也非常有幸能融入这样的演变过程中，并有效地促成了某大型民营集团企业在总部成立了创新研发中心，且有幸担任其首任中心总经理（首席创新官）。通过一年多的努力，在多方协同下，初步搭建了满足企业发展的创新研发体系，完成了基于行业的创新研发地图及若干可能的创新研发方向。更为关键的是让这家非常传统的企业建立起了创新意识："创新没有不可能"，完成了该企业在创新道路上的阶段性使命。

因此有了如五年前准备写《企业信息化评估与规划之路》时的冲动。一方面，写书的过程，是对近年来的思考和对实践进行重新梳理、总结、反思、再提升的最佳路径；另一方面，通过书籍可以更高效地将相关的思想分享给更多的企业和关心创新的人。为促进我国企业的创新出一份力，即便有不足，也可引起大家的批判和反思。

将碎片化的零散知识整理成相对体系化的完整结构是一个非常痛苦的过程，因为在写作初期体系化的框架并不存在，需要在写作的过程中不断补充、完善，它时而清晰、时而模糊；时常又会令人沮丧地发现，很多之前很好的想法，经过深挖后却发现存有缺陷，一些之前认为非常重要的内容，在整体框架中反而变得边缘化，而完整的框架中会有非常多的知识空白点是需要去不断学习和补充的，在此过程中，又出现了更多的碎片化知识，总之，很多时候都在怀疑想要搭建的框架是否能真正构建起来。

就是在这样不断否定、自信被严重打击中仍旧坚持，最终完成了本书的撰写。希望本书能帮助企业打消"创新恐惧"，激发创新思路，建立科学方法，在实践中形成满足企业自身需求的创新研发体系。

经过多年的发展，我国一些企业已不缺技术实现的能力，但缺少进行创新的点，即撬动创新的支点，也缺少创新所需遵循的基本逻辑，也就是实现创新的路径，更缺少支撑创新研发所需的机制和体制保障，本书正是围绕以上需求进行展开的。

首先，本书从宏观的角度论述了创新的重要性。全球制造业正面临第五次大的产业迁移，在每一次迁移过程中，都会出现新兴区域和伟大的企业，其中有些区域和企业保持了良性的发展，但也有不少区域和曾经伟大的企业却没落了。是否有创新是其中最为关键的因素之一。

其次，本书根据创新的不同层次，详细分析了每种创新的内在机理及需要构建的核心能力。企业可以根据所处行业及自身的发展现状，进行有策略性的创新定位，并在此基础上构建核心能力。

然后，分别从产品创新、产品实现和客户价值三大体系，十一个维度，结合最新的创新理念、技术发展、若干创新思路和相关案例，构建起了相对完整的创新升级路径。

之后，结合实践，构建了企业的创新体系框架，分别从范围、战略及组织三个方面阐述了企业的创新定位，围绕创新战略规划、项目研发论证、集成创新研发和价值创造四大阶段介绍了企业创新研发过程，并重点对创新生态圈建设和创新外部环境分析两个热点话题进行了论述。

最后，结合全球极具创新特色的公司——特斯拉的创新实践案例，分别从战略定位、电池技术、电子电气架构、自动驾驶、芯片技术、能源技术、轻量化技术、新工艺八大领域，以及制造创新、营销创新、开放生态创新和组织创新四个方面进行了详细剖析。全书框架如图 0-1 所示。

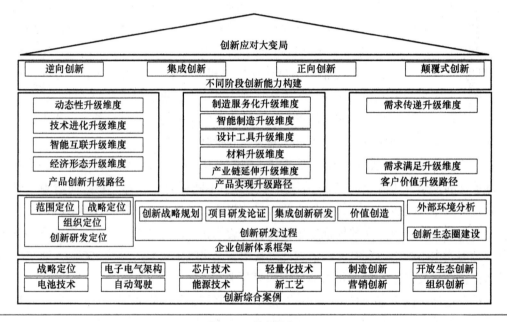

图 0-1　全书框架

五年前《企业信息化评估与规划之路》一书出版后，有不少制造企业按照书中的方法和图表展开企业的信息化规划，也有一些之前仅仅实施某些信息系统的软件公司因其受到启发而成立了咨询部门，看到所出版的图书能够助力企业进行信息化规划，笔者甚是欣喜。因此，真心希望《制造企业创新路径——方法与案例》一书也可变成大家在创新道路上可借鉴的参考资料。

创新，没有不可能！创新之路必然布满荆棘，只要树立必赢的信念、坚定的信心，必能通过创新实现企业的价值创造。在创新道路上的"今之跬步，明至千里！"，更加希望大家能分享您的创新经验（2807243599@qq.com），共同进步和提升！

李翔于英雄之城　武汉

致谢

首先,必须感谢这个时代——互联网时代,因为有了互联网,我才可能高密度地聆听到院士、专家及实战企业家的教诲,也使得我在写作的过程中得以将获得的启发融入文字中,在此表示深深的感谢。

其次,必须感谢的是这段时间一直陪伴我的书籍,包括"中国制造2025丛书"(国家制造强国建设战略咨询委员会和中国工程院战略咨询中心编著)、《三体》《三体Ⅱ·黑暗森林》《三体Ⅲ·死神永生》(刘慈欣),以及《产品设计与开发》([美]卡尔·T. 乌利齐等著,杨青等译)、《重构数字化转型的逻辑》(安筱鹏)、《TRIZ进阶及实战》(赵敏、张武城、王冠殊)、《铸魂软件定义制造》(赵敏、宁振波)、《精益研发2.0》(田锋)、《数字孪生实战》(梁乃明、方志刚、李荣跃、高岩松等)、《国防装备系统工程中的成熟度理论与应用》(张新国)等。当然还有更多的没有列入该名单的书籍和作者们。正因为他们的指引,才使得我能在迷茫中寻找到了方向、受到启迪!

第三,必须感谢曾经或将要给予我工作、赋予我项目的企业,是你们才使得我有了将理论与实践相结合的实践机会,并在实践中不断完善和丰富相关的方法体系,因为不断有挑战性项目,才促使我进行思考,不断产生创意的灵感。同时必须感谢共同奋斗的同事和合作伙伴们,是你们让我每天都在接收新的知识,收获满满!

第四,必须感谢曾经邀请我进行企业内训及论坛演讲的企业和机构,因为你们的那份期盼和源于内心的信任,促使我必须及时总结,时刻重新审视理论框架、方法体系与实践案例之间是否匹配并不断优化,本书最初的框架正源于此!

第五，必须感谢我的家人，是他们的包容，才使得我抛弃所有顾虑，静心写作，在我烦躁的时候给我鼓励，在我欣喜的时候听我分享！还要感谢的是我至亲的朋友们，你们的鼓励足以让我兴奋许久！

第六，必须感谢机械工业出版社的编辑们，是你们专业和辛勤的工作，才使得本书得以顺利出版！

最后，必须感谢您，购买正版图书的读者们，因为您的选择，才确保了图书市场的正常运营！在此，我更需要脱帽向您鞠躬，一方面是源于您的认可，选择了本书；另一方面我心怀忐忑，因为本书所撰写的内容仅是本人的粗浅想法，尚有不足之处，因此希望仅供参考，并随时欢迎您的批评指正！

李　翔

目录

前言
致谢

第1章 创新应对大变局 ………………………………………………… 1
  1.1 全球制造业产业迁移历程 …………………………………………… 2
  1.2 新一轮制造业产业迁移特征 ………………………………………… 3
    1.2.1 高端产业将加速回归 …………………………………………… 3
    1.2.2 中低端产业加速重构 …………………………………………… 3
    1.2.3 数字与制造深度融合 …………………………………………… 3
  1.3 企业如何应对制造业产业迁移 ……………………………………… 4
  1.4 国家如何应对制造业产业迁移 ……………………………………… 5
    1.4.1 构建自主创新能力 ……………………………………………… 5
    1.4.2 构建自主价值网络 ……………………………………………… 5
    1.4.3 融入区域价值网络 ……………………………………………… 7
  1.5 创新驱动新旧动能转换 ……………………………………………… 8

第2章 不同阶段创新能力构建 ………………………………………… 9
  2.1 构建逆向创新能力 …………………………………………………… 10
    2.1.1 基本概念 ………………………………………………………… 10
    2.1.2 逆向创新的价值 ………………………………………………… 10
    2.1.3 逆向创新核心能力构建 ………………………………………… 11
  2.2 构建集成创新能力 …………………………………………………… 12

		2.2.1	基本概念	12
		2.2.2	中心企业集成创新核心能力构建	13
		2.2.3	协同企业集成创新核心能力构建	16
	2.3	构建正向创新能力		18
		2.3.1	基本概念	18
		2.3.2	正向创新核心能力构建	18
	2.4	颠覆式创新突破		22
		2.4.1	基本概念	22
		2.4.2	颠覆式创新来源分析	23
		2.4.3	颠覆式创新现状一览	23

第3章 产品创新升级路径 ··· 27

	3.1	创新从反思产品起步		28
		3.1.1	产品定义	28
		3.1.2	重新定义产品	29
	3.2	经济形态升级		30
		3.2.1	基本概念	30
		3.2.2	产品在经济形态中的体现	31
		3.2.3	体验经济是新经济形态	33
		3.2.4	经济形态对创新的启迪	35
		3.2.5	经济形态发展趋势的思考	36
	3.3	智能互联升级		38
		3.3.1	基本概念	38
		3.3.2	智能互联产品的新基础架构	41
		3.3.3	智能互联产品的核心新功能	43
		3.3.4	智能互联产品重塑行业竞争	44
		3.3.5	智能互联产品带来全新挑战	47
		3.3.6	智能互联产品新型竞争模式	50
	3.4	S-进化升级		52
		3.4.1	基本概念	52
		3.4.2	S-技术进化曲线族	54
		3.4.3	创新"死亡之谷"	56
		3.4.4	跨越"死亡之谷"	56
	3.5	动态性升级		60
		3.5.1	基本概念	60
		3.5.2	产品的动态性演进	60

3.5.3 系统的动态性演进 ·· 64

第4章 产品实现升级路径 ·· 67

4.1 产业链延伸升级 ·· 68
4.1.1 基本概念 ·· 68
4.1.2 不同供应链层级企业创新能力分析 ·· 70
4.1.3 提升产品品质 ·· 71
4.1.4 向主机厂靠拢 ·· 73

4.2 材料升级 ·· 74
4.2.1 现状及挑战分析 ·· 75
4.2.2 创新发展路径思考 ·· 77
4.2.3 材料研发新范式 ·· 80

4.3 设计工具升级 ·· 84
4.3.1 设计工具历史变迁路径 ·· 84
4.3.2 设计工具正在进行创新 ·· 85
4.3.3 设计工具未来发展趋势 ·· 87
4.3.4 设计工具改变设计理念 ·· 88
4.3.5 基于知识设计模式变革 ·· 89

4.4 智能制造升级 ·· 92
4.4.1 "工业4.0"概述 ·· 92
4.4.2 制造层级决定了竞争格局 ·· 94
4.4.3 智能制造升级的几个重点问题 ·· 99

4.5 制造服务化升级 ·· 120
4.5.1 制造服务化概述 ·· 120
4.5.2 服务型制造 VS 传统制造企业 ·· 121
4.5.3 服务型制造升级 ·· 123
4.5.4 服务型制造的实施路径 ·· 125
4.5.5 服务型制造转型案例 ·· 129

第5章 客户价值升级路径 ·· 133

5.1 需求满足升级 ·· 134
5.1.1 基本概念 ·· 134
5.1.2 消费品需求的升级 ·· 136
5.1.3 工业品需求的升级 ·· 139

5.2 需求传递升级 ·· 141
5.2.1 营销范式创新演进 ·· 141

5.2.2 营销科技概览 ·· 144

第6章 企业创新体系框架 ·· 149

6.1 企业创新研发定位 ·· 150
6.1.1 创新范围定位 ·· 150
6.1.2 技术创新战略定位 ·· 153
6.1.3 技术创新组织定位 ·· 154

6.2 企业创新研发过程 ·· 156
6.2.1 完整的创新研发过程综述 ·· 156
6.2.2 基于行业的创新战略规划 ·· 157
6.2.3 基于价值的项目研发论证 ·· 161
6.2.4 基于项目的集成创新研发 ·· 164
6.2.5 基于市场的价值创造 ·· 169

6.3 创新生态圈建设 ·· 171
6.3.1 创新研发生态圈面临的挑战 ·· 171
6.3.2 创新研发生态圈模式探寻 ·· 171
6.3.3 创新研发生态圈价值分析 ·· 173

6.4 创新外部环境分析 ·· 174
6.4.1 国家政策 ·· 174
6.4.2 行业机构 ·· 174
6.4.3 科研院所 ·· 176
6.4.4 领先企业 ·· 176
6.4.5 价值客户 ·· 177
6.4.6 行业媒体 ·· 177

第7章 特斯拉全面创新案例 ·· 179

7.1 特斯拉的领军人物 ·· 181
7.1.1 埃隆·马斯克简介 ·· 181
7.1.2 埃隆·马斯克初期创业 ·· 181
7.1.3 埃隆·马斯克的商业帝国 ·· 182

7.2 特斯拉发展简史 ·· 183

7.3 特斯拉技术创新 ·· 185
7.3.1 战略定位 ·· 185
7.3.2 蓄电池技术 ·· 185
7.3.3 电子电气架构 ·· 188
7.3.4 自动驾驶 ·· 190

7.3.5　芯片技术 ·· 194
　　7.3.6　能源技术 ·· 196
　　7.3.7　轻量化技术 ··· 198
　　7.3.8　新工艺 ··· 200
7.4　特斯拉其他创新 ·· 202
　　7.4.1　制造创新 ·· 202
　　7.4.2　营销创新 ·· 208
　　7.4.3　开放生态创新 ·· 211
　　7.4.4　组织创新 ·· 211
7.5　特斯拉创新启示 ·· 212

参考文献 ··· 215

结束语 ·· 216

第1章
创新应对大变局

大变局下，因变而生的不稳定、不确定、不均衡日益凸显，要想波澜不惊、勇立潮头，唯有创新！

1.1 全球制造业产业迁移历程

自从第一次工业革命以来，全球范围内已经完成了四次产业迁移，目前正在进行第五次产业迁移。每次产业迁移都会引发全球产业格局的重新改写。

第一次产业迁移在20世纪初，以英国为代表的欧洲国家将部分"过剩产能"向美国转移，美国有效地抓住了机遇，迅速崛起。

第二次产业迁移在20世纪50年代，日本经济快速恢复，日本政府根据自身优势与全球产业发展的需要，重点发展电子、汽车、半导体、精密仪器等技术密集型制造业，并制定了行之有效的外向型发展战略，取得了巨大成功，快速进入发达国家之列。

第三次产业迁移在20世纪60—70年代，韩国、中国台湾地区、中国香港地区、新加坡四个亚洲经济体凭借劳动力成本优势以及区位优势，先后承接发达国家转出的纺织、电子组装等劳动密集型产业，同时通过吸收外来资金和技术，加大研发创新等方式，迅速融入全球分工体系中，并不断转型升级，成就亚洲经济增长奇迹。

第四次产业迁移在20世纪80年代，全球制造业涌向以中国为代表的发展中国家，我国基于新中国成立后自力更生所构建起的相对完整、独立的制造业产业体系，依托改革开放的政策红利和巨量农村剩余劳动力进城务工带来的廉价劳动力红利，以来料加工等方式迅速融入全球制造业分工体系，高效、系统、全面地承接了全球劳动密集型产业迁移。在此过程中，自身的产业体系进一步健全，制造能力得到迅速提升。2010年，我国制造业产出占世界的比重为19.8%，达1.924万亿美元，超越美国的19.4%，成为全球制造业第一大国。目前，我国是全球唯一拥有全部工业门类的国家。联合国产业分类中所列举的39个工业大类，191个中类，525个小类，全都能在我国找到。"中国制造"享誉全球。

2008年，以美国次贷危机为导火索，引爆了全球性的金融危机，世界经济低迷，逆全球化思潮抬头，全球制造业分工格局面临重大调整：一方面，欧美等发达国家推行以高端制造业回流为核心的"再工业化"战略，谋求在技术、产业等方面继续保持领先优势，抢占制造业高端市场；另一方面，印度、越南等国家则以更低的劳动力成本承接劳动密集型产业的转移，抢占制造业的中低端；作为全球制造中心的我国在面临外部双重挤压的同时，因为原材料、土地、劳动力等资源成本不断攀升，也在积极通过产业转移和升级寻求突破。

因此，全球制造业产业正经历"百年未有之大变局"的第五次大迁移！

1.2 新一轮制造业产业迁移特征

1.2.1 高端产业将加速回归

发达国家必然会在现有国家意志基础上，通过更为严格的法律、经济、贸易、知识产权等措施，以加速高端制造业的回归，并在此基础上进一步遏制关键技术的输出；同时将采用新的方法（如全新封装技术、新型授权体系等）在确保技术安全的前提下，构建新的贸易体系（而不是简单地限制出口等），从而进一步确保既得利益者持续获得更高收益。

1.2.2 中低端产业加速重构

一方面，各国将认真考虑之前所忽略的中低端产业（尤其是以基础安全、民生、健康为主的产业），各产业链的格局均将面临重构；另一方面，各发达国家政府将依托具有丰富国际化运营经验的跨国企业巨头进行操盘，构建全新的产业价值链联盟，通过准入、价格等市场机制继续切割全球供应链体系，进一步削弱制造加工环节的话语权，使之成为听话的"提线木偶"，让其在较低利润前提下继续为产业做出贡献，使发达国家可以继续享用高质、低价的全球供应链福利，并全力遏制其有效进行产业链的延展和升级。一旦发觉可能的威胁苗头，将会引来众多跨国企业联盟，通过设备、技术、价格、环境监管等所谓的市场竞争手段进行集体绞杀。

1.2.3 数字与制造深度融合

未来的全球经济会更加不确定、复杂和模糊，但数字经济所展现出的强大抗冲击能力和发展韧性让数字化进程加速成为所有不确定因素中的一个定数，新一代信息技术与制造业融合发展成为世界各国调整失衡产业结构、构建竞争新优势的重要举措。

一方面，以云计算、大数据、物联网、移动应用、人工智能为核心的新一代信息技术与制造业相互渗透、深度融合，加快推动制造业生产方式和企业形态重构，促使制造业降低生产成本、提高生产率、提升核心竞争力；另一方面，以信息流带动技术流、资金流、人才流，引发生产组织模式、商业运行逻辑、价值创造机制的深刻变革，不断催生新技术、新产品、新业态、新模式,拓展制造业发展新空间,为发展壮大数字经济持续注入新动能。

企业竞争要素由之前的以材料、能源两种资源为核心,转变为以材料、能源和数据三种资源为核心,数据作为最为活跃的新型生产要素,正深度融入价值创造中,推动各产业变革,未来在产品形态、产销模式、使用方式和产业生态等方面均将面临新的变革。

1.3 企业如何应对制造业产业迁移

通过挖掘制造业产业迁移的历史规律,我们不难发现,制造业产业迁移往往是从劳动密集型产业开始,进而到资本与技术密集型产业,然后是行业标准及产业规则的制定。

在此规律的背后,有一个问题值得深思,为什么在每次迁移过程中,有的地区沉沦了,一蹶不振;有的地区起势很好,但昙花一现,迅速沉沦;而有的地区虽然缓慢起步,但经过不断调整,最终占据核心位置,获得了巨大发展,这背后的秘密究竟是什么?同时,每次产业转移,必然会崛起一大批超级企业,他们又抓住了什么?做对了什么?

通过深入分析不难发现,企业是否能长盛不衰的秘密在于企业能否在发展过程中实现从逆向创新到集成创新到正向创新,再到颠覆式创新的转变和跃迁,以及与其他竞争对手相比,实现这样的跃迁所花费的时间及成本代价更小。

如果企业实现了逆向创新,其在行业中的地位就会得到一定的巩固,但必然会面临同业竞争对手的厮杀,这类企业属于产业迁移过程中受影响最大的群体;如果企业实现了集成创新,那么它在竞争中必然处于一定的优势地位,在产业迁移的过程中如果能把握好机会,将会实现新的发展,这样的企业往往是产业迁移的被动参与者。一旦企业能在集成创新的基础上实现正向创新,其关心的不再是产业迁移的问题,而是在哪里部署产业的问题,这样的企业往往是产业迁移的主导者和游戏规则的制订者。如果在正向创新的基础上,创造出颠覆性的技术,那么企业关心的将不再是在哪部署的问题,而是优先改造或颠覆哪个产业、创新出哪些新产业等问题。如图1-1所示。

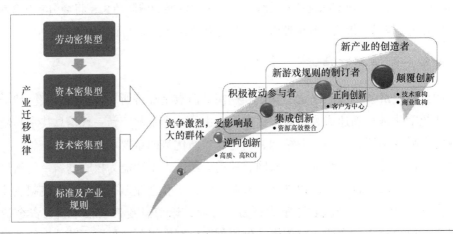

图1-1 创新能力是企业的核心竞争能力

因此，作为后发国家的企业要借助因产业迁移的短暂机会期，迅速构建起从逆向到集成创新的能力。

1.4 国家如何应对制造业产业迁移

1.4.1 构建自主创新能力

国家或区域应积极营造创新的氛围，出台引导政策，帮助企业构建自主创新能力，如此一来，企业可以在现有成熟产业中占据有利位置，或者通过独占技术实现相互制衡，形成新的产业平衡；另外，通过自主创新还可以源源不断地孵化并培育出新的产业。

国家自主创新能力的构建，其核心要素不在于具体的技术或产业本身，而是教育人才体系和健康创新网络体系的构建。

教育和人才体系构建的指挥棒在于国家对于价值分配体系的导引，据此可以将大量的高素质人才吸引到创新研发事业中。

逆向创新和集成创新需要的是技术工匠，即能够综合应用现有技术的技术型人才和管理型人才；正向创新需要的是具有行业洞见、趋势引领、技术综合能力的复合型技术管理人才；颠覆式创新需要的则是具备基础原理研究与开发能力的技术创新人才，以及原始技术转化、孵化和产业化的技术型投资人才。

未来的人才教育更加关注"STEAM"教育模式，即 Science（科学）、Technology（技术）、Engineering（工程）、Art（艺术）及 Mathematics（数学）。这不是简单地对原来的分科体系进行整合，而是创新地代表了五种思维模式，它们分别是：

1）科学：代表"假设-验证"的思维模式。
2）技术：代表"如何应用"的思维模式。
3）工程：代表"系统性思考"的思维模式。
4）艺术：代表"感性化理解"的思维模式。
5）数学：代表"第一性原理"的思维模式。

健康创新网络体系就是要形成集基础研究、前沿探索、创新研发、商业孵化和产业化价值壮大为一体的创新生态系统。

美国通过"国家制造创新网络计划"构建起学术界、工业界及政府之间的创新网络，其中每个机构关注一个具有发展前景的先进制造技术领域，实施有效研发、技术转移、劳动力培训和教育，从而解决与工业制造相关的问题，实现持续创新的机制，是值得我们深入学习、研究和借鉴的。美国国家制造创新网络如图 1-2 所示。

1.4.2 构建自主价值网络

国家或区域在全球产业格局中仅仅具备了自主创新能力是远远不够的，还需要在全球产

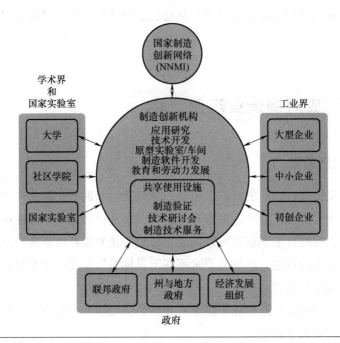

图 1-2 美国国家制造创新网络

业链网络格局中形成自己的价值网络。

链接数、链接体量和链接内容决定了国家或区域在价值链网络中的价值,价值越大,其可替代性越弱,在国际竞争中的话语权就越强。

因此,国家一定要站在全球产业格局的高度,结合现状仔细分析各产业在全球价值网络中的地位,制定有针对性的产业政策。这里需要强调的是,在全球价值网络体系中,每个产业都有其特殊作用,因此没有优劣之分,需要等同看待。根据链接数、链接体量和链接内容三要素的优劣情况,可将产业分为绝对优势产业、优势产业、潜力产业、弱势产业、空白产业和卡脖子产业六大类。以下是针对各类型产业的介绍:

1) 绝对优势产业。指链接数、链接体量和链接内容三个要素均占据优势的产业。其战略定位一方面要迅速成为游戏规则的制定者和监管者(如市场准入、价格体系、技术要求、检测标准、生产条件等);另一方面通过颠覆式创新成为现有产业的颠覆者(也就是要从本源需求出发,通过基础原理的创新,创造出颠覆性技术,推出颠覆性产品,培育全新的商业模式)。因此,绝对优势产业切忌一味地求大,而是要站在更高的层面进行产业谋划和布局。

2) 优势产业。指链接数、链接体量和链接内容三个要素中有两个要素占据优势的产业。结合我国情况,这些优势产业往往指链接数、链接体量处于优势,但链接内容处于弱势,其战略定位是如何有效提升链接内容,也就是升级所提供的产品及服务;同时融入游戏规则的制定过程中。可采取的策略:一方面加大自主创新的扶持力度,实现产品及服务升级;另一方面通过国际合作,将具有优质链接内容,但链接数和链接体量相对较弱的企业融入到创新网络体系中来(必要时可以通过协会或联盟的力量多方布局,实现集体的合力,而不是依靠单个企业进行单打独斗），这与传统的以市场换技术不是一个概念，是要以技术上的融合为前提条件。如果是链接数、链接体量两个因素之一处于弱势，那么采取的策略就是如何迅速地增加链接数或链接体量，但需要引起高度关注的是，如何做好商业规则的约束，避免恶性竞争（这方面日本的行业自律经验值得学习）。

3）潜力产业。指链接数、链接体量和链接内容三个要素中只有一个要素占据优势的产业。战略定位是如何有效做大、做强，如何由潜力产业上升为优势产业。在策略上，一方面加强行业自身发展；另一方面在国家层面需要考虑如何借船出海，与优势产业进行合理搭配，形成集成产业整体方案包，进行整体性输出。德国"工业4.0"战略值得借鉴，其"工业4.0"的两大目的之一就是以德国占据绝对优势的装备、自动化产业及商业软件为核心，整合传感器、检测等行业（这些行业中拥有大量的掌握了核心技术但规模并不大的隐形冠军），打包形成完整解决方案进行整体性输出，借此成为"工业4.0"产品的全球领先开发商、生产商和市场先导，服务于全球。

总之，无论是优势产业还是潜力产业，一定要抓住全球新一轮产业迁移与分工的重要窗口期，加快重塑，实现从规模增长向质量提升的跃迁，实现新旧动能顺畅接续转换，成为新游戏规则的主导者和制定者。

4）弱势产业。指链接数、链接体量和链接内容三个要素中均没有优势的要素，对外依存度高，但因为产业竞争较为充分，尚未被少数国家所垄断的产业。

5）空白产业。指链接数、链接体量和链接内容三个要素中均没有优势的要素，对外依存度高，被少数国家所垄断且获取代价大的产业。

6）卡脖子产业。指链接数、链接体量和链接内容三个要素中均没有优势的要素，对外依存度极高，被少数国家所垄断且获取受限的产业。

1.4.3　融入区域价值网络

在整个全球产业链布局中，一定要将弱势产业、空白产业和卡脖子产业的发展放在战略思考的首要位置，需要沉下心来，不跟风、不浮躁、不自卑，潜心于基础研究。

首先，要切实理清这些产业的真实发展现状，动态把握行业产业链的布局情况，积极寻求可能的替代方案（哪怕替代方案存有缺陷，也总比没有强），尤其要在纷繁复杂的竞争环境中，寻找和捕捉其中可能的裂痕点，谋求突破。

其次，组织专业机构对这些产业的技术进行拆解、分析，形成脉络清晰的产业技术发展路线图，精准定位技术空白点，并实现持续的技术跟踪。

第三，精准识别其中潜在的突破点。

最后，也是最为关键的一点，是如何实现这类技术的应用与推广，因为技术只有应用起来，才会有生命力，才有可能持续发展，才能以点带面，谋求产业突围。此时需要警惕的是，如何避免这些产业（技术）被市场谋杀在萌芽状态，因此需要有针对性地制定可行的应急方案。

基于新形态下的安全考虑，区域相对独立完整的产业链布局问题凸显，在相应区域构建起新的、相对完整的区域性制造网络成为必然，也为弱势产业、空白产业和卡脖子产业创造了突围的有利条件。因此，对于区域性制造网络，一方面要早判断、早布局、早参与，争取在形成初期就深度地融入其中，并力求成为各区域制造网络的核心；另一方面结合自身发展战略的需要，以我为主，主动布局，构建区域核心，再通过区域性制造网络联通起全球性制造网络，实现全球产业布局。

1.5 创新驱动新旧动能转换

总之，产业迁移也好，逆全球化也罢，都是历史发展的阶段性产物，是全球化发展进程中重要一环，传统制造业产业格局正在被打破，新的动态平衡点尚在建立中，必然面临诸多不确定性，风险日益加深。

因此，通过创新实现新旧动能的转换，借机调整和优化产业布局，在新的产业价值网络中有效增加链接数、做大链接体量和提升链接内容，全面提升在产业网络中的价值。

第 2 章
不同阶段创新能力构建

创,始也;新,与旧相对。

——《广雅》

创新,顾名思义,创造新的事物。因此,创新是一个相对的概念,内心只要有改变的动力,创新将无处不在、无时不在!

2.1 构建逆向创新能力

2.1.1 基本概念

所谓逆向创新(Reverse Innovation),就是指通过逆向工程(Reverse Engineering)的概念、方法和工具,帮助人们创新出更伟大、更有用的产品。逆向工程(又称逆向技术)是一种产品设计技术的再现过程,即对目标产品进行逆向分析及研究,通过演绎并得出该产品的处理流程、组织结构、功能特性及技术规格等设计要素,以制作出功能相近,但又不完全一样的产品。

逆向创新是一种源于结果、基于历史的创新过程,是一种触类旁通的方法,通常采用的是类比法。

2.1.2 逆向创新的价值

企业通过逆向创新可以:
1) 降低新产品开发的成本,规避开发风险。
2) 缩短产品设计研发周期,快速响应市场。
3) 加快产品更新换代速度,加速市场覆盖。
4) 通过系列化等设计工具,丰富产品服务。
5) 贴近客户需求进行开发,提升客户满意度。

此外,通过逆向创新可以帮助企业打消创新的神秘感和惧怕感,并在此基础上迅速构建起具有一定独立性的创新研发体系。

需要强调的是实物原型的再现仅仅是逆向创新的初级阶段,更为关键的是在此基础上所进行的基于原型的再设计、再分析、再凝练、再提升,不断进行迭代优化,从而实现较大的改进和创新设计才是企业在逆向创新过程中需要建立的能力。

2.1.3 逆向创新核心能力构建

企业要实现逆向创新,必须构建好以下能力:

1. 敏锐的市场捕捉能力和对产品的辨别能力

要进行逆向创新,首先需要建立的核心能力就是:敏锐的市场捕捉能力和对良好产品的判断能力。试想如果企业未来要开发的产品,如果产品不受欢迎、功能缺陷不少,其结果是可想而知的。

因此,企业要结合对行业的理解,选择好市场方向,在客户调研的基础上,寻找到最合适的产品,以此为基础进行逆向创新。

2. 精准反向测绘与模型重构能力

精准反向测绘与模型重构能力是逆向工程的核心关键所在,因为只有通过测绘才能量化要逆向的产品,只有量化方能重构,因此测绘的精度和效率就显得尤为关键。不同产品类型需要应用到不同的反向测绘方法及专业工具,而且差异比较大。

对于机械产品而言,类似的数字化三坐标测量仪是关键设备之一,同时红外扫描等新兴测绘技术也值得关注。笔者有幸于 2009 年参加了在美国奥兰多举办的 DS SolidWorks 全球用户大会,会上 DS SolidWorks 就将红外扫描重建技术作为当年的重要创新性技术,隆重进行推荐;2017 年在德国汉诺威电子展上,笔者体验了基于图片的 360°扫描实现模型重构,如图 2-1 所示。

图 2-1 基于图片的 360°逆向建模技术

对于软件产品而言,如何利用反编译方式去推断出数据结构、体系结构和程序设计信息等已成为软件逆向工程技术的关键。

3. 高效实现创新产品量产的能力

高效、高质、低成本地将产品生产出来是企业在逆向创新过程中需要打造的核心竞争能力,为此企业可以在以下方面进行优化与创新。

1) 通过结构改进，使产品在满足功能的基础上，结构变得更加简单。
2) 通过工艺调整，或通过局部设备的改进，提高生产率。
3) 通过材质等方面的优化，大幅度提升产品品质等。

4. 标准化、系列化基础构建能力

在已经实现逆向创新产品并进行量产的基础上，企业需要考虑开展标准化、系列化等基础工作。一方面可通过系列化产品更好地满足市场需求，另一方面这些基础工作将为企业未来构建集成创新、正向创新能力打下坚实的基础。

5. 基于产品数据的研发管理能力

在逆向创新的过程中企业往往会产生出大量的与产品相关的文档（模型、数据等），如何有效地对这些文档的有效性及版本等进行管理成为难点，每年企业因为版本错误而造成的损失是巨量的。因此有必要引入 PDM（Product Data Management，产品数据管理）等研发管理系统对其实现有效管理。

6. 基于平台化的模块构建能力

在已经建立标准化、系列化产品的企业，应进行基于平台化的模块化建设，这是企业迈向集成研发体系的关键。

当然这种能力的建设仅凭传统的手工模式是很难实现的，需要对相关系列产品非常熟悉，对相应信息系统有深刻理解，并借助科学的方法体系方能实现。目前，基于平台化的模块化设计能力的构建在国内还处于起步阶段。

总之，企业建立逆向创新研发体系的过程是一个艰辛而漫长的过程，企业管理者需要有耐心和恒心，不可操之过急，其中，优秀人才的引进与内部人才的培养是关键。

创新是没有捷径可言的，但是如果能寻找到最具创新需求的客户，在对其进行稳定供货的基础上，与之建立起协同研发的业务，是可以加速企业研发体系的建立和人才队伍的培养的。

2.2 构建集成创新能力

2.2.1 基本概念

所谓集成，是指将两个或者两个以上的要素（单元、子系统）集合成为一个有机系统，这种集合不是要素之间的简单相加，而是要素之间的有机结合，即按照某种集成规则进行的组合和构造，旨在提高有机系统的整体功能。

集成创新（Integration Innovation）是指借助先进的管理模式，将技术、资源、工具和解决问题的方法进行有机组合，实现对创新要素和创新内容的选择、集成和优化，从而形成优势互补的有机整体的动态过程。

集成创新的目的是有效集成各种要素，在主动寻求最佳匹配要素的优化组合中，产生

"1+1>2"的集成效应。因此，集成创新是一种源于目标，基于综合项目管理，整合各方资源的创新研发过程。其核心在于围绕目标，实现各项技术的集成，因此，除了具体技术外，还须重点关注基于目标需求的分解与集成和实现高效协同研发的综合管理能力。

集成创新的开发实现过程将涉及多组织机构之间的协同，这种多组织的集成创新既可以在一个企业内实现，也可由多个企业协同实现。通常一个企业内的集成创新过程会按照既定的研发流程和技术规范，借助内部的研发资源来协同完成，其考虑更多的是多学科交叉集成问题和产品创新实现过程中各阶段的有效衔接问题，管理过程相比由多个企业协同完成集成创新研发的过程略为简单，因此以下重点讨论多个企业协同实现的集成创新。

多企业协同创新通常由中心企业牵头，其他企业协同完成，不同角色的企业在此过程中所发挥的作用和需要构建的核心能力是不太一样的，下面将分别从中心企业和协同企业的角度进行分析。

2.2.2 中心企业集成创新核心能力构建

中心企业在集成创新中需要构建八大核心能力，包括产品客户洞察与需求分析能力、研发资源开发与综合整合能力、标准规范建立与高效实现能力、综合项目管理与集成协同能力、业务需求变更与综合管理能力、任务合理评价与综合集成能力、信息有效共享与信息保护能力、风险管控与综合应急处理能力。具体要求是：

1. 产品客户洞察与需求分析能力

产品客户洞察与需求分析能力是中心企业进行产品集成开发所必须构建的核心基础能力，即基于客户洞察形成系统性、无二义性的需求分析能力。由于集成创新的产品往往是非常复杂的产品，因此在需求分析的时候将面临如下挑战：

1) 如何真正基于技术发展趋势、行业理解及客户洞察创造出需求，而不是被动地响应客户，或基于市场或技术的热点而盲目跟风，为了"创新"而"创造"出来需求。

2) 需求往往来源于新技术、客户、竞争对手、研发与制造、维护维修与运行、回收与再制造、法律与法规等多个维度，且碎片化严重，这些需求通常以线下收集为主，时效性和准确性难于保证。

3) 如何快速识别、确认和分类收集来的多个维度的需求。

4) 如何理清需求之间的内在逻辑与关联关系，并在互斥需求之间进行平衡和取舍。

5) 如何将碎片化的需求有效地进行整合，形成全景式整体需求，而不是需求的简单堆砌和罗列。

6) 如何用统一、规范的语言对需求进行描述，使其在不同业务领域、不同学科的人员之间不产生歧义，并实现在集成的需求框架下的多人协同、分级细化，实现需求不断迭代和优化。

7) 如何对明确的需求按照一定的规则进行优先级排序，并在此基础上综合形成明确的阶段性目标。

8) 如何将需求有效地传递给终端客户，并进行初步确认；或基于市场预期，形成明确的需求目标。

2. 研发资源开发与综合整合能力

如何有效地将优势资源进行有机整合，发挥不同企业的研发优势，以达到互惠互利的目的，这将至少涉及以下方面的能力：

1）如何有效地寻找到可能的潜在协同研发伙伴，并对其研发能力进行有效的评估。

2）如何团结不同竞争关系的企业进行长期协同开发，避免不必要的纠纷。

3）如何评估研发价值，如何有效分配利益，如何激励各协同研发企业切实发挥其主观能动性，如何避免"拿项目时积极、做项目时敷衍、项目结项时让步"的尴尬局面。

3. 标准规范建立与高效实现能力

没有规矩，不成方圆。对于由众多企业参与的复杂创新性研发项目的管理，建立相关标准规范尤为关键。小到文档命名规范、版本的形成规范、任务交付规范等，大到异构系统之间的接口规范、封装标准等，都需要中心企业在项目正式启动之前就要形成，并有效传达给各协同单位。

更为关键的是针对复杂协同开发过程，这些标准规范的管理不可能依靠人工，而是需要将标准规范内嵌到相应的信息系统中，按照流程自动触发完成。

其中将面临的挑战是：所制定的标准规范如果与协同企业存有较大区别，如何进行协调、整合、归一化的问题。

4. 综合项目管理与集成协同能力

通用项目管理的能力在集成创新研发过程中是必需的，这里主要讨论针对集成创新项目管理的特殊性还需要构建的能力：

1）如何对复杂项目进行任务分解，理清任务与任务之间的逻辑关系，有效规避任务之间的干涉。

2）如何在资源有限的情况下，实现复杂创新项目资源的有效配置，尤其是外部资源的有机整合。需要明确哪些任务必须自己完成，哪些任务可以外包协同开发，哪些任务在紧急状况下可以外包等。

3）如何可视化、全景化、多视角、及时地展现复杂项目的执行过程，以便对项目过程进行综合管理，如何自动生成各协同单位的子项目执行情况，如何自动生成关联任务之间的执行情况，并传递给协同研发的相关单位。

4）如何实现多异构系统之间的工具集成问题。不同专业、不同学科需要用到的工具不同；即便是同类任务，不同企业所用的工具也存在差异，例如，机械设计过程中可能会用到的三维CAD工具就有CATIA、NX、CREO、SolidWorks、SolidEdge、Inventor等多种。

5）如何实现众多文档之间的相互关联及版本同步问题。

6）如何实现各协同单位在单一数据源上开展研发工作。

传统集成研发模式的中心企业往往只有一家，就是集成开发项目的发起单位（最终产品的交付单位），其他协同企业均是围绕中心企业的要求开展工作。随着产品越来越复杂，共享型协同开发模式逐渐被认知，多中心协同的网络型集成研发模式成为趋势，也为集成创新研发项目的管理带来了全新挑战。

5. 业务需求变更与综合管理能力

需求变更是项目管理过程中的有机组成部分,如若管理不好,对集成研发项目而言将是一场灾难。因此需要:

1)形成需求定义、发布、变更、偏差认可等环节的规范化管理流程。

2)构建变更需求的"及时收集、合理分类、高效汇总、科学研判、精准分发、实时反馈"闭环管理体系,并定期进行评估。

3)分析变更的必要性和合理性,确定是否实施变更。

4)客观地对需求变更对关联业务及研发活动(质量、成本及时间)的影响进行判断,提出相应的应对方案。

5)实现实时、准确的跟踪与追溯管理。

6)及时有效地传递给相关关系人,确保变更得以执行与反馈。

6. 任务合理评价与综合集成能力

各协同单位任务完成后,如何高效地对所交付的成果进行验收和合理评价变得非常关键,这就需要中心企业建立一套行之有效的评审验收流程,并在项目启动之时就给予明确。

1)建立任务的自评价体系。通常自评价体系可由任务目标的相关指标完成情况、相关接口的标准性、性能测试检测报告、交付物的完整性、项目综合执行情况等方面组成,由任务承担单位先进行自评。如果是多任务组成的子项目,可由子项目承担单位组织完成。

2)组织有实力的第三方专业机构进行独立性验收。这样不仅可以规范验收流程,也可提升效率。但目前我国企业还没有普遍建立这种意识,同时相关机构的独立验收能力和因此而带来的权威性也有待提升。企业普遍习惯的还是由中心企业临时从自建的专家数据库中组织专家,以开评审会的形式进行验收。相信随着集成研发项目越来越复杂,第三方专业机构的能力越来越强,这种借助第三方专业机构进行独立性验收的模式将会得到广泛应用。

3)中心企业进行验收。虽然有了前述第三方机构的介入,但中心企业的验收工作也不容忽视,因为这是从外部转入内部的关键环节,只不过其关注的焦点不仅在于技术实现本身,还要重点关注如何与其他系统进行集成。

各任务(子项目)经过之前的严格验收,在性能指标上应该达到当初规划的目标,但最终研发的产品能否到达目标,还取决于综合集成的能力,其中多系统联调的集成测试能力、问题定位与原因分析能力、问题解决思路与协同解决能力等都是综合集成时所需要构建的关键能力。

综合集成能力是中心企业必须构建的核心能力,这同产品客户洞察与需求分析能力一样是其他能力所不能替代的。

7. 信息有效共享与信息保护能力

如何确保在多企业协同研发过程中既能实现技术共享,也能确保产品在批量上市之前不被泄密？

在确保各协同单位利益合理分配的基础上，还须重点关注并解决在研发过程中相关知识产权共享、各自知识产权得到合理保护及交叉知识产权共享利益的问题。

8. 风险管控及综合应急处理能力

需要建立风险管理的体系化机制，实现风险识别、风险量化、风险应对计划制订和风险监控的全过程管理。

1）风险识别：风险识别包括确定风险的来源、风险产生的条件，描述风险特征和确定哪些风险事件有可能影响本项目。风险识别不是一次就可以完成的事，应当在项目的自始至终定期进行。

2）风险量化：涉及对风险及风险的相互作用的评估，是衡量风险概率和风险对项目目标影响程度的过程。风险量化的基本内容是确定哪些事件需要制定应对措施。

3）风险应对计划制订：针对风险量化的结果，为降低项目风险的负面效应，制订风险应对策略和技术手段的过程。风险应对计划依据风险管理计划、风险排序、风险认知等，得出风险应对计划、剩余风险、次要风险及为其他过程提供依据。

4）风险监控：涉及对整个项目管理过程中的风险进行应对。该过程的输出包括应对风险的纠正措施以及风险管理计划的更新。

总之，在集成创新研发过程，中心企业的能力决定了最终的研发效果。

2.2.3 协同企业集成创新核心能力构建

作为创新协同企业需要在集成创新项目实施过程中建立高效协同研发与完美交付、优化研发流程与研发规范、构建专项技术的深度研发及解决方案持续更新和迭代四项核心能力，具体要求是：

1. 高效协同研发与完美交付能力

高效协同研发与完美交付是协同企业必须具备的基本能力。

一方面，企业要做好对任务需求的准确理解，尽力避免因需求理解差异而产生不必要的返工。因此，企业拿到任务需求后，不要急于开展具体的开发工作，而是要仔细对任务内容进行消化，在深入理解的基础上形成细化的、可量化研发任务书，并与客户（中心企业）进行多轮沟通、反复确认，确保理解的一致性。这项工作不仅仅在任务启动初期要做，在任务的执行过程中也要做，尤其是碰到问题的时候，要回溯任务目标。

另一方面，要根据细化的任务目标要求有效地组织研发，实现任务目标，做好完美交付。何为完美交付？就是源于目标，高于目标。不能仅满足于具体任务的目标达成，而是要基于整体项目目标达成和技术发展趋势审视任务，有条件的情况下更需要站在最终用户的角度审视任务。

只有这样，作为协同研发参与者才可能得到中心企业的信赖，才有可能获得持续的、稳定的协同研发任务；通过一个个完美任务的交付才可能承担更具挑战性的任务，才可能从外围走向核心，才可能产生更大的利润，才可能起到培养人才、锻炼队伍的作用。

2. 优化研发流程与研发规范能力

协同企业切忌因为任务相对简单，研发人员较少，内部沟通相对高效等因素，而忽略了流程与规范的建立工作。因为企业的研发都是从小走到大，从无序走向有序，从低效走向高效，而这其中的关键就在于是否构建了与之相适应的研发流程与研发规范。

因此，协同企业应珍惜集成研发的机会，借助中心企业已经建立的相对规范的研发体系来构建自身的研发体系。但同时切忌迷信权威，将其体系完全照抄照搬，而是要根据自身的需求，结合未来发展的需要，进行合理的规划和实施，并在实践中不断丰富与优化。

同样的任务目标、同样的质量产出要求，遵照流程和规范可以实现高效产出，因为如此所研发出的产品往往出错的概率会减少，客户满意度会大大提升。更为关键的是通过流程的建立，可以实现研发过程的追溯性管理，一旦需要变更，可以迅速地锁定目标和范围，效率必然提升，最终的结果是单位时间效率产出高。

3. 构建专项技术的深度研发能力

作为协同企业，一定要在集成研发项目的过程中逐渐构建并不断深化专项的技术研发能力，只有这样才能获得中心企业的集成研发项目，同时不断开拓新的项目。这种深度的研发能力可具体表现在基础理论研究和试验验证能力建设两方面。

1）基础理论研究：要想获得在专项领域内的基础理论突破，树立在该领域的权威，仅靠任务堆砌是不可能实现的，应在任务的基础上进行归纳、总结和升华。一方面企业要与行业内顶级科研机构进行合作，视野不仅仅局限在国内，而是要在全球范围内进行扫描，哪个国家、哪个机构、哪个专业、哪个人水平最高，就应该与之建立长期的合作关系；另一方面一定要打破行业的界限，基于这一理论哪个行业最为突出，同样也要在全球范围内进行扫描，只不过这时候的合作对象不见得非要是水平最高的，有时候与第二梯队的专家或机构合作，也是一个不错的选择。

2）试验验证能力建设：研发的权威性还表现在相应的试验验证的权威性方面。作为想构建专项技术能力的企业，通过构建专业领域的顶级实验室可能是达成这一目标的捷径（相应的投入是很大的，效益在短时间内也是很难体现的）。因为通过构建顶级实验室，一方面可以树立在行业中的权威，打消中心企业对企业研发能力的顾虑，促进本企业研发能力提升；另一方面，可以承接行业外的相关试验，可以触类旁通，获得其他行业的研发动态及试验验证的关注重点，这些都是非常宝贵的技术情报，如果加以有效利用，必然推动本行业的技术进步，进一步树立行业权威，实现可持续发展。

4. 解决方案持续更新和迭代能力

通过上述能力的建设，企业可以在满足中心企业集成研发项目需求的基础上，逐步实现基于基础原理和业务理解的专业解决方案策划、更新和迭代能力，从而引领该技术领域的发展，推动行业的正向创新。

有难度的创新才有机会，因为竞争者少。如果一个创新没有难度，其结果往往是竞争反而更加激烈，成功的机会也就更渺茫。

因此，如果企业构建了集成创新的能力，往往可以根据客户的需求创造出复杂的产品，在激烈的竞争中占有一席之地。

2.3　构建正向创新能力

2.3.1　基本概念

正向创新是指源于事物的发展规律、市场及客户需求等，以系统工程理论、方法和模型为指导，创造出新的产品及服务的过程。试错法是正向创新中最基本的方法。

需要说明是：这里的创新是狭义的创新，是基于"物"（产品及服务）的创新，适当拓展到与之相关的方法、体系及工具等，强调的是系统性的研发过程。

2.3.2　正向创新核心能力构建

正向创新研发能力是构建在集成创新基础之上的，但除此之外，正向创新更加强调的是事物发展规律的路径规划能力、源于客户需求挖掘与引导能力和系统化正向研发体系构建能力。

1. 事物发展规律的路径规划能力

事物的发展具有其内在的发展规律，因此沿着这样的发展规律结合所处行业的发展状态，必然可以规划出相关产品及技术的发展演进路径，以此指导企业的研发工作。

对于创新而言，苏联科学家根里奇·阿奇舒勒（Genrich S. Altshuler）提出的技术系统进化法则是最值得借鉴和深入研究的。该法则是 TRIZ 的有机组成部分，是阿奇舒勒在分析大量专利的基础上，针对技术系统进化演变的一般规律归纳出来的。阿奇舒勒认为：技术系统的进化不是随机的，而是遵循着一定的客观进化模型，所有的系统都趋向"最终理想化"进化。

技术系统进化法则由 S-曲线进化法则、系统完备性法则、能量传递法则、协调性进化法则、动态性进化法则、子系统不均衡进化法则、向微观及增加场应用进化法则、向超系统进化法则和提高理想度法则组成。

1）S-曲线进化法则：每个技术系统的进化都要经历 S-曲线上的四个阶段：婴儿期、成长期、成熟期、衰退期。S-曲线进化法则完整地描述了一个技术系统的生命周期。

2）系统完备性法则：任何系统都是为了实现功能而建立的，为了实现相关功能，系统必须具备最基本的子系统，即必须具备"动力装置、传输装置、执行装置和控制装置"四个子系统。四个子系统缺一不可，否则会导致整个技术系统局部失效或整体失效，无法实现其预设的功能。

3）能量传递法则：能量能从能源流向技术系统的所有元件，是技术系统实现其基本功能的必备条件。由于能量在传递过程中存在能量损耗，所以技术系统的进化将遵循：①沿着能使能量流动路径缩短的方向发展，以减少能量损失；②能量必须顺畅传递到各个系统组件（子系统或元件）；③减少能量转换的次数；④使用可控性更好的能源。

4) 协调性进化法则：组成技术系统的各个子系统向着提高协调性（匹配/故意不匹配）的方向发展，只有在保持彼此协调的前提下，才能执行或增强有用功能特性或消除有害功能，并且提高系统完成预设功能的效率。通常可协调性可表现在：①形状结构上的协调；②各性能参数的协调；③工作节奏（频率）上的协调；④材料的协调等方面。

5) 动态进化法则：技术系统在进化的过程中，其动态性和可控性不断提高，以适应环境条件的变化及功能多样性需求，具体有三大子法则：①增加系统柔性子法则，即刚体→单铰链→多铰链→柔性体→液体→气体→场的演进法则；②增加系统可移动性子法则，即固定系统→可移动系统→可任意移动系统的演进法则；③增强系统可控性子法则，即无控制→直接控制→间接控制→反馈控制→自我协调控制的法则。

6) 子系统不均衡进化法则：每个技术系统都是由多个可实现不同功能的子系统组成的，每个子系统都是沿着自己的S-曲线向前发展，不可能齐头并进，因此必然导致子系统之间非均衡进化的现象出现，形成系统内部不同子系统之间，或子系统与整体系统之间，在参数、性能、属性等方面出现差异或不匹配（即矛盾），通过解决矛盾会使整个系统得到突破性的进化。整个系统的进化速度取决于系统中发展最慢的子系统，改进进化最慢的子系统，就能提高整个系统的性能。

7) 向微观及增加场应用进化法则：要求将由尺度较大的宏观物质所完成的功能，逐步进化为由尺度较小的微观物质来完成，用以消除系统在宏观级中出现的矛盾，提高原有系统的性能。进化后的系统表现出控制参数更加有效、更有柔性；可执行更多的功能，且品质更高、尺寸更小、效率更高、能耗更少。

8) 向超系统进化法则：一个技术系统与另外一个或多个技术系统相互组合（即超系统），称之为超系统的集成。系统的进化总是沿着单系统→双系统→多系统的超系统方向发展。

9) 提高理想度法则：提高理想度法则是所有进化法则的总法则——不断理想化，提高理想度，是所有技术系统的必然发展方向。理想度 = $\sum$有用功能/($\sum$有害功能+$\sum$成本)。提高理想度的有效手段是：增加系统有用功能的数量或效能，减少有害功能的数量或效能，生产出理想的能满足各项功能需求的、性价比始终向上提升的最终产品。

技术系统进化法则九大子法则之间的关系如图2-2所示。

可以利用技术系统进化法则分析和确认产品当前的技术状态，预测产品技术未来发展趋势，规划本企业的技术发展路径，从而开发出具有竞争力的新产品。

2. 源于客户需求挖掘与引导能力

传统需求的获取须通过市场调研→需求分析→需求确定→开发迭代等诸多环节。需求获取方式较为漫长，新产品迭代慢，在某些行业已经不能适应市场快速发展的需要，因此，需要对需求获取方式进行再思考，也就是如何构建起源于客户、基于市场及技术发展规律的需求形成过程，并引领需求。

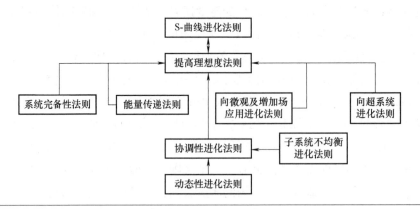

图 2-2 技术系统进化法则九大子法则之间的关系

1）客户参与需求获取。未来最终客户将更多地参与到产品需求的获取中，专业客户甚至将参与到具体的产品设计环节，使所创新的产品在未投入生产时就已经锁定了部分原始用户，这就要求企业构建一个庞大的粉丝群（不一定是用户），以粉丝群的需求作为需求的主力，形成快速迭代的设计，不断推出新的产品。

2）产品使用产生需求。通过物联网等技术，可以实时把握用户使用的习惯，通过对使用习惯的数据进行精准分析，挖掘出客户真正的需求。基于大数据的需求分析的方法、手段是当下的热点，并且发展迅猛，通过应用场景已创新出很多新产品和服务。

以汽车为例，用户可以根据应用场景，选择模式，使汽车的各种参数达到理想状态，专业客户也可通过设置相应参数实现个性化状态。因此，汽车制造商在关注产品生产交付的同时，应更加关注客户使用汽车的情况，并据此创新出新的功能及服务。

3）基于人们对性能的不断追求产生需求。由于人们对事物的美好需求是无限的，因此对更大、更小、更快、更准、更久、更轻、更硬、更纯、更方便、更灵活、更环保、更安全、更舒适等性能指标的不断追求，成为推动创新的动力。如图 2-3 所示。

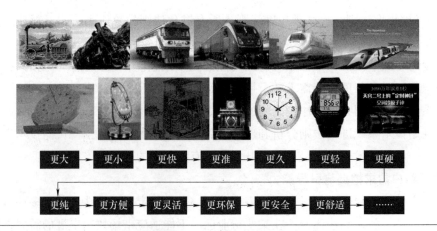

图 2-3 对性能的追求是产生创新的源泉

4)"偏执狂"创造需求。除了以上方面创造的需求外,"偏执狂"对需求的理解将凸显出更大的创新力量。

在苹果公司,所有设计必须遵从"极简主义",产品外观必须无缝衔接,形状必须是漂亮的圆角矩形,就连内部的零件都要镀上华丽的金属层,哪怕是拆开后就会扔掉的包装,也要进行绝对的设计控制。正是因为乔布斯等人在设计上的"偏执"与完美主义,才奠定并成就了苹果公司的持续辉煌。

总之,对于正向创新而言,不仅要准确把握客户的需求,还要在此基础上根据市场及事物发展的规律,引领客户需求。

3. 系统化正向研发体系构建能力

系统化的正向研发体系就是以客户的需求作为起点,经过需求定义、功能分解、系统设计、物理设计、产品试制、部件验证、系统集成、系统验证、系统确认等阶段的 V 形正向研发体系,形成新产品的创新过程,如图 2-4 所示。

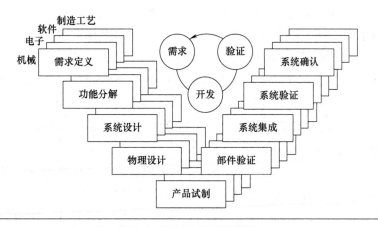

图 2-4 正向 V 形研发体系

复杂产品的 V 形正向研发体系往往是由机械、电子、软件及制造工艺等多个 V 形叠加而成的复杂系统。

从图 2-4 可以看出,模型左侧是产品开发与设计过程,中间是基于产品的分析与仿真过程,右侧是基于实物(半实物)的试验与验证过程,这三个过程共同构成了产品研发过程中的三个维度。

为了确保 V 形正向研发体系的有效运行,需要在软件资源、硬件资源、数据资源、知识与创新、产品与技术资源等资源进行配套,并从需求管理、项目管理、流程管理、质量管理等方面对研发过程进行管理。

企业一旦建立了正向创新的能力,就是构建了从需求到实现的完整的创新能力,在竞争中必然占据有利位置,这时最需要考虑的是回归本源,如何把握需求、引导需求。

毕竟市场是由需求造就的,领先企业往往并不是技术最领先的,而是实现了技术与需求的完美融合,成了时代的佼佼者;而很多极具技术竞争优势的企业最终退出舞台,不是其正向研发能力不强,而是忘记了初心——客户需求。

2.4 颠覆式创新突破

2.4.1 基本概念

颠覆式创新是指通过开拓新的技术、产品、过程、服务或商业模式，通过破坏现有竞争规则，改变和引领现有市场需求。通常颠覆式创新不是来自于行业内部，而是来自于未知领域。

与颠覆式创新相对应的是颠覆性技术。The Innovator's Dilemma（《创新者的窘境》）一书作者克莱顿·克里斯坦森对颠覆性技术的定义如下：以意想不到的方式取代现有主流技术的技术，它们往往从低端或边缘市场切入，以简单、方便、便宜为初始阶段特征，随着性能与功能的不断改进与完善，最终取代已有技术，开辟出新市场，形成新的价值体系。

美国国家科学研究委员会（NRC）将颠覆性技术分为以下六类。

1）使能技术（Enablers Technology）：使一种或多种新技术、工艺或应用成为可能的技术，例如集成电路、晶体管、基因剪切和蜂窝技术。

2）催化技术（Catalysts Technology）：改变一种或多种技术的技术发展速度和技术进步效率的技术，例如云计算和分子生物学、DNA 聚合酶链反应（PCR）技术的 DNA 序列扩增。

3）变换技术（Morphers Technology）：与其他技术相结合时可以创造一种或多种新技术的技术，例如，无线技术和微处理器。

4）增强性技术（Enhancers Technology）：改进现有技术，使效益可以跨越临界点的技术，例如燃料电池、锂离子电池、纳米技术和隐形技术等现有技术。

5）替代性技术（Superseders Technology）：淘汰现有技术的技术，用更优越（更好、更快、更廉价或有更多功能）的技术替代，例如喷气发动机、液晶显示器和数字媒体压缩技术。

6）突破性技术（Breakthroughs Technology）：改变对人们固有认识和理解的发现或技术，或者使似乎不可能（如果不是不可能）的事情成为可能的技术，例如量子计算和聚变能。

有必要强调的是：颠覆式创新其核心不仅仅在于技术本身，而是通过改变已有的规则，创新出新的需求和市场，或对现有市场格局重新定义，当然在实现颠覆式创新的过程中技术起到了关键作用。

对于颠覆性技术进行有效辨别的核心依据是：该技术是否违背了基本原理，例如，水变油、永动机等。

颠覆性技术往往被人们赞赏并津津乐道，而那些通过非技术手段实现的颠覆式创新在萌芽阶段往往被人们所忽视、不被主流所认同，甚至饱受争议并被传统势力所抵制（当然不排除某些企业为搏关注，将颠覆式创新时刻放在嘴边，引起人们反感）。例如共享经济在起步阶段受到了各方的质疑，而现今各个领域都在考虑共享的可能性。

同样，对以商业模式创新为主推动的颠覆式创新进行有效辨别的核心依据是：这种变化是否带来价值增加，或实现了价值转移。不产生价值应用的"颠覆式创新"可能会搏得一时的关注，但是随着时间的推移，会灰飞烟灭，停留在人们的笑谈中。

2.4.2 颠覆式创新来源分析

颠覆式创新主要来源于以下方面：

1. 基于科学原理的重大突破

该类型技术一出现会受到广泛关注，快速向各个领域渗透、融合，往往会产生"定义时代"的重大颠覆性技术。这类技术很重要，但数量不多，例如爱因斯坦的相对论。

2. 基于跨学科的集成创新

随着研究的不断深入，仅靠单一学科所带来的颠覆性创新已变得异常困难，但不同基础学科的交叉融合可以促使功能的重大突破和性能曲线的显著提升，并会改变产业结构，如 3D 打印技术、基因编辑技术等。

3. 基于技术的颠覆性应用

基础学科与应用技术的深度融合常常会产生奇妙的化学反应，往往会在应用领域带来颠覆性的效果，形成颠覆性技术，创造出革命性产品。随着社会进入"技术爆炸"时代和以大数据为代表的新型科研范式的出现，这类技术越来越多，涉及的范围越来越广，过程越来越复杂，速度越来越快。

例如，现今非常热门的人工智能，就是将计算机科学、数学、概率论、统计学和认知科学等领域内的最新成果进行融会贯通，实现了人工智能在"算法"和"算力"上的突破，并与相关领域的应用技术融合，将应用逐渐扩展到语音识别与图像识别，大数据分析和情报分析、基因组学和医学、机器人和生产制造、无人驾驶导航等场景中。

4. 改变传统思维解决问题

换个角度看技术与应用，即通过改变传统的思维模式来解决现实的应用问题，从而催生出的颠覆式创新产品。这种方式在当前商业创新中盛行，例如 SpaceX 的可回收火箭，以有悖常理的思路去实现现有功能，并催生新的颠覆性技术。

总之，要实现颠覆性创新，就需要回归事物的本质进行分析和解决问题，而非采用类比和改良的方式。后者属于线性思维，只能给技术或产品带来较小程度的升级和迭代，而只有从事物本质出发，才能产生颠覆式创新。

2.4.3 颠覆式创新现状一览

当前，全球科技创新进入空前密集活跃的时期，呈现高速发展与深度融合态势，各国都把技术创新尤其是颠覆性技术创新摆在全局发展的核心位置，积极抢占科技制高点，以颠覆性技术创新带动全面创新，进一步增强经济增长的后劲和相关产业在全球价值链中的主动地位。如美国在颠覆性技术常态化研究机制下孕育出的一系列重大颠覆性技术，已带动了相关产业的变革，确保了相关领域技术创新与产业升级方面长期的领先地位；俄罗斯设立"先期研究基金会"，对颠覆性技术进行储备与研究支持；英国不断完善产学研体系，积极预测并支持未来颠覆性技术发展；日本则实施"颠覆性技术创新计划"，推动具有重大社会和产业影响力的颠覆性技术的发展。

颠覆式创新中的颠覆性技术备受关注,国内外研究机构会定期发布颠覆性技术的发展趋势分析,这里仅以中国工程院全球工程前沿和MIT(麻省理工学院)每年发布的十大突破性技术为例进行阐述。

1. 中国工程院全球工程前沿

自2017年起,由中国工程院牵头,联合科睿唯安公司等组织开展了"全球工程前沿"研究项目,在论文和专利数据挖掘的基础上,研判全球工程研究前沿和工程开发前沿,为人类应对全球挑战、实现可持续发展提供行动参考。

2019年全球工程前沿研究依托中国工程院9个学部及"1+9+1"系列期刊,以数据分析为基础,以专家研判为依据,遵从定量分析与定性研究相结合、数据挖掘与专家论证相佐证、工程研究前沿与工程开发前沿并重的原则,分别从机械与运载工程、信息与电子工程、化工冶金与材料工程、能源与矿业工程、土木水利与建筑工程、环境与轻纺工程、农业、医药卫生和工程管理九大领域进行了分析,最终形成了93个全球工程研究前沿和94个全球工程开发前沿。

其中机械与运载工程和信息与电子工程领域的全球工程研究前沿/工程开发前沿(2019年)见表2-1。

表2-1 全球工程研究前沿/工程开发前沿(2019年)

机械与运载工程		信息与电子工程	
工程研究前沿	工程开发前沿	工程研究前沿	工程开发前沿
基于工业物联网的智能制造	临近空间高超声速飞行器推进系统	类脑智能	毫米波高速通信技术
高能固态锂电池	基于深度学习的人机智能交互系统	天地一体化组网	超精密仪器技术及智能化
超声速流中的减阻减热研究	生物3D打印制造技术	脑成像技术	图像视频分析识别系统与技术
多机器人系统的协同控制	高效燃气涡轮发动机设计与制造技术	感知-通信-计算-控制协同融合理论与方法	基于微纳电子技术的传感器开发
高性能微纳生物传感器	面向无人驾驶的视觉传感与识别	混合增强智能	手术机器人技术
车联网信息安全与隐私保护	波浪能发电与能量收集	面向光互联、光计算及光传感的硅基集成光子器件	高能效人工智能芯片技术
基于拓扑优化和增材制造的设计与制造一体化	反小型无人机系统	面向5G的大规模天线无线传输理论与技术	基于石墨烯等纳米新材料的传感器单元及测量技术
空间系留机器人自适应目标捕获控制	新型高效氢燃料电池	人工微纳结构对光及电磁场的调控	柔性可穿戴光电子器件应用技术
基于可再生能源/燃料电池的混合动力系统	船舶电力推进系统	量子化精密计量/测量技术与相关理论	物联网安全检测技术
智能电网的资源调度和风险评估	飞行器电磁隐身超材料开发与应用	新一代神经网络及其应用	基于合成孔径雷达的图像处理、目标识别以及特征学习

2. MIT 十大突破性技术

自 2001 年起，每年《麻省理工科技评论》都会对全球的技术进行扫描，并提出十大突破性技术榜单，这些技术代表未来的发展方向。2020 年其推出的十大突破性技术榜单包括：防黑互联网、超个性化药物、数字货币、抗衰老药物、人工智能发现分子、超级星座卫星、量子优越性、微型人工智能、差分隐私、气候变化归因。

1）防黑互联网：互联网越来越容易受到黑客攻击，而量子网络将无法被黑客攻击。

2）超个性化药物：针对个体量身定制的基因药物为身患绝症的人带来一线希望。

3）数字货币：随着实体货币使用频率的下降，没有中介的交易自由也随之减少。与此同时，数字货币技术可以用来分裂全球的金融体系。

4）抗衰老药物：诸如癌症、心脏病和失智症等许多不同疾病或许都可以通过延缓衰老来治疗。

5）人工智能发现分子：一种新药的商业化平均花费约 25 亿美元，原因之一是很难找到有希望成为药物的分子。

6）超级星座卫星：这些系统可以让高速互联网覆盖全球，也可以让地球的卫星轨道变成一个充满垃圾的雷区。

7）量子优越性：量子计算机将能够解决经典机器不能解决的问题。

8）微型人工智能：得益于最新的人工智能技术驱动，我们的设备不需要与云端交互就能实现很多智能化操作。

9）差分隐私：人口普查的数据保密难度越来越大，差分隐私的技术可以建立信任机制而解决这个问题。

10）气候变化归因：它使人们更加清楚地认识到气候变化是如何让天气恶化的，以及我们需要为此做出哪些准备工作。

《麻省理工科技评论》近五年发布的十大突破性技术榜单见表 2-2。

表 2-2 MIT 十大突破性技术榜单（2016—2020 年）

MIT 十大突破性技术榜单（2016—2020 年）				
2020 年	2019 年	2018 年	2017 年	2016 年
防黑互联网	灵巧机器人	给所有人的人工智能	强化学习	免疫工程
超个性化药物	核能新浪潮	对抗性神经网络	自动驾驶货车	精确编辑植物基因
数字货币	早产预测	人造胚胎	太阳能热光伏电池	语音接口
抗衰老药物	肠道显微胶囊	"基因占卜"	刷脸识别	可回收火箭
人工智能发现分子	定制癌症疫苗	传感城市	360°自拍	知识分享型机器人
超级星座卫星	人造肉汉堡	巴别鱼耳塞	实用型量子计算机	DNA 应用商店
量子优越性	捕获二氧化碳	完美的网络隐私	基因疗法 2.0	SolarCity 的超级工厂

(续)

MIT十大突破性技术榜单（2016—2020年）				
2020年	2019年	2018年	2017年	2016年
微型人工智能	可穿戴心电仪	材料的量子飞跃	细胞图谱	Slack通信软件
差分隐私	无下水道卫生间	实用型3D金属打印机	治愈瘫痪	特斯拉自动驾驶仪
气候变化归因	流利对话的人工智能助手	零碳排放天然气发电	僵尸物联网	空中取电

这些热点对于技术研发及应用方向的研究提供了依据。从短期来看，这些热点的颠覆性并不明显，但如果将时间的跨度拉长，这些潜移默化的发展将深刻影响社会的变革。

进行颠覆式创新需要抬头看天，关注前沿的发展动态，与此同时更需要脚踏实地，在各自所关注的领域进行艰苦卓绝的工作。

新技术的诞生只是创新的第一步，怎样运用新技术、找到更多应用场景，才是科技改变人类的本质。因此，在进行创新的时候，不要把眼光仅仅停留在技术本身，而是要时刻关注技术的应用场景，颠覆性技术可遇不可求，但是颠覆式创新还是有一定规律的，前提是我们能否有空杯朝上的心态，重新审视那些我们的习惯，企业、行业甚至是社会隐形的规律，并从中挖掘出可能改变游戏规则的创新机会点。企业应结合自身的实际情况，根据自身所处的发展阶段和需要创新的领域，有针对性地规划创新战略，并在相关的创新领域进行创新，不同创新之间的关系如图2-5所示。

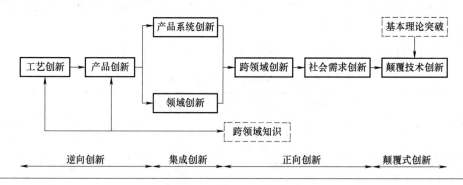

图2-5 不同创新之间的关系

创新就像走进一场大雾，创新不是确定性的，只有在走近的过程当中，才能逐渐清晰起来的，当走到足够近的时候，一切都是清晰的了，这就是创新变成现实的时候。

正如管理大师彼得·德鲁克曾经说过：对创新的最大赞美，莫过于人们说——这太显而易见了，为什么我没想到呢？

第 3 章
产品创新升级路径

想象力比知识更重要,因为知识是有限的,而想象力概括着世界上的一切,推动着进步,并且是知识进化的源泉。

——阿尔伯特·爱因斯坦

创新最难的不是技术本身,而是如何在纷繁复杂中找准可能的创新切入点。接下来将以三个章节的篇幅,分别从产品创新的升级、产品实现的升级和客户价值的升级,对创新可能的切入点进行多维度思考和讨论,力求打破思维定式、拓展创新空间。

3.1 创新从反思产品起步

3.1.1 产品定义

产品是大家熟悉得不能再熟悉的东西,正因为熟悉所以往往会陷入约定俗成的理解,之前所关注的产品,主要在于有形的实物产品及围绕产品使用环节的简单服务。

伴随着信息技术的不断发展,产品的形态正在发生着巨大的变化,即在有形的实物产品基础上,基于数字空间所构建的无形的虚拟产品正承载着越来越多的内容,呈现蓬勃发展的态势,必将成为创新最为活跃的领域。未来的产品都将是实物产品与虚拟产品相互融合而产生的新的融合体,基于此而为客户带来的服务、体验及认同感等都将成为产品的有机组成部分,因此有必要对产品的定义进行重新理解。

产品是指能够提供给市场,被人们使用和消费,并能满足人们某种需求的任何东西,包括有形的物品、无形的服务、组织、观念、感觉或它们的组合。

3.1.2 重新定义产品

企业可以基于现有的产品,至少可以从将实物产品升级为智能终端、构建网络化的产品平台、升级基于产品的服务和围绕产品和服务的体验创新等四个方面对产品进行再思考,有效地拓展产品内涵和外延,从而全面提升产品的价值,呈现给最终的消费者。

1. 将实物产品升级为智能终端

未来实物产品将会变成智能终端,即将信息化元素有机地融合到实物产品中,形成"机、电、软"一体化的混合体,其中软件的分量会逐渐加大,产品的创新在很大程度上取决于软件系统的创新,例如汽车就是架构在四个轮子之上的超级智能终端(极有可能不是四个轮子),汽车将成为智能移动空间,在为人们提供出行的基本功能的同时,创新出更多的、更具价值的应用场景。实物产品将演变为智能终端如图3-1所示。

2. 构建网络化的产品平台

通过物联网将单个的产品进行连接,形成一个巨大的网络化产品平台,未来单一的产品很难发挥其功效,而需要融入网络化产品平台中才能真正地发挥功效,在网络平台中可借助平台大数据的支撑,使得产品的功效得以最大限度地表现。例如在智能家居、车联网等方面的探索,已经凸显网络化产品平台的巨大价值。基于物联网的智能化产品平台如图3-2所示。

图 3-1 实物产品将演变为智能终端

图 3-2 基于物联网的智能化产品平台

3. 升级基于产品的服务

服务成为产品中最具增值空间的部分,因为客户购买产品不是最终目的,而是要满足某项需求。

例如对工程设备的需求是通过它来完成某项工程或实现某项功能,因此设备的正常使用显得尤为重要。为此工程机械通过车载智能中控系统,可以实现对设备运行状况进行实时监控,充分把握设备是否正常,并提前进行预防性维修,一旦现场出现异常,可以第一时间就近安排工程师进行维护,如果现场遇到解决不了的问题,服务工程师可通过 AR(Augmented Reality,增强现实)、VR(Virtual Reality,虚拟现实)、MR(Mixed Reality,混合现实)等技术将信息传回本部,与研发人员协同解决问题。另外,通过对施工区域车辆分布情况进行管理，可以根据情况灵活配置服务资源，缩短服务时间，提升客户体验，在确保客户价值的基础上自身也实现了服务增值。

4. 围绕产品和服务的体验创新

消费者在获取优质产品及服务的同时，对于体验（意识中产生的感觉）有很高的期待，例如具有相同功能的产品，因为不同的外观会使消费者产生比较大的体验差异。

总之，在新的历史时期，企业需要对所熟悉的产品进行重新定义、重新认识、重新思考、重新规划，以反思产品作为起步，谋求创新突破点，指导创新研发工作，唯此才能在激烈的红海竞争中开辟蓝海，谋求新的发展机遇。

下面将基于产品，从经济形态升级、智能互联升级、S-进化升级、动态性升级等方面进行展开论述。

3.2 经济形态升级

3.2.1 基本概念

分工促成人类社会的发展，人类经历了从农业经济、工业经济、服务经济到体验经济的演进过程，每一次演进都为产品带来了全新的发展思路。

1）农业经济（Agricultural Economy）：农业中经济关系和经济活动的总称。农业是利用动植物的生长发育规律，通过人工培育来获得产品的产业。

2）工业经济（Industrial Economy）：又称为资源经济，即经济发展主要取决于自然资源的占有和配置。工业是指原料采集与产品加工制造的产业或工程，通常可分为重工业和轻工业。其中，重工业是为国民经济各部门提供物质技术基础的主要生产资料的工业，按其生产性质和产品用途可分为采掘（伐）工业、原材料工业、加工工业；轻工业主要是提供生活消费品和制作手工工具的工业，按所使用的原料不同可分为以农产品为原料的轻工业和以非农产品为原料的轻工业。

3）服务经济（Service Economy）：以人力资本为基本生产要素形成的经济结构、增长方式和社会形态。在服务经济时代，人力资本成为基本要素，土地和机器的重要性都大大下降了，人力资本成为经济增长的主要来源。服务是基于特定人群的需求和利益而进行的无形活动。

4）体验经济（Experience Economy）：是服务经济的延伸，是农业经济、工业经济和服务经济之后的第四类经济类型，是从生活与情境出发，塑造感官体验及思维认同，以此抓住客户的注意力，改变消费行为，并为商品找到新的生存价值与空间。体验是以服务为舞台、以商品为道具，客户以个性化的方式参与其中的事件，使得客户的情绪、体力、智力甚至精神达到某一特定水平时，在意识中产生相应的感觉，并创造出值得回忆的活动。

3.2.2 产品在经济形态中的体现

同一原材料（产品载体）在不同经济形态中的表现形式存在较大的差别。农业经济，是从自然界中培育出来可供交换的货物；工业经济，原材料通过企业标准化生产后，产生可供销售的有形商品；服务经济，是以产品为载体，为满足特定客户需求所进行的无形活动；体验经济，是使客户以个性化的方式参与其中，并留下深刻印象，产品仅是其中的道具。

下面以大家熟知的咖啡为例，就产品在不同经济形态中的差异进行对比说明。

1) 在农业经济时代，咖啡的表现形式是种植后所收获的咖啡豆，是以货物的形式呈现的；其实现方式就是简单的种植到消费模式；其价格主要取决于产地和品种，同一地区不同销售商的价格基本相同，价格会因气候的变化而有所波动，但最终折算为每杯的价格为 0.01~0.2 元；其生产周期是以种植成熟期为依据，呈现出自然性的生产周期；其供给方式是季节性的批量生产与存储，交易场所通常为市场；其竞争是典型的资源占有型竞争，也就是谁占有的种植面积大、地理环境好，谁就占据了竞争优势，其竞争的唯一手段就是价格；与终端客户基本没有互动，也不可能根据客户的需求对产品进行适度的调整。因此，在农业经济时代，产品主要关注焦点在于产地、品种、环境和稀缺性。

2) 在工业经济时代，咖啡的表现形式是通过生产加工后的产品，是以商品形式存在的，也就是我们熟悉的袋装速溶咖啡；其实现方式是需要通过生产、流通环节最终呈现在客户手中；其价格主要取决于品牌和客户对质量的认可，价格会因原材料价格的波动有所波动，但幅度较小，而同一质量基础上的不同厂家或同一厂家不同品牌的产品价格差距相对比较大，折算为每杯的价格为 1~5 元；其生产周期呈现典型的生产组织特点，通常以月为周期，不受气候等因素的影响，而是受原材料供货情况、设备运行效率、生产组织等因素的影响较大；其供给方式是根据市场销售预期进行生产和配送；交易场所通常为商场或超市；其竞争是大规模生产的资源有效配置，也就是对市场预期的把握、生产组织管理水平、供应链效率、营销渠道、品牌建设等都是其实现竞争超越的有效手段；与终端客户有适度的互动，会根据批量群体的共性要求形成具有一定差异化的产品。因此，工业经济时代的产品主要关注焦点在于市场、原料、技术、质量、工艺、流通等诸多环节。

3) 在服务经济时代，咖啡的表现形式是基于农业经济时代或工业时代所提供的产品，通过服务将产品呈现在客户面前，也就是根据客户的需求最终冲泡好的咖啡；其实现方式是在现有产品的基础上通过工作人员服务将产品呈现在客户手中；其价格主要取决于品牌和客户对服务质量的认可，价格会因不同的服务机构和所承载的服务内容不同有较大的区别，折算为每杯的价格为 10~30 元；其生产周期是典型现场服务，单一客户的服务周期一般为几分钟，但是企业通常是以天为计算单位进行服务准备；其供给方式是现场按需提供；交易场所通常是咖啡厅；其竞争是品牌和服务的体现，为实现服务效率，需求认知基础上的标准化服务流程就显得非常关键；与终端客户的互动较为频繁，会根据个体的个性化要求在标准产品的基础上提供差异化服务，也会主动捕捉客户的变化，不断丰富产品和完善服务内容。因此，在服务经济时代，在确保产品质量的基础上，更为关注方便、轻松、安心、可靠等诸多人性化的服务环节。

4）在体验经济时代，咖啡的表现形式是基于产品和服务的客户期望，例如基于商务需求和交友需求的氛围是完全不一样的，咖啡及服务仅仅是道具；其实现方式也更为丰富多样，需要根据客户预期进行策划或定制；其价格主要取决于客户体验，折算为每杯的价格为60~200元；其生产周期是定制性的，往往根据客户需求及时灵活调配，通常是按小时进行计算的；交易场所通常是高档酒店和特定的场所；其竞争性是构建在产品及服务基础上的，通过创意、策划给客户提供独特的难以忘怀的事后回味，其竞争力是靠传统的口碑而逐步树立起来的，具有典型的不可复制性；与终端客户的互动也较为深入，会根据客户的喜好进行灵活调整。因此，在体验经济时代将更加关注"乐趣、难忘、享受、唯一"等策划环节。

咖啡在不同经济形态中差异对比见表3-1。

表3-1 咖啡在不同经济形态中差异对比

经济形态	农业经济	工业经济	服务经济	体验经济
产品表现				
产品表述	货物（Commodities）	商品（Goods）	服务（Service）	体验（Experience）
实现方式	种植→消费	需要→生产→使用	需求→提供→满意	期望→定制→体会
产品价格	0.01~0.2元/杯	1~5元/杯	10~30元/杯	60~200元/杯
增值指数	X	10X	100X	1000X
交易场所	市场	商场/超市	咖啡厅	高档酒店/特定场所
物质性质	可替换的	有形的	无形的	难忘的
产品属性	自然的	标准的	定制的	个性的
周期属性	自然周期（通常按年）	生产周期（通常按月）	标准化周期（通常按天）	及时性（通常按小时）
供给方式	季节性批量存储	生产后库存	按需提供	事后回味
需求要素	特点	特色	利益	突出感受
竞争要素	资源占有（价格）	资源有效配置（品牌）	需求认知基础上的标准化	创意/策划/独特
客户互动	无	很少	频繁	深入
关注焦点	产地、品种 环境、稀缺	市场、原料、技术 质量、工艺、流通	方便、轻松 安心、可靠	乐趣、难忘 享受、唯一

通过以上的论述不难发现，同一产品在不同的经济形态中价值体现差异非常大，所需要构建的能力也完全不同，企业可以结合自身的特点和优势，进行相应的思考。

3.2.3 体验经济是新经济形态

由于农业经济、工业经济、服务经济已被大家所熟知，下面仅对体验经济进行补充分析。

1. 体验经济与服务经济

体验经济和服务经济的区别在于：

1）服务经济中的价值创造主体是生产者，消费者仅是被动地接受；而体验经济的价值是生产者与消费者共同创造的，生产者提供必要的物质基础、场景策划，而真正的过程需要消费者自己主导，生产者在必要时提供有限辅助。

2）服务经济强调标准化基础上的人性化和个性化，满足的是群体化的共性需求；体验经济则强调个性化基础上不同层次需求的个性化定制。

3）服务经济和体验经济相对于以往的经济形态而言，并没有完全受到传统"理性人"假设的制约，更多地表现出消费者非理性的一面。服务经济是在非理性的基础上偏向于理性；体验经济是超越了理性的非理性充分展现。

4）体验经济与服务经济最显著的区别是时效上的区别，当体验的工作消失时，体验却在人们的心中留存、延续和回味，而服务则是随着工作的结束而终止。

因此，体验经济不是服务经济的丰富和补充，而是对服务经济的发展，是一种全新的经济形态。

2. 体验经济的特征分析

体验经济作为一种新型的经济形态，它的提出展示了经济社会发展的方向，孕育着消费方式及生产方式的重大变革，如果能对其特征进行全面的分析，那么企业就可以有针对性地进行创新。体验经济的特征具体表现在：

1）终端性：现代营销关注的核心问题是"渠道"，即如何将产品送到消费者手中。如果目前企业与企业之间的竞争已经转换为供应链与供应链之间的竞争，那么，体验经济强调的是竞争的方向在于争夺消费者，聚焦于消费者的感受。

2）融入性：体验经济为消费者参与到生产或服务过程之中提供了必要的场景，过程中强调"以人为本"的设计思想，尊重个性的发挥，通过深度融入，增强了消费者体验过程中的趣味性与满足感。

3）唯一性：体验经济为消费者提供的是某种心理上的感受，这种感受因个体的差异而有所不同，导致生产与消费的个性化。消费者愿意为体验付费，因为它美好、难得、非我莫属、不可复制、不可转让、转瞬即逝，它的每一瞬间都是唯一的。

4）差异性：体验经济可以造成一种幻觉——企业把每一位消费者都看作独特的个人，进而满足他们的个性化需要。

5）共鸣性：在现有产品及服务中加入更多的能引发消费者共鸣的元素，或基于场景的感官刺激和代入感，引导消费者参与、互动、创造等方式，来满足消费者的情感需求，实现价值体现。

6）知识性：最狭义的体验就是用身体的各个器官来感知，这是最原始、最朴素的体验经济的内涵。而消费者不仅要用身体的各个器官感知，更要用心来领会，因此体验经济重视产品与服务的文化内涵，使消费者能增长知识、增强见识。

3. 体验经济的价值分析

需求源于价值体现，不产生价值的需求是伪需求，是不可持续的。体验经济很好地体现了马斯洛的需要层次理论中对于人们精神满足的价值需要。根据马斯洛的需要层次理论，体验经济所满足客户需求的价值主要体现在：

1）社会需要价值：消费者通过消费行为所获得的归属感、关爱等心理需要体验价值。如周末或者假期与家人或亲戚朋友一起外出休闲度假，需要发生交通、饮食、住宿及景点门票等消费，这些消费的目的不单是为了到达目的地、吃饱、找个地方睡觉等，更多的是为了获得一种体验，获得一种与家人或亲戚朋友在一起的归属感、关爱或友情等心理需要的满足。

2）尊重需要价值：消费者通过消费行为所获得的自我尊重、知名度、社会地位等心理体验价值。在基本的物质需要和关爱需要得到满足的情况下，人们都希望获得一定的社会地位、一定的知名度，以满足自我尊重的需要。如穿戴名牌服饰、拥有名牌手表、读MBA/EMBA、开高级轿车、到高级酒楼就餐、住豪华宾馆、打高尔夫球等，在很大程度上都是为了追求一种自我尊重的体验。这也是人们愿意为高档名牌产品支付非常高的溢价的原因。

3）自我实现需要价值：消费者通过消费行为所获得的自我发展与实现等心理需要体验价值。社会需要和尊重更多的是关注别人的看法，是为了获得别人的认同和尊重，而自我实现更多的是满足人们内心的需要，是对自我的一种挑战，消费行为是实现自我需要的手段和工具。

传统意义上的商品价值是凝聚在商品上的无差别的人类劳动，而体验经济中的商品则不适用于这条法则。体验经济的商品价值是由人们所得到的体验效果所决定的，这时的消费者需求已经不仅依赖于商品的使用价值，而是更注重其精神层面的东西。于是，消费者为某种希望得到的体验而支付费用，生产者依据所提供的体验感程度决定价格。

4. 创新是体验经济的基因

体验是站在消费者角度，将其感受和感想置于首要的位置，基于产品和服务而进行场景化的创新，因此创新是体验经济的基因，没有创新就不可能有体验经济。企业在实践中，可以从简单到复杂，从基于产品到基于事件，最终到基于场景逐步开展创新。

1）基于产品体验创新：在基于功能导向的商品和基于需求导向的服务基础上，有效地加入文化、符号、形象、印象等精神元素。

2）基于事件体验创新：通过新技术的介入，彻底改写传统单维展现方式，实现全方位、多角度的展现，例如全景式的赛事体验。

3）基于场景体验创新：通过新技术为体验提供全新的体验要素（如虚拟现实等），让消费者能在视觉、听觉、嗅觉等感官上进行全新体验，既可历史重现，也可畅想未来，更可根据消费者的意愿独创出新的场景。

通常，体验经济的价值链是围绕消费者体验的过程而生成的，创新贯穿于体验经济价值链的全过程中，具体可分为价值设计、价值生成和价值维持三个阶段。体验经济的价值链生成过程如图3-3所示。

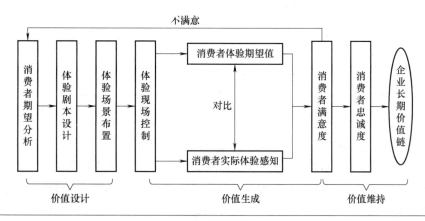

图3-3 体验经济的价值链生成过程

1）价值设计阶段：针对消费者的个人价值与体验期望来设计体验剧本，从而形成体验活动与价值创造的主题线索。

2）价值生成阶段：整合企业核心资源，有效地控制体验现场，创造独特的消费者体验感受，实现具有强烈冲击的体验感知价值。

3）价值维持阶段：超越消费者期望，从态度、行为、认知三个维度，使消费者全面满意，实现企业的长期价值。

3.2.4 经济形态对创新的启迪

通过经济形态的分析，可以为企业在组织创新的活动过程中提供以下几点启迪：

1. 选择合适经济形态进行切入

"从哪种经济形态进行切入？"是每个企业都需要重新进行思考和定位的问题。

虽然农业经济、工业经济、服务经济和体验经济之间存在比较大的区别，但是它们之间并没有高低贵贱之分，只不过属于不同的经济形态罢了。如果单从经济体量或财富收益来看，目前具有显著优势的可能不是体验经济和服务经济，而是农业经济和工业经济，它们占据了同类原材料的经济主流，当然随着时间的推移，这种状态有可能会发生变化。

不同经济形态所能满足的客户需求和所面临的竞争压力区别比较大，因此，需要具备的核心能力差异也比较大，企业可结合自身的能力和特点进行合理选择。

2. 实现多种经济形态协同发展

不同经济形态之间并没有不可逾越的鸿沟，它们之间有其内在的关联关系，如果企业能掌握其中的发展规律，尤其是当企业现有业务的发展出现停滞时，与其盲目跨行业实现多元化,还不如认真审视一下:是否有可能将现有的业务延展到其他的经济形态中,从而带领企业迈入新的发展阶段。

例如,不少食品企业为了确保最终的产品质量,提出了从田间到餐桌的一体化战略,就是从工业经济延展到农业经济;再如,以装备制造业为核心的制造服务化转型,就是基于这样的底层逻辑,将工业经济拓展到服务经济的典范。

3. 以创新思维进入新经济形态

企业一旦选择由原有经济形态进入新的经济形态,因为观念及底层逻辑的不同,其创新的着力点也将存在较大的区别,切忌将传统的思维定式和管理办法带入新的经济形态中,而是需要根据所处经济形态的内在发展规律,重新构建新的核心竞争能力。

此时,内生式渐进创新模式必然受到来自原有经济形态和新经济形态的双重挑战,此时企业可以重新规划,雇用专业人士来进行大胆尝试,在新的经济形态中开辟出一片新的天地。必要时(尤其是启动初期),企业可在资源获取和价值交换上进行适度的政策性倾斜。但不同经济形态的业务之间需要保持相对的独立性,待相关业务在新经济形态中实现稳定发展后,再来思考不同经济形态之间的协同发展问题。

3.2.5　经济形态发展趋势的思考

体验经济是否是经济形态的终结者?这是一个值得深思的问题。

以食品为例,是否存在这样的经济形式,一种是它卖得比农业经济还便宜,甚至倒贴给消费者,但是企业依旧很赚钱;另一种是它卖得比现有体验经济还贵上十倍、百倍,甚至千倍、万倍,但仍然有消费者趋之若鹜。

其实,现实的市场实践已经给出了答案。

针对第一种现象,可以看到的场景之一是创业咖啡。有哪家创业咖啡是靠咖啡赚钱的?通常,创业咖啡的环境不比高档酒店差,价格还比普通咖啡店低,还经常性地组织免费培训、路演等活动,甚至为了吸引观众参加,不仅咖啡免费,主办方不惜花费重金邀请重量级嘉宾出席,但是运作成功的创业咖啡哪一个不是赚得盆满钵满。为什么?

第二种现象的场景就非常多了。试想一下目前卖得最贵的午餐是什么?——巴菲特的午餐!巴菲特午餐始于2000年,价格已从最初的2.5万美元涨到现在的350万美元(约合人民币2268万元)。为什么?历年巴菲特午餐拍卖价格如图3-4所示。

当然,您可以说巴菲特午餐是一个特例,那么再试想一下,如果有机会让您同您所心仪已久的名人(明星、社会活动家等)共进午餐,您愿意为此支付的价格会是多少?

再列举一个场景。2019年春天,星巴克推出了定价为199元的猫爪杯(图3-5),成本价也就10元左右,最终竟然被炒到了2500元,还一杯难求,这是为什么?然而市场上,造型更酷、品质更好、价格更低的猫爪杯却卖不动,这又是为什么?

更不用说那些在拍卖场上动辄上亿美元的文物及艺术品;投入千金仅博一笑的网红现象、花费与冒险并重的星际旅行……

这些是否已经超越了传统的体验经济?于是一种新的经济形态开始孕育——认同经济。

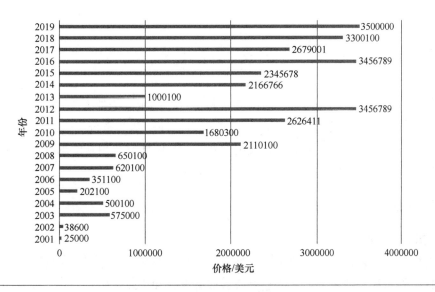

图 3-4　历年巴菲特午餐拍卖价格

认同是一种个体与群体之间的关系，主要包含文化认同及价值观认同等，以及基于此而衍生出的区域认同（如国家认同、企业认同、老乡认同等）和身份认同（如师生认同、战友认同、同学认同等）。

1）文化认同：一种个体被群体的文化影响的感觉。即用祖先、宗教、语言、历史、价值、习俗和体制等来界定自己。

2）价值观认同：对认定事物、辨别是非等具有相同或类似思维，或取向相同的群体。

认同经济是构建在这些系列认同基础上的经济现象。因为认同，以上超越了传统经济形态的现象就可以得到较好的解释。

图 3-5　神奇的猫爪杯

认同经济与体验经济不同之处在于：认同经济中消费者的主观融入参与感不强，或因能力相差太大，只能被动接受。

认同经济与农业经济、工业经济和服务经济的不同之处在于：认同经济中消费者个体对目标货物、商品或服务价值的认可远远超越了货物、商品或服务的实际价值，出现严重的价格扭曲；同时，认同经济的实际发生不具有可再现性，即便是同一消费者面对相同的标的物，因为时间、场景不同，差异也非常大。

诚然，一种新经济形态出现时，效率、美化、丰富成为发展初期的关键词，随着众多企业关注、介入并推陈出新，新经济形态不断丰富其内涵和外延，被消费者所广泛接受，新经济形态就会以独立形态而存在。目前，体验经济已经成熟，而认同经济是否可以最终成为独立的经济形态仍需时间的验证。

3.3 智能互联升级

随着科技的发展,信息技术已经深度嵌入到传统产品中,为所有产品带来革命性巨变。原先单纯由机械和电子部件组成的产品,已进化为各种复杂的系统。传感器、数据存储装置、微处理器和软件等以多种多样的方式组成新产品,因此需要用新的思维、在更高的维度上来重新审视现有的产品,从中挖掘新的创新发展机会。

3.3.1 基本概念

1. 重新理解两化融合

两化融合是指信息化与工业化主要在技术、产品、业务、产业四个方面进行融合。也就是说,两化融合包括:技术融合、产品融合、业务融合和产业衍生。

1)技术融合:通过工业技术与信息技术的融合,产生新的技术,推动技术创新。例如,汽车制造技术和电子技术融合产生的汽车电子技术,工业和计算机控制技术融合产生的工业控制技术。

2)产品融合:电子信息技术融入产品中,增加产品的技术含量。例如,普通机床加上数控系统之后就变成了数控机床,传统家电采用了智能化技术之后就变成了智能家电,普通飞机模型增加控制芯片之后就成了遥控飞机。信息技术含量的提高使产品的附加值大大提高。

3)业务融合:信息技术应用到企业研发设计、生产制造、经营管理、市场营销等各个环节,推动企业业务创新和管理升级。例如,计算机管理方式改变了传统手工台账,极大地提高了管理效率;信息技术应用提高了生产自动化、智能化程度,生产率大大提高;网络营销成为一种新的市场营销方式,受众大量增加,营销成本大大降低。

4)产业衍生:两化融合可以催生出新的产业,形成一些新兴业态,如工业电子、工业软件、工业信息服务业。工业电子包括机械电子、汽车电子、船舶电子、航空电子等;工业软件包括工业设计软件、工业控制软件等;工业信息服务业包括工业企业 B2B(Business to Business,商家到商家)电子商务、工业原材料或产品大宗交易、工业企业信息化咨询等。

我们在理解两化融合时,往往只把注意力集中在业务融合上,而忽略了信息技术与工业化的相互渗透、互为促进、协同发展。两化融合在技术融合、产品融合、产业衍生三个方面都对产品进行了重新定义。

2. 产品智能互联升级

哈佛商学院教授、"竞争战略之父"迈克尔·波特和美国参数技术公司总裁兼首席执行官詹姆斯·贺普曼曾联合撰文《物联网时代的企业竞争战略》,在文中明确指出:借助计算能力和装置迷你化技术的重大突破,智能互联产品将开启一个企业竞争的新时代。

智能互联产品包含三个核心部件:物理部件、智能部件和联结部件。

1)物理部件:包含产品的机械和电子零件。以汽车为例,物理部件包含发动机、轮胎和电池。

2)智能部件:包含传感器、微处理器、数据存储装置、控制装置和软件,此外还有内置操作和用户界面。还以汽车为例,智能部件包含发动机控制单元、防抱死智能系统、雨水感应自动刮水器和触摸显示屏等。在很多产品中,软件可以替代部分物理配件,或者使一个物理装置在不同条件下实现个性化运行。

3)联结部件:包含接口、天线以及有线或无线联结协议。产品联结的形式主要有一对一、一对多、多对多三种。

① 一对一:一件单独的产品通过接口或交互界面与用户、制造商或其他产品联结。例如,一辆汽车与故障诊断装置联结。

② 一对多:一个中央系统与多件产品进行持续性或周期性的联结。例如,多辆汽车与统一的制造商系统联结,系统可以检测汽车的运行状况,对汽车提供远程服务和软件升级等。

③ 多对多:多个产品与其他类型的产品或外部数据源联结。例如,不同的农业机械设备相互联结,可以同时接收地理定位数据,从而协调并优化农业生产。

智能互联产品不但性能更强、可靠性更佳、利用率更高,而且能提供跨界乃至超越传统产品的新功能,所带来的机遇将帮助企业实现指数级增长。这些截然不同的产品将颠覆现有的企业价值链,迫使企业重新思考自身的方方面面,甚至重构组织架构。

3. 智能升级的五个维度

由于智能互联产品的出现,产品的形态将发生质的变化。产品将借助智能互联实现从产品、智能产品、智能互联产品、基于场景的智能互联产品和异构智能互联产品体系的五级智能升级。在产品五级智能升级模型中,每一次升级跨越,产品的复杂度将成倍增长,但是所带来的市场空间将实现指数级的增长。产品五级智能升级模型如图 3-6 所示。

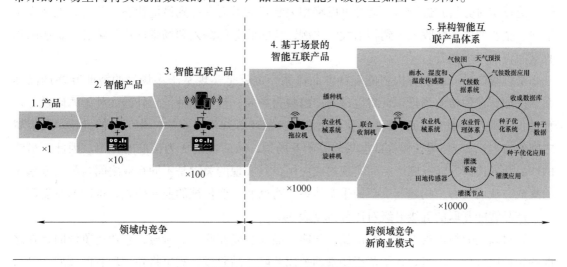

图 3-6 产品五级智能升级模型

下面将以农用车为例，分别从产品描述、联结性、产品性能、系统集成、数据分析、业务价值等角度就产品智能互联升级五个维度中的关键点进行简要说明。

在传统的产品层级，农用车所呈现的就是典型的机械电子产品，不同的农用车之间没有关联关系，更谈不上集成和数据分析的问题，但是它能完成特定的功能，因此给生产企业所带来的价值回报就在于农用车本身的销售上。

在智能产品层级，农用车融入了软件、传感器、处理器等新的元素，所呈现的是机、电、软一体化的产品，实现了没有数据的联结，其集成性主要关注的是农用车本身的机、电、软之间的集成，并在原有功能的基础上实现个性化、增强功能性和用户界面（例如客户可以根据预设的场景参数选择运用场景，使得农用车可根据场景在最佳运行状态下进行工作），生产企业可以批量分析农用车历史数据，优化农用车并提供配套的基本服务，其中的价值回报除了农用车本身的销售外，还可以通过提供优质的服务，适度收取相应的费用，但是服务的占比相对较少。

在智能互联产品层级，通过有线或无线等技术手段将不同的农用车进行联结，形成了农用车的网络平台，企业可以通过网络平台实现远程检测、控制和配套的服务；产品和服务，通过信息平台实现了集成；可以持续分析产品使用情况，因此，在此基础上可以构建起系统化的服务体系，客户可以按需通过租赁服务等方式，获得对农用车的使用权，使设备的使用率得到较大的提升，同时生产企业根据实际的应用需求，创新出更具价值的产品及服务；服务性收入在生产企业总收入中的占比大大增加，甚至超过产品本身的销售收入。

在基于场景的智能互联产品层级，生产企业可以根据客户的实际应用场景，配置完整的解决方案，例如根据播种季节配置与之相匹配的耕地、播种、施肥等装置，在种植阶段可以提供灌溉、施肥、除草等装置，而到了收获阶段可以提供收割、在线打包、废料处理等装置，并实现无人或少人化操作等。因此，在产品侧需要增强每一种产品的功能特性，并根据运行情况不断优化系统功能，同时与其他企业相关产品的功能进行集成，协同工作成为关键。通过实时分析并进行预测运算可以将相关装置的潜力发挥到最优状态，并极大地减少了浪费。企业的服务性收入占到相当大的比例，伴随服务的深入和场景优化与拓展，企业的创收空间得以极大提升。

最终将产品升级至异构智能互联产品体系，也就是实现基于多场景的智能互联产品体系。例如，在种植的场景中，将以最终产出物为导向，整合除种植之外的如种子的研发与培育过程（涉及基因工程），更为环保、精准的除草环节（涉及生物、化工、信息技术及装置之间的协同），与环境气候等数据集成等业务场景，从而实现更为精准的种植。因此，最终的产品是异构的智能互联产品间实现集成应用，其实现的关键是不同行业之间与第三方系统的集成，从而与客户构建起全新的生态体系，将彻底改变传统的业务模式，推动商业创新。

产品智能互联的五级升级对比分析见表3-2。

通过以上分析不难发现，在产品、智能产品和智能互联产品阶段，企业竞争依旧是在之前的领域内进行，一旦跨入了基于场景的智能互联产品阶段，竞争将超越现有的领域，进行跨领域竞争或因此催生出全新领域或商业模式。

表 3-2　产品智能互联五级升级对比分析

维度	产品	智能产品	智能互联产品	基于场景的智能互联产品	异构智能互联产品体系
分析项目					
产品描述	产品是物理的（机械、电子等）	产品融入了软件、传感器、处理器等	产品融入了有线或无线的联结	智能互联产品基于某一场景提供应用	异构的智能互联产品间实现集成应用
联结性	无	少许	一对一	一对多	多对多
产品性能	核心产品功能	实现个性化、增强功能性和用户界面	实现远程检测、控制和服务	增强产品特性，监控运行情况并优化系统功能	扩展产品的性能，与其他系统进行自动协调
系统集成	无外接系统	硬件和软件产品是集成的	IT、产品和服务系统是集成的	与其他企业系统是集成的	不同行业之间与第三方系统是集成的
数据分析	无	批量分析产品历史数据	持续分析产品状况和使用情况	执行实时分析并进行预测运算	异构系统的机器学习和预测分析
业务价值	产品渠道	增强产品和服务性能	拓展产品和服务性能并优化当前流程	实现新的流程并拓展产品和服务性能	改变业务模式并推动商业创新

因此，智能互联产品不但会影响企业的竞争，更会扩展行业的竞争边界。竞争的焦点会从独立的产品跨越到包含相关产品的系统，再到连接各个异构子系统的超系统。

3.3.2　智能互联产品的新基础架构

智能互联时代，企业除关注传统产品本身的功能外，更需要建立一套全新的基于 IT（Information Technology，信息技术）、OT（Operation Technology，运营技术）和 CT（Communication Technology，通信技术）相互融合的新一代技术架构。新架构通常包含三横（功能实现）、三纵（功能保证）的架构。

1. 三横功能实现水平架构

三横功能实现水平架构具体包括：

（1）智能产品　软硬件一体的智能产品通常包括以下内容：

1）硬件系统：主要有内嵌的传感器、处理器、互联接口/天线以及传统的机械和电子部件等。

2）软件系统：主要有内嵌的操作系统，搭载的软件应用，用户交互系统和产品控制部件等。

（2）互联通信系统　包含了产品和产品云之间联结协议的通信系统。

（3）产品云　运行在自己或第三方平台上的产品云，具体包含以下内容：

1）产品数据库：大数据储存库，可以实现对产品实时及历史数据的存储、标准化处理和管理。

2）应用平台：执行和开发应用程序的环境，通过数据接入、虚拟化和运行时间工具，用户可以实现智能互联应用软件的快速开发。

3）规则/数据分析引擎：产品运行中嵌入的包含规则、商业逻辑和大数据分析能力的算法，让企业具有发掘新产品的能力。

4）智能产品应用：在远程服务器上运行的软件应用，用来管理产品的监测、控制、优化和自动运行等功能。

基于智能互联的新一代技术基础架构如图3-7所示。

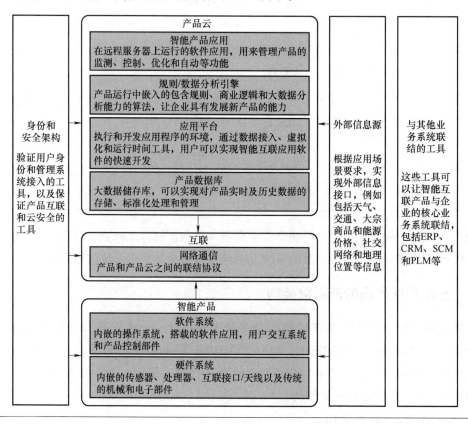

图3-7　基于智能互联的新一代技术基础架构

总之，在智能互联产品横向功能实现中，智能产品是基础，产品云是核心，而互联通信系统是联结基础智能产品和产品云之间的纽带。

2. 三纵功能保证垂直架构

三纵功能保证垂直架构，具体包括：

（1）身份认证和安全架构 验证用户身份和管理系统接入的工具，以及保证产品互联和云安全的工具。

（2）获取外部数据的接口 根据应用场景要求，实现外部信息接口，例如包括天气、交通、大宗商品和能源价格、社交网络和地理位置等信息。

（3）其他业务系统联结工具 这些工具可以让智能互联产品与企业的核心业务系统进行联结，包括 ERP（Enterprise Resource Planning，企业资源计划）、CRM（Customer Relation Management，客户关系管理）、SCM（Supply Chain Management，供应链管理）和 PLM（Product Lifecycle Management，产品生命周期管理）等。

3.3.3 智能互联产品的核心新功能

一旦企业构建起了基于智能互联的新一代技术架构，企业不但能实现快速的应用操作和开发，还能收集、分析和分享产品内、外各个环节所产生的大量数据。

智能互联能力的构建将赋予产品系列新的功能，创造出更多的价值。这些新的功能主要分为监测、控制、优化和自动四大类，其中监测功能是控制、优化和自动功能的基础。

1. 监测功能

通过传感器和外部数据源，智能互联产品能对产品的状态、运行和外部环境进行全面监测。在监测功能的帮助下，一旦环境和运行状态发生变化，产品就会向用户或相关方发出警告。

监测功能还允许企业或用户追踪产品的运行状态和历史，以便更好地了解产品的使用状况。

监测数据对产品设计（减少过度开发）、市场分层（通过分析和使用模式对用户进行分类）和售后服务（更准确地诊断故障部件，提高首次维修率）都有极重要的意义。

此外，这些数据还可以帮助减少售后服务纠纷；通过发现产能饱和以及产品利用率过高等现象，企业可以有针对性地开拓新的商业机会。

2. 控制功能

可以通过产品内置或产品云中的命令和算法进行远程控制。算法可以让产品对条件和环境的特定变化做出反应。例如当压力过高时，自动关闭阀门。

通过内置或云所搭载的软件对产品进行控制，可以实现产品高度定制化，这在以前成本会很高或难以实现，如今用户可以通过多种新的方式控制或定制与产品的互动。

3. 优化功能

有了丰富的监测数据和控制产品运行的能力，企业就可以用多种方法优化产品。过去这些方法大多无法实现，如今可以对实时数据或历史记录进行分析，植入算法，从而大幅度提高产品的生产率和利用率。

以风力发电涡轮为例，内置的微型控制器可以在每一次旋转中控制扇叶的角度，从而最大限度地捕捉风能。还可以控制每一台涡轮，在能效最大化的同时，减少对邻近涡轮的影响。

此外，基于实时数据监测和控制功能，企业可以在故障发生前提供维护，远程完成服务，这样不仅缩短了产品停机时间，更省去了派遣维修人员的成本。即便需要实地修理，也可以提供产品维修信息，包括哪些部分受损、需要的部件以及修理的方法，降低了维修成本，提高了一次维修成功率。

4. 自动功能

将检测、控制和优化功能融合到一起，产品就能实现高度自动化。例如新型的真空扫地机器人，通过内置软件和传感器，能对不同结构的地面扫描后进行清扫。

更先进的产品则具备学习能力，能根据周边环境分析产品的服务需求，并根据用户的偏好调整。

自动功能不仅能减少产品对人工操作的依赖，更能实现针对偏远地区的远程作业，提升危险环境下的作业安全性。此外，自动产品还能和其他产品或系统配合。

随着越来越多的产品实现互联，这些功能的价值将呈指数级增长。例如，随着智能电表入网数量增多，电网的能效不断提高，发电厂就能更好地了解用户的用电习惯，并随之调整、优化。再如，基于自身运行以及周边环境（包括系统中其他的产品）数据，以及和其他产品的通信能力，产品最终将实现完全自动运行。

3.3.4 智能互联产品重塑行业竞争

迈克尔·波特的竞争分析模型是20世纪80年代初提出的，对于企业如何有针对性地制定战略，产生了全球性的深远影响。购买者议价能力、业内竞争者竞争、潜在竞争者威胁、替代品可替代性、供应商议价能力这五种力量的不同组合变化，最终影响行业利润潜力变化，如图3-8所示。

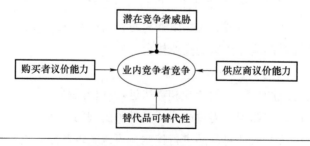

图 3-8　五力竞争分析模型

下面用该模型对智能互联产品时代的行业竞争变化进行分析。

1. 购买者议价能力分析

智能互联产品将在以下方面削弱购买者的议价能力：

1）智能互联产品将极大地扩展差异化的可能性，单纯的价格竞争将越来越少，购买者很难在差异的产品之间进行同质化比价。

2）通过大量的数据，企业可以在充分了解客户如何使用产品的基础上，更好地对客户进行分层，有针对性地定制营销策略，提供增值服务。

3）由于企业掌握大量的历史数据和产品使用数据，购买者转换新供应商的成本和难度将大大提升。

4）通过智能互联产品，企业大大降低对分销渠道和服务机构的依赖，甚至达到去中介化的目的，即便在购买者压低购买价格的基础上，企业依旧可以在价值链中获得更多的利润。

当然，随着购买者对智能互联产品的深入了解，也将在以下方面提升购买者的议价能力：

1）一旦了解产品的真正性能，购买者也能在不同供应商之间寻求制衡，提高自身的议价能力。

2）如果购买者掌握了对于运营数据管理和挖掘的能力，购买者可能仅对高价值的服务进行采购，大大削减普通服务的采购。

3）由于购买者是产品使用数据的真正拥有者，这将增加他们的议价能力。

4）智能互联产品改变了单纯的购买模式，尤其是硬件产品，通常会采用租赁等方式，而对于软件产品则采用使用才付费的方式，因此可以降低购买者的转换成本，从而提高议价能力。

2. 业内竞争者竞争分析

智能互联产品对竞争带来重大影响，主要体现在以下方面：

1）智能互联产品将创造出大量差异化的产品和增值服务的机会。

2）可以加速自身产品的改进，以对应更加细分的市场，甚至可以根据客户个性化的需求进行定制。

3）通过智能互联还可以将价值扩展到产品以外，例如提供有价值的数据分析和增强服务。

4）智能互联产品时代，能抢占先机获得客户的企业将获得更大的发展，因为传统的A/B供应商采购制度在智能互联产品时代将逐渐失效。

当然，智能互联产品也将面临新的挑战，尤其是产品推出的初期，具体表现在以下方面：

1）与传统产品不同，智能互联产品除硬件成本外，需要投入大量资金用于软件，尤其是新型基础架构平台的开发，必然会加大产品的固定成本，在与传统产品竞争时没有价格上的优势，但一旦突破了拐点，智能互联产品的价格优势就会大大地释放出来。

2）智能互联产品需要考虑客户使用习惯、产品稳定性等方面的问题。

3）虽然智能互联产品从整个产品生命周期来看其综合成本是具有一定优势的（尤其是降低了产品的维修、维护成本），但客户需要支付较高的前期采购费用。

4) 由于较高的前期固定成本投入，因此企业为保证一定的盈利能力，产品的价格弹性通常较低，在竞价采购时与传统产品相比，存在比较大的劣势。

5) 智能互联产品的功能得到极大扩展，容易让客户陷入"谁的功能更丰富"的比拼上，而忽略了产品性能的提升。

6) 随着智能互联产品成为更广泛产品系统的一部分，竞争范围将进一步扩大。例如，家用照明企业、音响娱乐设备制造商以及智能温度控制器生产企业过去并没有交集，但现在它们每一家都要在整合智能家居系统里分一杯羹。

3. 潜在竞争者威胁分析

智能互联产品增加了行业壁垒，新进入者要面临一系列严峻挑战，具体表现在以下方面：

1) 巨大的前期投入，如前所述，智能互联产品不仅是传统的硬件成本投入，更多的是软件及基础平台等方面的投入。

2) 智能互联产品设计需要建立在对行业深刻理解的前提下，对海量数据进行安全地采集、建模、分析、优化的基础之上，与客户密切配合，经过多轮迭代后，产品才能初步成形，这绝非一日之功。

3) 虽然智能互联产品通常都会采用开放的平台架构，但是在核心技术上必然会构筑起更高的技术壁垒；或在商业模式上创造出新的模式，形成市场壁垒。

4) 智能互联产品往往不可能由某一家企业独立提供完整解决方案，因此市场中一旦发现有新进入者，必然会面临技术、品牌、市场、价格、服务承诺等多维度排挤的局面。

5) 卓越的企业在具有核心技术、产品、方案及客户等先发优势的基础上，通常会利用其所累积的产品数据改进产品和服务，重新设计营销合作模式、灵活多样的支付方式、全面快捷及时的售后服务流程等，这些无疑抬高了新进入者的门槛。

6) 智能互联产品提高了购买者的忠诚度，同时增加了转换成本和难度（如果有过类似大型信息系统，如 ERP 或 PLM 的转换经历的企业，就能理解这种转换有时变得几乎不可能），进一步提高了行业进入壁垒。

当然智能互联产品在增加行业壁垒的同时，也为新进入者打开了一扇窗，具体表现在以下方面：

1) 新技术的快速发展往往会催生出全新的产品，当原有技术不再具有优势时，行业的进入壁垒反而会降低，并且会加快这种新旧替代的速度。

2) 惰性及对新技术的恐惧，往往使得传统在位企业不情愿采用新的智能互联技术，妄想通过在传统产品所构建的既有优势上，保持较高的利润。

3) 由于新技术将会对企业内部已有的产品带来较大的冲击，如果不在体系上理顺，智能互联产品的开发和实现必然面临内部重重流程和人为设置的壁垒，行动迟缓。

4) 即便优秀企业的决策者们有进入智能互联产品领域的勇气和决心，也具备了前期所积累的雄厚资金作为支撑，仍会因为企业现有的人才结构而困难重重。

以上因素为新进入者敞开机会之门，这就是为什么我国企业能在新能源车上取得较快发展,特斯拉可以挑战传统汽车巨头的原因所在。

4. 替代品可替代性分析

与传统的替代产品相比,智能互联产品的性能更佳,定制化程度更高,客户价值也更为凸显,因此降低了替代产品的威胁,提升了行业发展和利润获取能力。

在很多行业中,新型的替代产品正在涌现,它们能够提供更全面的功能,这必将威胁到传统产品的地位。

此外,智能互联产品往往通过改变传统的产品所有制形式,将产品的使用权和所有权进行分离,催生出按需付费的新型共享的商业模式,例如共享单车、共享汽车、共享充电器等。

5. 供应商议价能力分析

智能互联产品改变了传统的供应关系,重新分配了议价能力。由于智能和互联部件提供的价值超过物理部件,物理部件将逐渐商品化,甚至被软件所替代[如传统的汽车仪表板已广泛地被 PAD(Portable Android Device,平板电脑)所取代],同时软件也提高了物理部件的通用性,减少了物理部件的种类。因此在成本结构中,传统硬件供应商的重要性将会降低,其议价能力随之减弱。

智能互联产品也让一批新的供应商崛起,包括传感器、软件、互联设备、操作系统、数据存储以及新基础架构的平台供应商。这些新的供应商中不乏华为、腾讯、谷歌、苹果、阿里等行业巨头。过去传统制造企业并不需要和它们打交道,但如今这些企业的技术对产品的差异性和成本至关重要。这些新的供应商拥有极高的议价能力,往往能获得价值蛋糕中更大的一份,进一步挤压传统硬件制造商的利润。

例如,开源汽车联盟(Open Automotive Alliance)是由谷歌与通用汽车、本田、奥迪、现代和 NVIDIA 联合宣布共同成立的组织,未来将在汽车上安装谷歌的安卓系统作为操作系统。因为传统汽车企业缺乏开发内嵌操作系统的能力,无法提供像安卓系统的操作体验和 App(Application,应用程序)开发生态圈,未来这些汽车企业将会变成谷歌的 OEM (Original Equipment Manufacturer,代工生产),传统供应商的影响力对这样的新型供应商完全失效。

3.3.5 智能互联产品带来全新挑战

智能互联产品时代给企业带来巨大机遇的同时,由于产品的多样性与复杂性,必然会给企业现有的研发设计、生产运维、营销、人力资源及安全等运营管理都带来全新的挑战,具体表现在以下几方面:

1. 研发设计挑战

智能互联产品的研发设计除了要面对传统产品研发设计所面临的产品定位、需求分析、设计仿真验证一体化、设计制造一体化、协同设计、产品配置、项目管理、流程管理等诸多共性问题外,还将面临下述挑战:

1)设计方法挑战:智能互联产品需要一整套全新的设计方法,如:通过软件定制产品，实现硬件的个性化；产品实时远程升级支持；开放平台系统与相对封闭的用户系统的体系构架等。

2）设计工具挑战：智能互联产品通常是由机械、电子等硬件和内嵌软件、底层操作系统、应用软件、互联软硬一体部件等组成的复杂系统，它们之间具有非常强的耦合关系，将给现有的设计工具带来全新的挑战。

3）数据挑战：智能互联产品在研发设计过程中，各异构、跨学科系统之间将会产生海量数据，这些数据之间有着非常强的关联关系，而且在研发设计过程中，这些数据是动态变化的，如何实现有效管理，例如版本管理、变更管理等，将给 PLM 平台带来全新的挑战。

4）配置挑战：智能互联产品由于深入到企业的产品使用过程中，对于每个客户的交付都是不一样的，因此，将面临如何通过产品的模块化，在平台基础上进行配置实现这种个性化需求的挑战。

5）集成挑战：智能互联产品一方面将面临产品内部异构系统之间的集成问题，另一方面还要面对外部多系统（系统异构、开发工具多样性、接口多样性、标准多样性等）集成问题的挑战。

6）迭代挑战：软件开发和硬件开发的节奏和频率截然不同，软件开发团队可在一段时间内对应用程序进行多次迭代，但在同一段时间内，硬件团队只能设计出一个新的版本，因此迭代频率同步及兼容性将面临挑战。

7）响应挑战：因为产品的改进设计往往会延伸到产品的使用过程中，客户在使用过程中的个性化需求响应的实效性就显得非常关键，是未来确保客户满意度最主要的因素，因此在快速响应客户需求的基础上与开发迭代同步将面临挑战。

8）共创挑战：在智能互联产品时代，客户可能会较为深入地参与到产品的研发设计过程中，如果能对客户参与研发设计的增值部分进行科学评估，实现共创、共享、共赢的开放式研发体系，那么将会有更多的企业参与其中，不断地实现创新。

2. 生产运维挑战

智能互联产品时代，生产与运维已经深度融合、密不可分。因此，除了要面对传统产品时代的人、财、物、供、产、销有效协同，实现物流、人流、资金流与信息流的四流合一等核心问题外，还将催生出新的挑战。

1）生产模式挑战：传统产品通常是在工厂内完成生产后交付给客户使用（大型装备可能需要到客户现场进行安装、调试、交付），智能互联产品时代的生产组织将有可能延伸到客户端，在工厂内完成的产品多为中间产品，很多工作需要到客户现场才能最终完成，现有的生产组织模式将面临挑战，未来的生产组织模式也亟待创新。

2）融合挑战：传统产品的生产与运维通常属于两个不同的体系，是分开进行管理的，甚至是由完全不同的企业来实现的，它们之间的交互非常少。但是在智能互联产品时代，生产与运维将实现融合，产品的生产企业可能会以另外一种身份参与到客户产品的使用环节中以确保智能互联产品的有效应用。

3）价值挑战：智能互联产品时代将在新的服务架构和服务流程的基础上，产生大量可以利用的数据，首先，通过数据可以及时发现现存以及可能出现的问题，高效、及时地对产品进行远程维护、预防性维护成为可能；其次，通过数据预判零件或部件失效的发生，减小产品停机率，提升产品的使用效率；最后，可以大幅度减少现场维修工作，提高备品、备件的利用效率（还可通过共享模式等实现备品、备件的利用效率进一步提高）。但如何让客户认可并愿意为此支付与之相匹配的服务价格，是对服务有效性的挑战；同时基于数据而产生的判断，如何与客户经验的判断实现统一，也将是智能互联产品时代面临的挑战。

4）界定挑战：智能互联产品时代，由于有产品使用数据作为佐证，有效地减少了售后纠纷问题。但是由于产品复杂程度剧增，一旦在使用过程中出现问题，问题的界定将面临挑战，是外部不可抗力因素？是客户操作不当？是外接系统问题？是链路问题？是接口问题？是硬件问题？是软件问题？还是多因素叠加？如何快速锁定问题根源并迅速解决；如何迅速锁定问题的影响范围，尽快提出应对方案；如何进行系统召回、索赔等，都将是智能互联产品时代面临的挑战。

5）共创挑战：智能互联产品时代通过对产品使用过程的数据进行挖掘，形成产品优化需求，将成为未来产品创新的主要来源之一，形成"以服务为导向的设计"新型研发模式。这将面临与客户参与研发设计类似的问题，因为使用数据的归属权问题（在此过程中客户往往需要配合或深度参与数据的收集、标定等工作）而产生的由产品创新而增加的价值如何合理分配的问题，是需要稳妥解决的。

3. 营销挑战

智能互联产品时代由于产品形态发生了变化，因此在营销上也将面临如下挑战：

1）营销模式挑战：在数据分析的帮助下，企业用更先进的方式对营销活动进行分层，为不同的客户定制不同的产品和一揽子服务，为客户提供更大的价值；同时智能互联产品通常是需要基于用户需求的场景形成个性化的解决方案，因此销售模式也将由卖产品到卖解决方案，到卖平台；由简单推销变成体系化营销；由单兵作战到层次化团队营销；由关系型营销到专家型营销；由品牌营销回归到口碑营销……这些变化都迫切需要企业构建全新的营销模式。

2）营销效率挑战：由于智能产品的复杂性增强，客户在购买时需要考虑的因素和范围大大增加；不同供应商的实现思路不同、解决方案类比性差、评判依据模糊；产品营销涉及多个部门，各部门因思考的角度不同，对同一需求的判断必然存在一定的差距；因决策层次升级而造成的决策流程复杂、决策周期长、决策风险及压力大。这些都给营销效率和有效性带来挑战。

3）定价挑战：由于智能产品所涉及的内容多，价值认同感存在较大的差距，通常客户"重硬、轻软、忽略服务、创新无感"；如何对与终端产品及服务没有直接关系的平台使用、接口等进行报价？如何对隐形的开发及服务的价值进行评估？如何对由客户直接或间接原因带来的需求变更、项目延期等进行收费？……因此，如何与客户达成共识，进行有效的报价是营销时将面临的挑战。

4）非理性挑战：面对激烈竞争，企业必须直面非理性竞争对手，他们在价格及服务承诺上通过非理性举措而赢得订单，却在交付上大打折扣，影响的可不仅仅是一个订单客户，可能会波及整个行业对于智能互联产品的信心。

5）新型合作模式挑战：正如前面所阐述的，通过智能互联产品，企业可以和客户建立新的关系，客户会在产品创新阶段、产品使用阶段参与产品的开发，因此传统的甲乙方关系将面临变革。新型的协作模式正在孕育，如何针对这些变化，构建新型的合作模式，形成新的价值分配体系，让参与各方都能有效分享利润增长，是时代赋予的新挑战。

4. 人力资源挑战

智能互联产品为人力资源部门带来了新的需求和挑战。

1）人才挑战：传统企业的研发人才是主要由机械、电子等工程设计人员为主的团队，而智能互联产品开发需要大量的软件开发、系统工程、产品云和数据分析等领域的人才，而这些人才在人才市场中非常抢手，给企业的人才招聘、培养、留用等都带来了挑战。

2）组织模式挑战：与传统的甲乙方关系将面临变革一样，企业内部的组织模式也将面临变革，传统单一的雇佣制正面临挑战，如基于任务的合作模式和基于价值共享的合伙人制度等新型模式已经产生，一方面是企业如何借助这些新的模式解决人才缺口问题，尤其是高端人才的缺口问题；另一方面是这些新型组织模式与传统组织模式之间如何有效协同。此外，由于新型组织模式的引入，企业现有人才（尤其是核心骨干）也将受到冲击，会不会产生新的人才流失？这都是企业面临的新挑战。

5. 安全挑战

智能互联产品给企业的信息安全管理带来了新的挑战，仅从系统所涉及的范围来看，主要有企业内部系统与客户系统之间的安全，不同供应商之间的系统安全，平台产品与应用App之间的安全等。

因此，在智能互联产品时代需要一整套新的安全体系，将涉及：认证流程、产品数据的安全存储、产品数据和客户数据的防御措施、接入优先级别的定义和控制以及产品对未授权使用的防御措施等。在互联产品时代，企业需要构建全新的系统安全体系来应对挑战。

3.3.6 智能互联产品新型竞争模式

智能互联时代的竞争已经由传统的供应链与供应链之间的竞争，上升到生态圈与生态圈的竞争。因此企业要考虑的是：要么自己构建一个新的生态圈系统；要么深度融入其他生态圈系统中。

企业生态圈是构建在平台化基础上的金字塔型企业集群，主要分为以下几类企业：

1. 平台型企业

最底层的是提供新型基础架构的平台型企业，除了为生态圈内的各企业提供必要的软件、硬件、通信等基础设施外，更为关键的是一方面要形成体系化的标准、规范和平台开发工具（尤其是标准封装），让生态圈内的各企业遵循规范进行开发；另一方面要形成全新的商业逻辑和价值共享及分配体系。

往往平台型企业只有一家，不提供任何产品及服务，但是生态圈企业和终端客户的数据、流程、功能等均在平台型企业所提供的基础设施上完成。

2. 工具级企业

在平台型企业的基础上，是提供具体技术和功能的工具级企业。例如提供消息中间件、流程引擎、核心算法、系统接口、位置定位等，它们不面向终端客户，只针对专项技术和核心功能，并根据标准和规范进行标准化的封装。

工具级企业所提供的是中间产品，很难在终端客户那里进行应用。

3. 系统级企业

在工具级企业的基础上，是提供某一专业领域的相对完整功能的系统级企业。它们无须从底层技术开始开发，而是借助工具级企业提供的中间产品，加上企业对领域深入理解和积淀，搭建完整的应用，例如流程审批系统、费用支付系统、路径优化系统、噪声诊断系统等，也可在此基础上形成更为完整的如质量管理系统、客户行为管理系统、设备运营监控系统、能源管理系统、车载娱乐系统等大型系统。这样的优势是可以通过类似搭建积木的方式完成系统的构建，也可根据技术发展和客户的需求实现快速迭代。

系统级企业所提供的产品是可以在终端客户那里进行应用的，但是因为没有基于企业应用场景进行整合，所以使用起来不够顺畅和方便。

4. 集成级企业

在系统级企业的基础上，是根据终端客户场景的需求、整合多方系统、提供给终端客户产品的集成级企业。其核心是基于客户的需求实现各系统间的集成。

通常是集成级企业面对终端客户，提供完整的智能互联产品，并为产品的使用提供后续支持与服务。

5. 方案级企业

在集成级企业的基础上，是通过咨询服务为客户提供完整解决方案的方案级企业。方案级企业对于传统企业所构建的生态圈而言是一个新鲜机构，不少人对其存在的必要性存有异议。但是随着智能互联产品的兴起，其所发挥的巨大价值将逐渐凸显，其不可替代性也逐渐被认知。

方案级企业的核心作用是填补技术与需求之间的鸿沟。一方面它需要对生态圈内的企业和技术有比较全面的了解；另一方面需要有效地引导和激发客户的需求，寻找到能切实产生价值的应用场景，并形成切实可行的整体解决方案，交付给集成级企业付诸实施。

方案级企业往往因为付费的主体不同，其效果和侧重点会有较大的区别。

当然，如果客户具备了这方面的能力，该项工作最好是自己完成，即便是请了专业的方案级企业提出了相应的解决方案，客户仍需在理解其核心原理的基础上，自己重新进行规划，这毕竟是客户自己未来的生存之本。

6. 其他企业

生态圈中除了平台型企业、工具级企业、系统级企业、集成级企业和方案级企业五大类核心企业外，还可能会衍生出维护类企业、数据挖掘类企业等更为专业的企业。

智能互联产品的生态圈如图 3-9 所示。

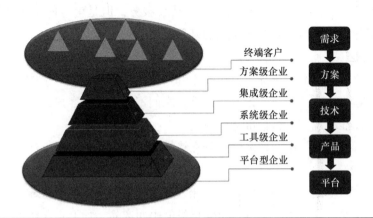

图 3-9　智能互联产品的生态圈

在生态圈竞争格局中，平台型企业无疑是最终的大赢家，因此每个企业都想成为圈内的平台级企业，然而随着竞争的加剧，最终在某个生态圈中的平台级企业只可能是少数企业，因此要想成为平台型企业，其前期的投入和面临的挑战都是非常巨大的。

如果换个角度来看待这个问题，那么其实每个企业都可能成为平台型企业，因为生态圈可大、可小，可能在大的生态圈中仅是一个小的应用，但到了一个小的生态圈中却变成了核心应用，到了一个更小的生态圈中，就变成了平台。因此，未来企业都需要有平台的思路、开放的心态、客户的思维；有效地将需求转变为方案、将方案转化为技术、将技术变成产品、将产品变成系统、将系统变成平台，通过平台服务于终端客户；在竞合中实现需求、方案、技术、产品和平台的进化，不断发展。

在新竞争态势之下，企业要考虑的是自己在生态圈中的定位和角色，因为在生态圈内各企业的关系是竞合关系，必然会出现多种解决方案并存的情况。如果只有竞争没有合作，结果是内耗太多，自相残杀；如果只有合作没有竞争，生态系统太单纯、太脆弱，结果必然是被其他生态圈所取代。

3.4　S-进化升级

技术系统的进化是指实现技术系统功能的各要素从低级到高级、从低效到高效，系统功能从单一到集成不断演化的过程，并且它们的进化过程都会经历相同的阶段，蕴含类似的规律。因此结合各自所在领域，在仔细研究其发展规律的基础上，定能很好地预测到相关技术的发展方向与趋势，提前布局，在竞争中脱颖而出。

3.4.1　基本概念

自然界中任何事物都有产生、成长、成熟、衰亡的过程，技术的发展也遵循这种规律。

即每个技术系统的进化一般都要经历如 S-技术进化曲线所示的四个阶段：婴儿期、成长期、成熟期、衰退期。S-技术进化曲线描述了技术及技术系统完整的生命周期。

可以用性能参数、专利数量、专利级别、经济收益四个方面来描述技术系统在各个阶段所表现出来的特点，帮助人们有效了解和判断一个技术系统所处的阶段，从而制定有效发展战略。S-技术进化曲线除了用来描述技术和产品，也可以描述行业等的发展。

S-技术进化曲线及特征如图 3-10 所示。

1. 婴儿期

当现有技术系统不能满足新需求，而且满足这个需求有意义时，一个新的技术系统就会因此而诞生。新的技术系统会以一个更高水平的发明结果来呈现。处于婴儿期的系统尽管能够提供新的功能，但该阶段的系统明显处于初级，存在着效率低、可靠性差或一些尚未解决的问题。由于人们对它的未来比较难以把握，而且风险较大，因此只有少数眼光独到者才会进行投资，处于该阶段的系统所能获得的人力、物力上的投入是非常有限的。

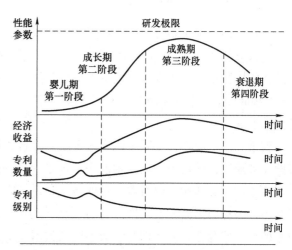

图 3-10　S-技术进化曲线及特征

处于婴儿期的系统的特征：性能的完善非常缓慢；该阶段产生的专利级别很高，但专利数量较少；系统在该阶段的经济收益为负。

2. 成长期

对于进入成长期的技术系统，系统中原来存在的各种问题逐步得到解决，效率和可靠性得到较大程度的提升，其价值开始获得社会的认可，发展潜力也开始显现，从而吸引了大量的人力、财力，大量资金的投入会推进技术系统获得高速发展。

处于成长期的系统的特征：性能得到急速提升；该阶段产生的专利级别开始下降，但专利数量出现上升；系统在该阶段的经济收益快速上升，投资者会蜂拥而至，促进技术系统的快速完善。

3. 成熟期

在获得大量资源的情况下，系统从成长期快速进入成熟期，技术系统已经趋于完善，所进行的大部分工作只是系统的局部改进和完善。

处于成熟期的系统的特征：性能水平达到最佳，这时仍会产生大量的专利，但专利级别会更低，垃圾专利大量产生；处于该阶段的产品已进入大批量生产，并获得巨额的经济收益。此时，需要知道的是系统将很快进入下一个阶段——衰退期，企业应着手布局下一代产品，制定相应的企业发展战略，以保证本代产品淡出市场时，有新的产品来继续承担起企业发展的重任，否则，企业将面临较大的风险，业绩会出现大幅度回落。

4. 衰退期

成熟期后系统面临的是衰退期。此时技术系统已达到极限,在原有原理及技术框架下很难再有新的突破,该系统也将因不再有需求的支撑而面临市场的淘汰。

处于衰退期的系统的特征:除了系统主要指标外,专利级别、专利数量和经济收益三个方面均呈现快速下降趋势。

3.4.2 S-技术进化曲线族

通常一种技术在婴儿期技术进步比较缓慢,一旦进入成长期就会呈现指数型增长,但是技术进入成熟期后就会走向曲线顶端,会出现增长率放缓、动力缺乏的问题。这时会有新的技术在舆论推动下从下方蓬勃发展,形成新的S形曲线,不同的技术路径相互叠加就形成了S形曲线族,新旧技术如此转换更迭,共同推动发展,形成技术不断进步的高峰,从而带动经济的发展。

就某一需求而言,会同步产生多个技术发展方向,从单一的技术来看,都会遵循S形曲线的发展规律,前提是这项技术能完整地走完婴儿期、成长期、成熟期、衰退期四个时期,实现技术的完美迭代。但通常大量的技术却走不完这样的完整周期,尤其在婴儿期大量的技术会由于各种原因而夭折或进入其他领域。此外,即便是能走完完整周期的技术,也因各自技术的成长期存在较大区别,形成不同的技术间交替发展的局面。更为有趣的是,即便是那些已经宣告夭折的技术,也会因其他技术的新发展或商业模式的变革,重新回归历史舞台。下面以汽车行业为例来进行说明。

1)1769年,法国炮兵工程师尼古拉斯·古诺大尉,经过六年苦心研究,成功地制造出世界上第一辆依靠自身动力行驶的蒸汽动力无轨车辆——古诺蒸汽机车。

2)1860年,定居在法国的比利时人里诺发明煤气机(内燃机),1885年,德国人卡尔·本茨发明三轮汽车,并于1886年1月29日申请获得了第一个汽车领域的专利(专利号为DRP 37435),如图3-11所示,该日被认为是"汽车诞生日",而发明人卡尔·本茨也被尊称为"汽车之父"。

3)1830年,苏格兰发明家罗伯特·安德森将电动机装在了一辆马车上,随后与美国人托马斯·达文波特合作,成功研制了世界第一辆电动汽车。这辆车以不可充电的玻璃封装蓄电池提供动力。

因此在汽车诞生的初期(婴儿期),至少

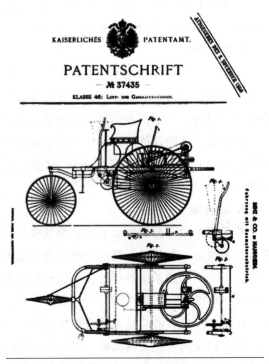

图3-11 世界第一个汽车专利

存在蒸汽机、内燃机和电动机三大技术发展方向，其中：蒸汽机发展为轨道机车（火车）；内燃机得到了蓬勃的发展；电动汽车由于充电及续驶里程等问题，一度退出汽车领域，直到 21 世纪初由于电池等技术的发展，电动汽车重新回归，且迸发出无限的生命力，有替代传统燃油汽车之势。

汽车 S-技术进化曲线族如图 3-12 所示。

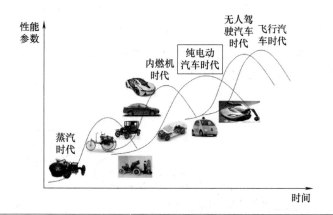

图 3-12　汽车 S-技术进化曲线族

目前，传统燃油汽车已经迈过成熟期，纯电动汽车、其他新能源汽车（如氢能源汽车）、无人驾驶汽车、飞行汽车等技术并驾齐驱。其中纯电动汽车已经通过了成长期的拐点，正加速发展；无人驾驶汽车处于婴儿期的后期，蓄势待发；而氢能源汽车、飞行汽车等依旧处于婴儿期的早期，前途未卜。

相信还会有新型技术不断涌入汽车行业，促进行业向着更高级的方向发展。目前"第二曲线"成为众多企业关注的焦点，其遵循的就是 S-技术进化曲线族的原理。

计算机 S-技术进化曲线族如图 3-13 所示。

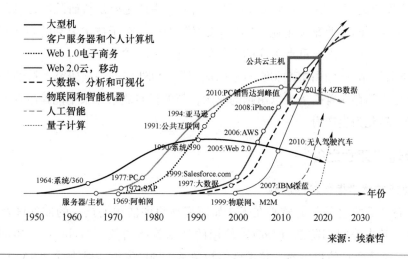

图 3-13　计算机 S-技术进化曲线族

3.4.3 创新"死亡之谷"

在创新过程中,技术在转换为商品的过程中,通常会用"魔鬼之河(Devil's River)""死亡之谷(Valley of Death)"和"达尔文海(Darwin's sea)"来形容在基础研究、产品开发和大规模商业化过程中必需的跨越阶段:

1)跨越"魔鬼之河":需要克服基础研究和应用研究之间的困难和障碍。
2)跨越"死亡之谷":需要克服应用研究和商业化之间的困难和障碍。
3)跨越"达尔文海":需要克服产品化和商业化之间的困难,或者寻找新的商业模式。

创新必须跨越的三大阶段如图3-14所示。

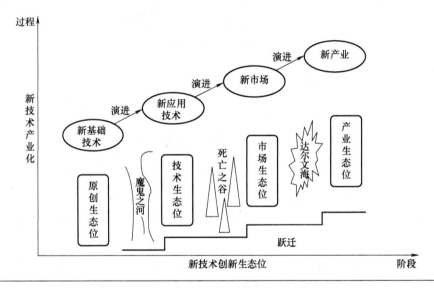

图 3-14 创新必须跨越的三大阶段

其中,"魔鬼之河"偏向于基础性的科学研究,主体主要是科研院所,以及创新理念超前且技术实力雄厚的行业龙头企业。"达尔文海"的核心在于技术驱动的商业模式变革。因此,对于企业创新而言需要重点关注的是如何跨越"死亡之谷"。

"死亡之谷"源于美国国家标准与技术研究所(NIST)的一项研究,指的是基础研究成果和成果转化之间存在着一条难以逾越的鸿沟,新的科研成果如果不能跨越这条沟谷,就无法走向市场,转化为生产力。

3.4.4 跨越"死亡之谷"

1. 借助技术就绪指数降低风险

有效跨越"死亡之谷"的核心在于:如何客观地评估相关技术的成熟度及技术与市场的结合程度。其中美国国防部(DoD)使用的技术就绪指数(Technology Readiness Index,TRL,或技术成熟度)值得借鉴。技术就绪指数是美国国家航空航天局(NASA)于20世纪70年代提出的一个衡量技术对目标系统满足程度的量化评估概念,最初为五级;20世纪80

年代挑战者号航天飞机失事后,又提出了一个七级的技术就绪指数等级概念;1995 年,NASA 以白皮书形式发布九级技术就绪指数等级定义,之后被美国国防部引入,并一直沿用至今,该体系也被很多美国企业所借鉴和应用。

此外,NASA 于 2005 年提出了科学研究类问题的科学就绪指数(applied Science Readiness Level,aSRL),该指数等级分三阶段,每个阶段又分为五个步骤,共 15 个等级;美国联合国防制造技术委员会于 2009 年颁布了制造/生产类问题的制造就绪指数(Manufacturing Readiness Level,MRL);2000 年左右,DoD 提出了适用保障类问题的持续保障成熟度(Sustainment Maturity Level,SML),共 12 级[同时并存两套体系,洛·马公司提出的持续保障就绪指数(Sustainment Readiness Level,SusRL),共 12 级;美国海军提出的后勤就绪指数(Logistics Readiness Level,LRL),共 5 级]。这些构成了美国国防装备系统工程的较为完整的闭环评价体系。

技术就绪指数见表 3-3。

我国引进了技术就绪指数的思路,并结合实际,编制了国家标准 GB/T 22900—2009《科学技术研究项目评价通则》,用于对科研和技术开发项目进行管理和评价。GB/T 22900—2009 根据项目的研究层次分为基础研究项目、应用研究项目、开发研究项目三类,并分别建立了对应的技术就绪水平量表,其中应用研究项目技术就绪水平量表见表 3-4。

除了技术就绪指数外,通过专利分析(专利数量、专利等级和弥补缺陷专利数量)来预测技术的成熟度也是值得关注的。

当然,企业要跨越"死亡之谷"仅有技术成熟度的客观评价是远远不够的(当然对此能做出准确判断是非常难的),还需要认真思考另外两个问题,即该项创新技术的潜在价值和企业对风险的承受底线。

2. 利用 S-技术进化曲线捕捉创新时间窗

通过深入研究 S-技术进化曲线的发展及演进规律,可以看出几乎每一项新兴且成功的技术,在真正成熟之前,都要经历先扬后抑,呈现波折起伏中持续迭代的发展曲线。企业可分析相关技术所处的生命周期的阶段,找准时机进入,从而降低进入风险和技术投资成本。

企业如果不是作为技术的先驱者,最好是待技术跨越了基础研究的"魔鬼之河"后再考虑在适当的时机进入。S-技术进化曲线中有如下几个关键点是值得注意的:

1)破局点:市场已经认可相关技术,并且收益大于投入,技术开始盈利,通常处于成长期的早期。

2)增速拐点:收益大于投入,但增长速度已经由正转负,投资收益收窄,通常处于成长期的中后期。

3)极限点:投入已经到达顶点,投入的收益已经变为负值,通常处于成熟期的中后期。

4)下降点:投资收益负向加速,通常处于衰退期的前中期。

表 3-3 技术就绪指数

序号	技术就绪指数	定义	技术载体 硬件	技术载体 软件	验证环境	逼真度
1	TRL1：基础理论研究阶段	最初级别的技术就绪等级，科学研究成果刚刚开始向应用阶段转移	无（纸面研究）	无（纸面研究）	无	无
2	TRL2：技术概念应用初期阶段	一旦基础理论建立，开始向应用转化，但是只是简单的应用初期	无（纸面研究）	无（部分编码）	无	无
3	TRL3：理论分析和实验验证阶段	开始实际研发阶段，包括分析和实验室研究，并开始理论验证工作	实验室样件	代理服务器上的一些算法		极低
4	TRL4：实验室环境下样品生产测试阶段	样品器件测试阶段，相比最终系统功能略显简陋	基础部件	软件算法变成代码，达到单机模块	实验室	低
5	TRL5：相关环境下样品生产测试阶段	样品器件的功能增强阶段，并且可以任相对接近实际应用环境测试	部件	软件完成单个功能模块的编码，并完成"软/硬BUG"试验	仿真环境	高
6	TRL6：相关环境下系统或子系统模块验证阶段	接近实际应用环境下的原型系统测试，这是一个关键的阶段	系统/子系统的模型或样机	在实验室环境中演示验证典型软件系统或分机。发布α版软件	高逼真度的仿真演示或有线的/受限制的运行试验台	高
7	TRL7：预设操作环境下的原型系统验证阶段	在预设好的操作环境下进行系统的验证工作，相比TRL6阶段，更加接近实际应用	系统样机	在使用环境下上机试验。发布β版软件	有代表性的真实环境中的运行演示，如飞行演示试验机	近似真实环境
8	TRL8：完整系统完成与验证阶段	技术通过预期条件下，这一阶段代表着系统进入最终完善阶段	实际系统	软件集成。在使用环境中进行所有功能测试	在实际系统应用中进行研制试验与评价	真实环境
9	TRL9：最终系统通过特殊要求条件验证阶段	实际系统在要求条件下的最终验证阶段，能够通过实际环境下的检测和验证	实际系统	软件系统试用验证	在任务环境中进行试验与评价	任务环境

表 3-4　应用研究项目技术就绪水平量表

等　级	特　征　描　述	主要成果形式
第一级	发现新用途并形成思路性报告	报告
第二级	形成特定目标的应用方案	方案
第三级	关键功能分析和实验结论成立	功能结论
第四级	在实验室环境中关键功能仿真结论成立	仿真结论
第五级	相关环境中关键功能得到验证	性能结论
第六级	中试环境中初样性能指标满足要求	初样
第七级	中试环境中正样性能指标满足要求	正样
第八级	正样得到用户认可	用户鉴定结论
第九级	正样品、专有技术、专利技术被转让	专利、样品

注：1. 应用研究是指为了探索开辟基础研究成果可能的新用途，或者为了达到预定的目标，探索应采取的新方法或新用途而进行的创造性研究，直接解决改造客观世界中的实际问题，主要针对特定的目的或目标。
　　2. 应用研究项目的主要目标是获得新用途、新方法、新产品，介于基础研究和开发研究之间，比较接近开发研究。

企业在不同的关键点之间进行投入，风险和收益是不太一样的。利用 S-技术进化曲线捕捉创新进入机会如图 3-15 所示。

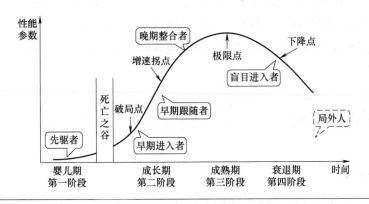

图 3-15　利用 S-技术进化曲线捕捉创新进入机会

1) 先驱者：在"死亡之谷"之前就进入的属于先驱者，他们一旦跨过"死亡之谷"，将会收到非常丰厚的回报，但是如果跨越不了"死亡之谷"，那么前期的投入都会清零。因此，有实力的企业（不仅是资金，更关键的在于技术方向的预判和对人员的辨别上）可以通过天使投资的方式进入，孵化和培养专业的机构。

2) 早期进入者：当技术跨越"死亡之谷"，进入破局点时往往是企业最佳的进入点，并在技术和市场两方面都可以抢占先机。这时企业既可以通过风险投资的身份介入，也可以自己组建团队来进入。判断的依据是该项技术与企业主业的关联程度：如果高度关联，要么直接收编快速进入该市场，要么自建团队，夯实基础；如果关联度不高，企业可以以投资的心态进入，看市场的发展情况再采取下一步的动作。这一阶段需要时刻保持对市场的判断，尤其是原始核心客户的应用反馈,因为有些技术有可能是伪跨越。

3)早期跟随者:企业选择过了破局点、接近增速点时进入,这时的投入风险相对较小,但为此要付出的代价比早期进入者的要高。此时投资的成本很高,而且相关企业已经进入正常的发展轨道,并且因为收益与预期可见,所以需要投资的欲望大大降低,通常要价普遍偏高。早期跟随者往往是通过局部的技术创新优化后,自己进入市场参与直接竞争。

4)晚期整合者:企业选择过了增速的拐点后进入的核心原因在于:此时的投入属于高投入、低风险、低收益。一方面由于竞争激励,不少创业型企业选择卖出后将收益投入到新的更具有潜力的技术中,因此被收购的欲望增强,收购成本相对合理;另一方面少数资金雄厚的企业通过收购兼并逐渐做大市场份额,虽然收益率不高,但对于技术实力相对较弱的企业可通过体量构筑起新的竞争壁垒。通常在此阶段选择进入的企业是市场的敏感者、技术的迟钝者同时资金丰厚。此时技术创新点主要集中在现有产品的改型或客户个性化实现上;同时,围绕效率、质量等相关的生产及工艺等方面的技术改进将加大。

5)盲目进入者:过了极限点后,投资风险加大,那些对技术和市场都缺乏预判的企业,如果盲目进入,将成为市场的接盘者。当然不排除极少数对技术前沿洞察力和市场敏感性都非常强的企业,看准了下一轮技术的方向,并且技术上有了相应的储备,此时可以通过超低价收购,以低成本斩获现有市场份额,潜伏等待下一轮技术的爆发。

总之,企业可以根据自身的技术、资金情况,结合自身的核心竞争力,选择合适的时机进入,对于那些有一定创新能力的企业或渴求通过创新进行变革的企业,可选择早期进入,但最好有效地绕开婴儿期的"死亡之谷"阶段进入。

3.5 动态性升级

3.5.1 基本概念

为适应环境变化及满足功能多样性的需求,技术系统在进化的过程中将朝着动态性(柔性、移动性)和可控性不断提高而进行演进。在实际创新过程中,可围绕增加系统柔性、增加系统可移动性和增强系统可控性三个维度进行思考,寻找创新的突破点。

围绕技术的动态性演进的路径,如果能打破传统的单一维度的思考,进行多维度交叉思考,将形成丰富的产品或系统的演进路径。动态性演进维度如图3-16所示。

下面将以具体的案例说明动态性的演进路径。

3.5.2 产品的动态性演进

在进行产品动态性研究时,如果观察的时间较短,变化是不太明显的,有点只缘身在此山中的感觉,因为大家更多的关注焦点在于外观的颜值、功能的扩充和性能的提升等方面。但是若将研究的时间段适当拉长,尤其是能追溯到该产品的起源,以此为基础进行发展路径的研究，其动态性的特征就会非常明显，并可根据当前所处的发展阶段，前瞻性地展望其发展路径，并借鉴其他领域的发展路径，合理地进行创新规划。

下面将以大家非常熟悉的电话和机器人为例进行阐述。

1. 电话的演进

正如难以确认谁是发明汽车的人一样，电话的发明者也颇具争议。目前公认的是苏格兰裔发明家、企业家亚历山大·贝尔，他于 1876 年申请了

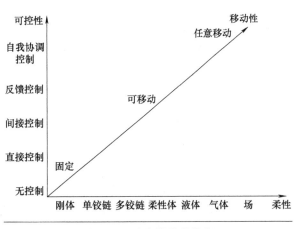

图 3-16　动态性演进维度

世界上第一台可用电话机的专利权，并创建了贝尔电话公司（AT&T 公司的前身），被誉为"电话之父"。从此，以电话为核心的通信行业开始蓬勃发展。目前，手机早已超越了电话最初作为交流工具的定位，成为人们日常工作、生活中不可或缺的工具。

据考证，电话的发明另有其人，即 1845 年移居美国的意大利人安东尼奥·梅乌奇。安东尼奥·梅乌奇痴迷于电生理学研究，他在不经意间发现电波可以传输声音。1850—1862 年，安东尼奥·梅乌奇制作了几种不同形式的声音传送仪器，称作远距离传话筒。穷苦的安东尼奥·梅乌奇因语言及费用的原因，仅获取了需每年支付 10 美元的保护发明特许权请求书，3 年之后因付不起手续费，请求书也随之失效。直到 2002 年 6 月 15 日，美国议会通过议案，认定安东尼奥·梅乌奇为电话的发明者。如今在安东尼奥·梅乌奇的出生地佛罗伦萨有一块纪念碑，上面写着"这里安息着电话的发明者——安东尼奥·梅乌奇"。

电话发明至今，从带摇把的磁石电话，到拨号盘式自动电话，再到按键电话、无绳电话、能闻声见影的可视电话。模拟移动电话、数字移动电话（手机）和具有内涵丰富 App 的智能手机，电话的发展路径充分体现了动态性演进的规律。电话发展演进如图 3-17 所示。

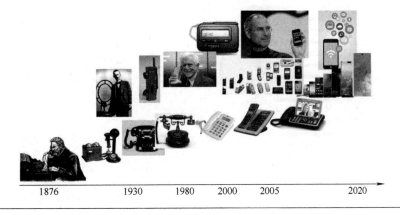

图 3-17　电话发展演进

目前，智能手机已在柔性、可移动性及可控性等方面都发展到了相当高的水平，因此未来手机将内化融入各种终端中，并与生物体进行有机融合，以适应各种场景以通信为基础的功能性需求，而实物化的手机将逐渐消失。

2. 机器人的演进

机器人是一种自动化的机器，这种机器具备一些与人或生物相似的智能能力，如感知能力、规划能力、动作能力和协同能力等，是一种具有高度灵活性的自动化机器。通常可分为工业机器人和服务机器人，这里重点探讨工业机器人。

1959 年，乔治·德沃尔和约瑟·英格柏格发明了世界上第一台工业机器人，命名为 Un-imate（尤尼梅特），意思是"万能自动"。之后，工业机器人得到了迅猛的发展。据国际机器人联合会（IFR）发布的《2020 年世界机器人技术》报告显示：2019 年在世界各地的工厂中正在运行的工业机器人超过 270 万台，较 2018 年增长了 12%，如图 3-18 所示；每 1 万名制造业员工拥有 113 台机器人，中国成为增速最快的国家，如图 3-19 所示。

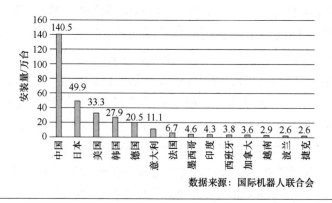

数据来源：国际机器人联合会

图 3-18　2019 年工业机器人安装量排名

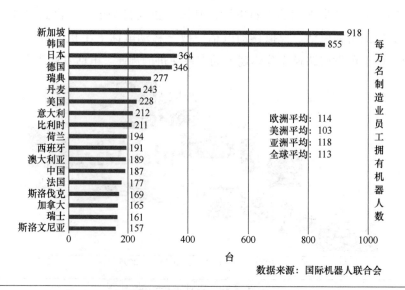

数据来源：国际机器人联合会

图 3-19　按国家划分的制造业中机器人密度（2019 年）

目前，多自由度（多铰链）的机器人已经非常成熟，被广泛地应用于分拣、涂胶、焊接、切割、喷涂、去毛刺、抛光、检测、上下料、搬运、码垛、巡检等生产环节中，尤其是围绕物流自动化的应用发展更为迅猛。工业机器人已由传统的固定式发展成为固定轨迹（区域）的可移动式，并实现了大规模的多机器人的协同作业。而柔性协作工业机器人的相关技术已经日渐成熟，开始应用到组装等更为复杂的制造场景中。人与机器人之间的协同工作关系也变得更为融洽，在某些应用环境中，围绕机器人的安全护栏已经拆除。而基于液体、气体或场的机器人仍在探索中。工业机器人的发展演进如图 3-20 所示。

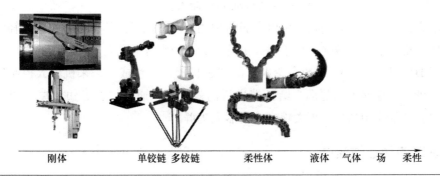

图 3-20 工业机器人的发展演进

推动工业机器人发展的根本原因在于工厂需要利用先进机器人灵活处理动态变化的工况。先进工业机器人与传统工业机器人在应用领域和工程实施方面的区别见表 3-5。

表 3-5 先进工业机器人与传统工业机器人在应用领域和工程实施方面的区别

机器人类型	应用领域	工程实施
传统工业机器人	1）固定工作单元、固定工艺 2）刚性设备和零件 3）需要完整现场数据输入 4）分隔不可控因素（如操作员）	1）基于时序或信号的执行 2）开环控制或面向功能的编程 3）可通过仿真和离线编程并配合现场工人校准实施
先进工业机器人	1）动态变化的工作环境 2）产品和工艺经常变化 3）更多柔性零件 4）移动工作单元或平台 5）人机互动协作	1）实时决策、多线程控制 2）闭环控制、在线自动校准 3）开放的软硬件 4）通过工业物联网持续优化 5）人工智能应用

在工业机器人的发展演进过程中控制方式的演进是推动其发展的核心，也凸显了"直接控制→间接控制→反馈控制→自我协调控制"的发展规律。目前，反馈控制的机器人已经非常成熟，自我协调控制的机器人快速发展，学习能力日渐加强。机器人的主要控制方式如下：

1）操作型机器人：能自动控制，可重复编程，多功能，有几个自由度，可固定或运动，用于相关自动化系统中。

2）数控型机器人：通过数值、语言等对机器人进行示教，机器人根据示教后的信息进行作业。

3）程序控制型机器人：按预先要求的顺序及条件，控制机器人的机械动作。

4）示教再现型机器人：通过引导或其他方式，先教会机器人动作，输入工作程序，机器人则自动重复进行作业。

5）感觉控制型机器人：利用传感器获取的信息，控制机器人的动作。

6）适应控制型机器人：机器人能适应环境的变化，控制其自身的行动。

7）学习控制型机器人：机器人能积累工作的经验，具有一定的学习功能，并将所积累的经验用于工作中。

8）智能机器人：以人工智能决定其行动的机器人。

根据动态性升级的发展路径，可以大胆地预测：未来机器人的本体将朝着更轻便、更强健、更高效、更精准、更敏捷、更柔性、更持久和更便宜等方向发展；在控制方面将向云端发展，基于DT（Digital Twin，数字孪生）的"云机器人"将成为未来机器人控制发展的重点方向，将计算、存储等问题都交给云端进行高效处理，通过"云、边、端"协同，来整合、管理更复杂的应用场景、更大规模的机器人集群。

3.5.3 系统的动态性演进

动态性演进不仅体现在产品上，在系统方面同样也呈现出类似的规律。下面将以生产制造系统和知识载体的演进为例进行阐述。

1. 生产制造系统的演进

制造业经历了漫长的手工作坊式生产后，以工业革命为起点，形成了工厂式的大规模生产，生产率迅猛提升。生产线也由早期的机械化流程为核心的生产线转变为刚性自动化生产线，再到柔性自动化生产线，生产监控模式也实现了"现场控制→线边控制→集中控制"的演进，如图3-21所示。

实现这种转变的除了以分工协作为核心的生产管理方式和以自动控制为核心的生产装置及生产线

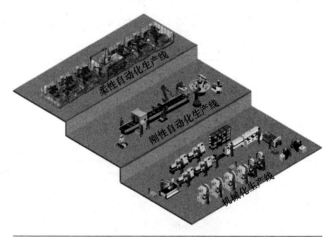

图3-21 生产制造系统的演进

外，更为关键的是支撑复杂制造系统的信息系统越来越成熟、适用性越来越强、应用更广和更深，而能支撑这一变化的是在信息构架上的演进。制造企业信息系统架构演进如图3-22所示。

制造企业信息系统早期为围绕单一功能实现无架构的模式，接着发展为具有一定逻辑关系的大而全的系统模式，如MIS（Management Information System，管理信息系统），之后形成基于业务逻辑严密的信息系统，如：以计划为核心的ERP、以产品为核心的PLM、以流

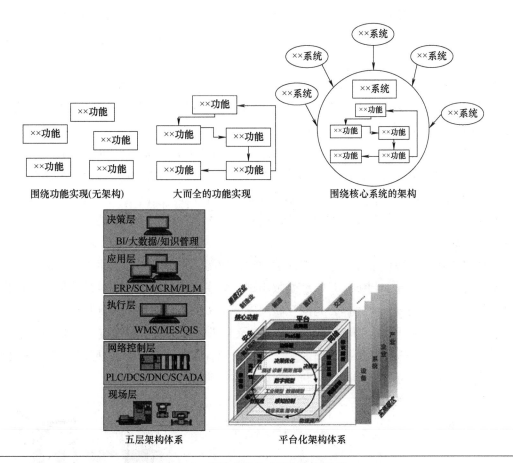

图 3-22 制造企业信息系统架构演进

程为核心的 BPM（Business Process Management，业务流程管理）、以客户为核心的 CRM、以物流为核心的 SCM、以制造为核心的 MES（Manufacturing Execution System，制造执行系统）、以业务为核心的 BI（Business Intelligence，商务智能）等，并围绕各信息系统实现集成（点对点的集成、中心-辐条式集成、企业服务总线的集成模式等）的架构模式。目前已经形成了相当成熟的现场层、网络控制层、执行层、应用层和决策层等层次清晰的五层架构模式，以及迅猛发展的平台化架构［基于 SaaS（Software as a Service，软件即服务）、PaaS（Platform as a Service，平台即服务）和 IaaS（Infrastructure as a Service 基础架构即服务）］。

实现这一架构演进的本质是系统的可移动性、柔性和可控性更强。首先实现需求与功能的解耦；然后是功能与流程的解耦；最后是数据与流程的解耦。通过这一演进，企业所聚焦的信息集成问题也将发生本质变化，由基于接口的功能集成→基于工作流的流程集成→基于数据整合的数据流集成。

通过最新的系统架构，使得面向终端客户（前台）的操作更加便捷；面向系统部署（中台）的可配置性更加灵活、系统的柔性更强，可以敏捷地响应客户的个性化需求；而支撑这一复杂庞大系统的支撑底层（后台）变得更为复杂、性能更为强大。

未来生产制造系统将由柔性自动化生产变为更加柔性的以"智能岛"为核心的生产模式和网络化协同的生产模式。而与之相匹配的信息系统也将实现算法与数据的解耦,集成方式也由基于数据的集成向基于模型的集成演进,通过"算力+算法+数据+流程"有机融合,更好地满足复杂多变的功能需求;在围绕"数据"的采集、处理、传播、利用、安全等应用更智能的基础上,实现基于"算法模型"的知识化呈现,通过系统智能推动智能制造。

2. 知识载体的演进

知识是人类在实践中认识客观世界(包括人类自身)的成果,它包括事实、信息的描述或在教育和实践中获得的技能。知识是人类从各种途径获得的,是经过提升总结与凝练的系统的认识。

知识要有效传承,相关知识的记载就显得非常关键,古代很多伟大的发明就是因为未能有效记载而失传。

从远古时代的结绳记事开始,知识传承的载体伴随技术的发展也发生了巨大的变化。从甲骨文到竹简、羊皮卷,到纸张发明后雕版印刷、活字印刷促成书籍的广泛传播,到近代以计算机技术为核心的知识大爆炸,到因互联网发展带来的各种应用,再到目前各类手机 App 及正在蓬勃发展的基于 AR/VR 教学,机器学习及脑机接口等技术也在突破。人们获取知识的渠道更加便捷;形式也从传统的图像、文字发展到音频、视频,再发展到身临其境的虚拟现实;内容上也从孤立发展到高度关联。知识载体的演进如图 3-23 所示。

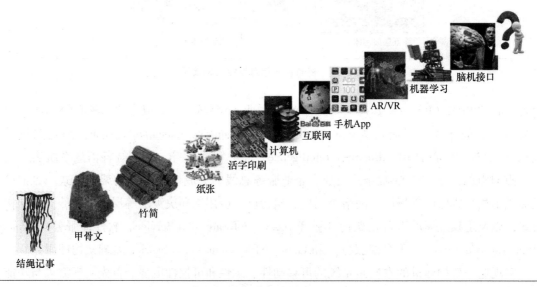

图 3-23 知识载体的演进

未来,一方面,知识将融合到具体的场景中,人们可以随时随地获得;另一方面,随着脑机接口及人类对人脑认知机理的研究,"固化性知识"可能直接被植入人脑中,人的潜能将得到更高程度的激发,实现更具突破性的创新。而传统的知识技能(如记忆、计算等)将被新的知识技能(如知识挖掘、模型构造)所代替。

第 4 章
产品实现升级路径

> 工厂不是人们眼中无聊的地方，而是制造机器的地方，您需要用设计集成系统的方法去设计工厂。
>
> ——埃隆·马斯克

4.1 产业链延伸升级

如果说基于经济形态、智能互联来思考创新的升级需要企业用"望远镜"来仰望，那么基于产业实现维度开展创新工作就要通过"放大镜"来审视创新。前者产生的创新往往是战略性的，甚至是颠覆性的，其面临的挑战和风险都是非常大的，是很多企业，尤其是广大的尚处于生存期的中小企业可望而不可即的（其实这类的创新却往往是由中小型企业驱动的），是需要大量借助外部资源来共同挖掘需求并创新研发的，而后者的创新属于渐进式创新，但凡具有创新意识的企业都可以凭借自身的力量就能实现，但往往因为市场等因素，企业更多的将创新局限在围绕着生产现场的局部改进上了（这些创新活动当然也是非常关键的），而忽略了围绕产业链挖掘创新的潜力，这应该引起企业的高度重视。

4.1.1 基本概念

完整的供应链体系通常由两大类组成：一类是围绕原材料供给的原材料供应链体系；另一类是围绕企业正常运营的配套供应链体系。通常人们关注的焦点在于前者，供应链管理及信息系统建设的重心也往往是围绕原材料供应链体系而展开的，但是从创新的角度来看，这两大供应链体系都有着巨大的创新挖掘空间。

1. 原材料供应链体系

原材料供应链体系是指围绕核心企业（通常为主机厂或品牌公司），从配套原材料及零件开始，制成中间产品直至最终产品，最后由销售网络把产品送到消费者手中，并由制造商或专业服务商为消费者的产品使用及回收等提供服务，将供应商、制造商、分销商、服务商和最终用户连成一体的复杂网（链）状结构。

通常越贴近最终客户，客户所能感知到的创新也就越强烈，但其实创新活动贯穿于整个供应链的各环节，只不过可发挥空间和关注重点各有不同。以下的论述将重点围绕制造商环节展开，这是产品从创意到交付的核心，当然在物流、分销、服务等环节同样也存在大量极富创新的可能，但更多的是偏向于管理、流程及商业模式的创新。

复杂产品（如汽车、机床、飞机、船舶等）往往由成千上万个零件所组成，通常会将产品分解为若干个可独立进行生产、装配的制造单元，按照单元次序组织生产，通过（异地）多工厂间的有序协同，从而实现提高生产率、降低生产成本、缩短交付周期、提高产品质量等目标。通常按照层级可将产品划分为：产品→总成（系统）→部件→组件→合件→零件→原材料等，同时衍生出一级供应商、二级供应商等不同层级的供应商。

1）原材料：是指生产某种产品的基本原料，它是产品生产过程的起点。

2）零件：零件是组成产品和参加装配的最基本单元。大部分零件都是预先生产成合件、组件和部件再进入总装。

3）合件：合件是比零件大一级的装配单元。通常由两个以上零件组成，是由不可拆卸的连接方法（如粘、铆、焊、热压装配等）连接在一起；少数零件组合后还需要合并加工，如齿轮减速器的箱体与箱盖、柴油机的连杆与连杆盖，都是需要在组合后才进行镗孔的。

4）组件：组件是由一个或几个合件与若干个零件形成的组合，是可以拆解分离的。

5）部件：部件由一个基准件和若干个组件、合件和零件组成。例如机床主要由床身、底座、立柱、横梁、滑座、工作台、主轴箱、进给机构、刀架等部件组成。

6）总成（系统）：是一个在概念上比部件更大的集成，可以相对独立地完成某种功能。一个具有复杂机构的产品通常含有若干总成，比如挖掘机通常由底盘总成、主机箱体总成、机臂工作机构总成、液压动力系统总成等组成。

7）产品：它是由上述全部装配单元组成的整体。

典型复杂产品供应商层级划分如图4-1所示。

2. 配套供应链体系

在产业链环节中的每一家企业周围，都围绕着大量的以满足企业正常运转为核心的配套供应商，他们也形成了一个供应链网络，即配套供应链体系。

通常配套供应链体系包含生产设备供应商（含生产设备、物流设备、自动化设备等）、工装夹具供应商（含刀具、辅具等）、检测设备供应商、试验设备供应商、能源动力供应商、信息系统供应商（含设计工具、管理信息系统、信息基础架构等）及配

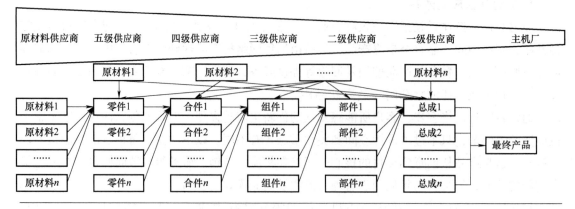

图 4-1　典型复杂产品供应商层级划分

套性服务供应商（含供应链物流、维修维护、人力资源、市场调查、法律及政策咨询等）等。

原材料供应链体系与配套供应链体系的主要区别见表 4-1。

表 4-1　原材料供应链体系与配套供应链体系的主要区别

对比项	原材料供应链体系	配套供应链体系
供应连续性	连续性	阶段性
供应商稳定性	相对固定，定期根据需要进行调整（通常以年为周期）	根据需要临时确定
供应商管理体系	有完善的评估及管理机制	按照项目进行管理
质量保障情况	有严格的标准，按标准执行	根据项目而定，差异比较大，因人而异，因事而异
可追溯性	通常都建立了较为完善的追溯管理体系，可追溯性强	可追溯性弱
信息系统支撑情况	有相对成熟的系统解决方案	以项目管理和流程管理为核心

4.1.2　不同供应链层级企业创新能力分析

在创新环节中，不同供应链层级企业除了按照要求完成各自阶段的研发任务外，其在创新能力方面的建设重点略有区别，其中：

1）主机厂（总装厂）：创新的重点分为两方面：一方面演变为系统集成者，在顶层定义好模块、系统之间的连接关系及接口规范；另一方面，结合发展趋势及客户需求形成产品需求，并按总成（系统）划分明确的各自目标要求。主机厂是产业链中以需求驱动创新的来源。

2）一级供应商（总成）：负责相关总成（系统）的研发设计，是产品最终性能实现的关键，也是创新能力体现的核心，通常具有非常强的创新研发能力。一级供应商是产业链中以技术驱动创新的来源。

3）零部件供应商：确保所提供的零部件的质量，并根据多工厂的要求实现零部件的标准化、系列化工作。零件供应商是产业链中以质量驱动创新的来源。

总体而言，越靠近终端客户的企业，其所获得的终端客户需求的资讯就越多，产生创新的机会通常也越多，创新活动所带来的价值就越大，竞争谈判时的主控权也就越大，当然相应的投入和实现难度也会加大。如果没有强大的供应链体系中各环节企业的创新作为支撑，主机厂的创新也将是独木难支。以汽车为例，在汽车的研发、生产过程中，大部分增值活动发生在一级及以下级供应商处，汽车成本的70%左右是来自各级供应商。

因此对供应链上的各级企业而言，创新的方向可以从稳步提升产品品质和逐渐向主机厂靠拢两个维度展开。

4.1.3 提升产品品质

1. 现状及挑战分析

核心基础零部件和元器件是制造业的基础，直接决定最终产品的性能、质量、可靠性和成本等，目前我国基础零部件和元器件产业的发展现状是：

1）品种较为齐全，并呈现出积极的发展态势，但主要集中在中低端，高性能零部件和元器件长期依赖进口，"空心化"现象严重，制约了我国制造业的有序、健康发展。

为此，国家出台了"中国制造2025"战略，将重点布局新一代信息技术产业、高档数控机床和机器人、航空航天装备、海洋工程装备及高技术船舶、先进轨道交通装备、节能与新能源汽车、电力装备、新材料、生物医药及高性能医疗器械和农业机械装备十大领域，各领域将重点发展的专用核心基础零部件（元器件）见表4-2。

表4-2 各领域重点发展的专用核心基础零部件（元器件）

领　　域	专用核心基础零部件（元器件）
新一代信息技术产业	嵌入式CPU，支持DDR4、3D NANDflash的存储器，智能终端核心芯片，量子器件，FPGA及动态重构芯片等
高档数控机床和机器人	高档智能型、开放型数控系统、数控机床主轴、丝杠、导轨、大型精密高速数控机床轴承、机器人专用摆线针轮减速器和谐波减速器及轴承、智能活塞压力计、高速高性能机器人伺服控制器和伺服驱动器、高精度机器人专用伺服电动机和传感器、变频智能电动执行器等
航空航天装备	显示组件、惯性器件、大功率电力器件、航空传感器、智能蒙皮微机电系统、紧固件和轴承、SoC/SiP器件、微机电系统等
海洋工程装备及高技术船舶	齿轮、密封件、高压共轨燃油喷射系统、智能化电控系统、深水作业和机械手等

(续)

领　　域	专用核心基础零部件（元器件）
先进轨道交通装备	车轴、车轮、轴承、齿轮传动系统、列车制动系统、轨道交通用超级电容、功率半导体器件、车钩缓冲装置、空气弹簧、抗侧滚扭杆等
节能与新能源汽车	电控喷油系统、动力总成电子控制、驱动电机、电机电子控制系统、动力电池系统及电堆、机电耦合装置、自动变速器等
电力装备	重型燃气轮机高温部件、大型核电压力容器、蒸汽发生器、高温变送器、核级变送器、变频智能电动执行器、冷却剂主泵、煤粉泵、固体泵、堆内构件、大型核电汽轮机焊接（整锻）转子。2000mm等级末级长叶片、德士古汽化炉专用热电偶、自补偿式智能固态软起动装置、无功补偿装置、大型半速汽轮发电机转子、可变速水泵水轮机转轮、大型水轮机转轮模压叶片、大容量发电机保护断路器等
生物医药及高性能医疗器械	8MHU以上大热容量X射线管、新型X射线光子探测器、超声诊断单晶探头、2000阵元以上面阵探头、微型高频超声探头（血管或内窥镜检测）、MRI用64通道以上多通道谱仪、CT探测器、PET探测器（基于硅光电倍增管）、超精密级医疗机械轴承等
农业机械装备	转向驱动桥及电液悬挂系统、农业机械专用传感器、导航与智能化控制作业装置等

2）大量的低水平重复建设，产能过剩严重，恶性竞争激烈，产业集中度低。多数企业存在"大而全""小而全"，专业化程度低，装备水平不高，质量不稳定，无法形成规模效应，经济效益低等问题突出。

3）自动化程度低，手工、机械化、半自动化、自动化现状并存，检测方式粗放，在线检测基本无应用，直接影响产品的一致性、质量稳定性，产品可靠性差；信息化处于起步阶段，以单元应用为主。

4）企业负责人观念守旧、人才匮乏、生产组织粗放；原材料利用率、能源消耗率、污染排放等方面与成熟企业相比，存在非常大的差距。

5）自主创新能力不足，核心技术缺失，只满足于能造出来，并不关心品质提升，基本的研发与工艺改进得不到持续保证，对基础原理、技术、材料及前瞻性技术等的研发更是奢求。

6）参与制（修）订国际标准的能力薄弱，行业标准体系不健全，缺乏参与意识，尤其是工艺标准、试验与检测方法标准的研究亟待加强。产品在参与国际竞争中往往处于劣势，没有话语权。

2. 创新发展路径思考

对于零部件供应商而言，最基本的就是要在确保质量提升的基础上，逐步建立研发能力，实现创新，具体可以从以下几个方面进行：

1）规范生产流程，提升自动化水平，尤其应提升检测手段（在线检测能力），确保产品质量的稳定性、可靠性；实现产品质量的追溯管理体系。

2）完善管理，夯实信息基础，规范业务流程，做好产品的标准化、系列化工作；在有效地对客户需求进行分析和初步预测的基础上组织生产，减少浪费，提升企业盈利能力。

3）通过工艺改进、装备改造升级等手段，有效提升产品品质，逐步实现产品由中低端向中高端升级，实现中高端零部件产品的国产化替代，降低对外依存度。

4）吃透国际标准，严格按照标准进行生产，主动参与国际中高端产品的竞争，在市场竞争中达到中高端产品的批量生产能力。在可能的情况下，参与相关标准的修改、制订实现从遵从到参与，再到核心，最后到主导的标准升级。

5）改变观念，加强研发投入，尤其是人员方面的而投入。

未来零部件产品将朝着高性能、长寿命、模块化、绿色化的方向发展；产品个性化特点突出，技术含量越来越高；与材料、工艺、装备及信息之间的关系越来越密切；基于新材料、新工艺、新装备的新产品将不断涌现；伴随着新一代信息技术的发展，零部件企业的生产组织模式也将面临重大变革。

4.1.4 向主机厂靠拢

作为零部件供应商，向主机厂靠拢的含义主要有以下方面：

1）在确保零件有效供给的前提下，逐步实现由以加工制造为核心的单纯的零件供给，向由合件到组件到部件到总成的升级，逐步扩大企业的可供货范围。

2）从单纯的零部件及时供给上升到产品+服务，如主动的供应链配送体系、产品生产过程及质量信息的透明化、配套的检测检验服务、上游厂商生产现场的配套服务等。这些服务在短期内是不可能收到费用的，但通过长期坚持，一方面可以拓展既有市场份额，另一方面，一旦企业接受这种模式并且当出现了必要的价值增加时，是可以与上游厂商共同分享其增值部分的。因此，要摆脱单纯制造的盈利模式，需要零部件企业在商业模式上进行创新。

3）在确保产品功能的基础上，可根据工艺及制造的要求，对产品进行相应的优化（当然是在获得上游企业认可的前提下），也就是进行 DFM（Design For Manufacturing，面向生产的设计）和 DFMA（Design For Manufacturing and Assembly，面向制造和装配的设计）。目前国内企业这方面的意识相对薄弱，严格按照上游企业的要求进行生产。如图 4-2 所示的零部件，是通过面向生产的设计优化的例子，就非常能说明问题。通过产品结构的优化，在产品功能丝毫没有受到影响的前提下，生产效率迅速提升，质量管理极大简化，成本也大幅降低。此外，还大大降低了未来企业在进行自动化改造时的难度及投入的成本。该案例带来的启发是：企业在进行智能制造建设的时候，与其盲目的追求现有产品的自动化率，还不如先重点研究一下产品结构，在简化产品结构的基础上再来实施相应的自动化工作。

面向生产的设计在企业中的可挖掘空间是巨大的，只不过是被约定俗成的规矩所束缚住了，因此，企业要在观念上进行改变。通过这样的创新，可以提升企业自身的盈利空间，培养研发人员，提升研发能力。更为关键的是通过让上游企业认识到本企业具有创新研发能力，为本企业逐渐融入上游企业的研发设计之中做好铺垫。

4）创造机会，逐步融入上游企业的服务及研发环节，如图 4-3 所示，并积极参与到上游企业的研发环节中，实现协同设计。通过协同设计，首先，可使企业自身的研发能力得到进一步提升；其次，企业可以准确把握产品的发展方向，提前布局，做好相应配套的量产准备，为赢取订单获得先机；最后，通过协同设计，可以逐渐建立起基于需求的正向研发能力。

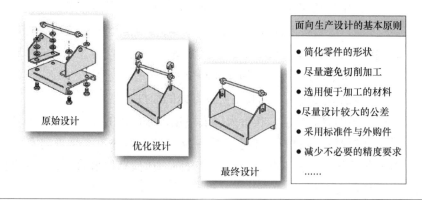

图 4-2　面向生产的设计优化

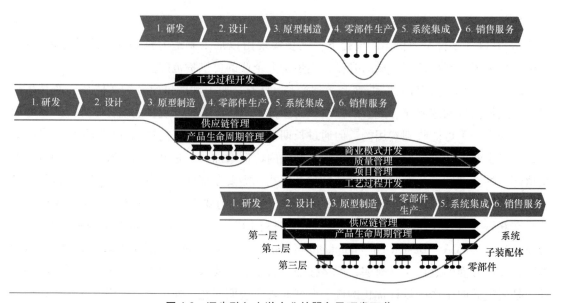

图 4-3　逐步融入上游企业的服务及研发环节

5）通过创新能力的建设，不断丰富和完善企业的产品体系，围绕核心零部件可以逐步形成"系列化零件→基于场景的零部件系统→基于行业的系统方案→专业咨询服务"的产品体系。

4.2　材料升级

无论是处于供应链上哪一层级的企业，都离不开原材料，因此从创新来看，永远绕不开的一个问题就是原材料本身的升级，这是实现创新的根本。所谓"一代材料、一代工艺、一代装备、一代产品"的说法，指的就是最终产品的升级换代是以材料作为开端的。

4.2.1 现状及挑战分析

目前我国原材料产业的发展现状是：原材料生产体系基本完整，产业规模不断壮大，已经建成了门类最为齐全的生产体系。但目前我国材料产业还存在以下突出问题：

1）产能过剩严重，现有产能利用率低，某些领域盲目跟风式投入现象严重，同质化、低水平重复建设突出，一旦形成产能之后迅速陷入低层次的恶性竞争中，直接影响产业的可持续性发展。

2）产业结构不合理，产品以中低端为主，中高端材料和关键基础材料远未实现自主供给，支撑保障能力不强，对外依存度极高，受制于人的问题突出，自主可控性较差。

关键基础材料是指先进工业制成品及其生产过程中所使用的支撑和关键材料，是先进制造业发展的基础，包括先进制造业中应用量大面广但仍存在问题的材料、因影响经济安全和国防安全而必须自主研发的材料、引领先进制造业未来发展需要提前布局的前沿新材料等。围绕"中国制造2025"的重点领域布局，国家重点发展的关键基础材料见表4-3。

表 4-3 国家重点发展关键基础材料

领　域	重点发展关键基础材料
新一代信息技术产业	8in/12in 集成电路硅片、显示材料、光刻胶、光掩膜材料、高端靶材、集成电路制造材料和封装材料等
高档数控机床和机器人	钛合金、高强合金钢、滚珠丝杠用钢、高温合金、高强铝合金等
航空航天装备	高韧轻质结构材料、高温结构材料、结构功能一体化材料、高性能碳纤维材料、PBO 纤维及其复合材料、高性能 Rusar 纤维及其复合材料、耐高低温和高耐候性氟硅橡胶材料、耐650℃以上高温钛合金材料、拉伸强度超过1400MPa 的高强钛合金材料、高性能高导热镁合金材料、飞机蒙皮和机翼用铝合金材料、高温合金单晶母合金、标准件用高温合金等
海洋工程装备及高技术船舶	高性能海工钢、特种焊接材料、双相不锈钢、高性能耐蚀铜合金、低温材料、降低船体摩擦阻力涂料等
先进轨道交通装备	高强度大尺寸中空铝合金型材、绝缘材料、高性能齿轮渗碳钢、新型高分子材料等
节能与新能源汽车	轻量化车身复合材料、轻合金材料、动力电池电极和基体、电动机用硅钢和永磁材料、特种橡胶、高强钢、低摩擦材料、高端弹簧钢、超高强汽车板等
新材料	新一代功能复合化建筑用钢、高品质模具钢、圆珠笔头用高端材料、特种工程塑料、高端聚氨酯树脂、高性能轻合金材料、高性能纤维及单体、生物基材料、功能纺织新材料、高性能分离膜材料、宽禁带半导体材料、特种陶瓷和人工晶体、稀土功能材料、3D 打印用材料、可再生组织的生物医用材料、高温超导材料、特高压绝缘材料、智能仿生与超材料和石墨烯材料
电力装备	重型燃机关键高温材料、叶轮用高强韧不锈钢等
生物医药及高性能医疗器械	可降解血管支架材料、透析材料、医用级高分子材料、植入电极、3T 以上高场强超导磁体、临床检验质控用标准物质等

3）原材料制备的高端制备装备、高精尖检测设备及核心控制系统等缺失，长期被国外垄断或控制，短时间内无法替代，存在巨大的产业风险。

4）资源利用率有待进一步提升，环境负荷重（能耗、水耗等仍有提升空间，污染物排放监管仍须加强、固体废物综合利用率有待提升），绿色生产急需深入。

5）自动化两极分化严重：一方面核心流程自动化水平较高，但从原材料到产成品的端到端的自动化仍旧存在很多断点；另一方面大型企业自动化水平普遍偏高，但中小企业的自动化水平严重不足。数字化、网络化和智能化水平亟待提升。

6）原材料的国家及行业标准、统一的设计规范和材料工艺质量控制规范尚不完善；缺乏符合行业标准的材料结构设计/制造/评价的共享数据库。例如我国是世界锂离子电池生产大国，但所涉及的数千种材料一直处于分散状态，未形成相关数据库和检测标准体系，严重制约了高端锂离子电池产业的发展。

7）原材料行业属于知识密集型、技术密集型和资金密集型的新兴产业，材料产品的研发具有投入大、周期长、产业风险大的特点，具有很高的壁垒和风险，因此企业基础性、原始性创新动力不足、专业人员匮乏、能力不够，寄希望于别人研发出来后进行应用和仿制的现象非常普遍，创新链不通畅，难以抢占战略制高点。

原材料行业创新研发在基础研究阶段、工艺研究阶段、工程化研究阶段和产业应用阶段四大阶段所面临的问题见表4-4。

表4-4　原材料行业创新研发面临的问题

阶　　段	存在问题
基础研究阶段	• 多数领域尚未建立前沿技术规划及新技术的动态跟踪机制 • 缺乏基本物理机制的认识和系统研究，原创性成果少 • 目标分散，没有针对重大共性问题的系统性研究 • 材料相关基础数据库缺失，有限的资源不共享且权威性不足；低水平、反复做同样的事情，研发资源严重浪费 • 配套性的试验装置散、乱，未进行有效整合，且高端装置缺失
工艺研究阶段	• 缺乏全面的材料标准研究，缺乏对材料稳定性和综合性能的评价和优化 • 工艺装备的自主研发能力弱 • 缺乏材料与器件结合的细致深入的研究
工程化研究阶段	• 缺乏成体系的工程化研发规范流程，缺乏系统性的工艺—装备—数据—管理集成能力 • 只注重自己所承担的研发部分，很少参与上下游工艺相衔接 • 缺乏有效的质量控制标准和体系 • 自主可控的自动化控制系统缺失 • 将材料利用率、资源消耗（能耗、水耗等）、绿色环保等关键问题遗留到产业应用阶段被动性解决
产业应用阶段	• 缺少具有自主知识产权的材料技术与产品 • 针对大生产中实际问题的研究较少 • 核心算法缺失，缺少数据积累下的工艺持续优化能力 • 与最终用户严重脱节，原始性的需求难以系统性的捕捉

总之，我国已是材料大国，但还不是材料强国。原材料产业是工业的基础，提供质量稳

定、品质优良的原材料是实现制造业健康发展的关键。新材料产业支撑我国战略性新兴产业的发展，同时自身也是战略性新兴产业之一，新材料技术是我国制造业的"底盘技术"。因此，从整体来看需要践行材料全生命周期管理理念，建立材料全生命周期生态设计及多维评价方法，大力发展源头无毒害、低成本碳中性全生物降解、失效产品再循环利用等新技术，降低材料环境负荷。

未来对材料提出了超高纯度、超高性能、超低缺陷、多功能、高速迭代、高耐用、低成本、易回收、设备精良等更高要求，新材料的研发难度前所未有，创新难度不断加大。

4.2.2 创新发展路径思考

对于从事原材料生产的企业而言，如果仅仅将创新的视野锁定在材料本身的创新突破，的确有很大的难度，但一旦成功，因为有巨大的规模效应，所以所带来的价值也是巨大的。此外，正如前面所论述的，材料行业的创新不仅局限在材料本身，还有大量的生产过程急需创新，同时创新并非仅限于取得突破，只要比之前好，比同行强，持续的微创新也同样能发挥效益，因此在材料行业里有巨大的创新提升空间，创新可以从以下方面进行：

1) 确保所生产出来的材料品质的稳定性。这对于后续加工环节是非常关键的，一方面同等品级的原材料如果最终质量一致性好，其价格往往可以提升10%以上；另一方面，如果质量一致性好而且得到整个行业的认可（企业可以通过真实质量数据与客户实现共享，可追溯等得到认可），则可通过减少整个供应链环节中不必要的、不增值的检测环节，从而提升整个供应链的效率、降低成本；此外，还可以通过对现有的原材料进行分类、分级，由此可带来巨大的价值（前提是能自动化实现）。

2) 通过设备改造、工艺改进、规范生产过程等，实现所生产原材料等级的逐渐提升，产品的品质从中低端向中高端升级。

3) 稳步提升自动化水平，尤其是两端（原材料进厂和产成品出厂）和工序间转运过程的自动化水平，加强在线实时检测能力，实现多工段之间的自动联动，真正实现端到端的全自动化管理。深入理解相关控制参数的机理和真正含义，解析多参数之间的内在逻辑和关联关系，在此基础上实现参数性能的不断优化。

4) 加强环保意识，大力发展短流程、低污染、低能耗的生产新技术，从源头上推进材料清洁生产和绿色制造转型，实现绿色生产；改变环境治理思路，以疏代堵，大力发展近零排放技术，强化末端治理技术，实现废弃物的循环回收利用，发展材料再制造技术，通过闭环生产发展循环经济园区，推行低碳经济发展模式。

5) 加快智能制造的实施，打通人、财、物与信息的有效融合通道，实现生产过程的透明化；通过与精益生产融合，实现持续改进和优化，使得资源的匹配更加合理；通过设备及生产线的智能化改造，实现预防性管理，有效提升设备的综合利用率；通过人工智能（算法、数据）实现基于状态的质量管理，将事后管理逐步变为事中管理和事前预测，提升产品品质，进一步降低能耗、水耗等；将业务有效地向客户进行延伸，实现主动服务，通过预测性分析，可以实现提前备料、预先出货、路径优化、准时送达等；通过计划的精准预测和执行，配合设备、工艺的革新，逐步向定制化生产迈进。

6）集团企业通过智能制造的实施，可尝试在生产管理上进行变革，即将同类产品多工厂的生产管理实现集中监控，在此基础上形成两级生产管理机制，即总部决策和生产线执行。通过这样的改变一方面可以将有限的专家资源进行集中，通过综合诊断提出更为科学的判断（如辅助于数据专家的支撑，将专家的知识内嵌到系统中，实现简单问题系统终端自动解决，复杂问题集中专家解决），整体提升制造水平；另一方面可以降低对一线操作员工的素质要求，减少人员需求数量，从而实现企业的快速拓展。更为关键的是通过系统性地对一手生产数据大量的、真实的、可对比的积累，可以成体系地挖掘和规划出新一代生产线、核心装置等的升级需求，实现与装备提供方的联合研发，甚至可以主导研发，破解高端装备长期受制于人的局面。

最后，是实现材料本身的创新，这里同样也存在多种路径：

1）结合环保政策，通过寻找原材料替代来实现材料本身的创新。例如涂料行业通过对生物材料的研究，获取新的材料来源，从而生产出新型的环保型涂料，减少对石油等化石资源的依赖，实现材料行业的环境友好型发展；再如汽车行业围绕环保需求催生的新材料机遇，具体见表4-5。

表4-5 汽车行业围绕环保需求催生的新材料机遇

环保议题	典型挑战	新材料机遇
安全健康	车身、内外饰散发空气污染物（如发挥性的有机物），对车辆使用人员的安全健康造成严重影响	• 环保涂料，如水性涂料、粉末涂料、紫外光固化材料等 • 环保胶黏剂与密封剂，以水基型、热熔型等为主
环境能耗	围绕动力系统和石化燃料燃烧与排放（发动机热传导性较高，能耗损失大；不完全燃烧及过度排放对大气质量造成影响）	• 热传导性的新型陶瓷材料，如碳化硅、氮化硅等 • 发动机节能助燃剂，如辛烷值改进剂MTBE、纳米节能助燃剂
	传统轮胎运行阻力大、能耗要求高	• 绿色轮胎及添加剂，如白炭黑
物料回用	强制的物料循环要求下，广泛应用于汽车的热固性橡胶产品缺乏回收利用价值	• 新型橡胶替代产品，如热塑性硫化橡胶

2）改变加工方法，颠覆传统的材料生产方式。例如传统造纸主要是通过分离的方法从生物质原料中获取纤维，而将其他的组分变为废物进行处理，因此需花费大量的处理成本，并且承担巨大的环保压力。如果改为生物质精炼的方法，将生物质的三大组分进行分类、萃取、提纯，除产生纤维之外，还有木质素（可广泛应用于工业的众多领域）和半纤维（形成低聚糖，进而可以生产成糠醛、木糖醇等），在创造出新价值的同时降低环保压力。

3）以现有材料为基础，加入新的功能，形成新型特殊材料。例如以纸为基材，可以结合功能实现和行业应用，产生出众多的特种纸。基材基础上的特殊材料创新（以纸基为例）如图4-4所示。

4）通过多种材料的复合，形成复合材料，这是目前材料领域非常活跃的创新路径。但

图 4-4 基材基础上的特殊材料创新（以纸基为例）

是复合材料的难点除了复合材料本身的研发外,更为关键的是要通过与之相匹配的制备技术的突破,实现自动化高效生产,同时有效提升复合材料的成材率。

5）围绕行业客户需求进行研发。一方面,挖掘和拓展现有材料的新型用途,如因为"限塑令",从而催生出纸吸管、纸餐具等系列替代需求。另一方面根据行业共性有针对性地开发相应的新型材料,例如如今非常热门的增材制造（3D 打印）领域,就急需新材料方面的创新。目前 3D 打印材料面临的挑战是:打印温度高、材料流动性差,导致工作环境出现挥发成分,打印嘴易堵,影响制品精密度;普通的材料强度较低,适应的范围太窄,需要对材料做增强处理;冷却均匀性差,定型慢,易造成制品收缩和变形;缺少功能化和智能化的应用等。

6）基于底层机理,研发出新的材料。可借助新型研发工具开展研发工作,例如通过分子模拟技术,先于试验对材料性能进行预测,进行配方虚拟筛选,实现多方位优化研发策略,改变传统寻找新材料需要通过大量试验试错的研发方式（该种方式除耗时、耗力,更为关键的是使大量的人才浪费在简单、重复的工作上）,可大大削减试验的频度,从而缩短研发周期、提升新材料的研发效率;再如可以将基因编辑技术的思路应用到其他领域的新材料研发中。

当然,要想在材料领域实现颠覆性创新,仅凭单一企业的力量是很难完成的,需要借助国家及整个行业的力量,在整体规划部署的前提下有序推进,逐步缩短与发达国家和领先企业的距离。

1)从国家层面:除了做好顶层规划、出台激励政策、规避重复性低水平研发外,更为关键的是需要构建起适应新材料创新研发所需要的基础环境,例如完整的综合试验平台、权威的检验检测机构、计算机辅助开发工具、支撑多机构同时开展工作的协同研发平台、健全的材料基本数据库等。

2)从企业层面:应该以开放的心态积极参与并承担相应的创新研发任务,在创新研发过程中培养和锻炼队伍,更为关键的是可以借此构建企业的创新生态圈。

4.2.3 材料研发新范式

随着超级计算机、大数据、人工智能、量子计算等先进信息技术的发展,新材料研发过程从理念、方法、工具等层面正在发生着重大的变革,正加速向以数据驱动的基于材料数据和数据挖掘的科学研究第四范式转变。

1. 科学研发的范式概念

范式(paradigm)指的是常规科学所赖以运作的理论基础和实践规范,是从事某一学科的科学家群体所共同遵从的世界观和行为方式。最初由美国著名科学哲学家托马斯·库恩(Thomas Samuel Kuhn)于1962年在《科学革命的结构》中提出来。新范式的产生,一方面是由于科学研究范式本身的发展,另一方面则是由于外部环境的推动。

图灵奖得主、关系型数据库鼻祖 Jim Gray 在 2007 年于美国加利福尼亚州山景城召开的 NRC-CSTB(National Research Council-Computer Science and Telecommunications Board)大会上,发表的留给世人的最后一次演讲"The Fourth Paradigm:Data-Intensive Scientific Discovery"中提出了科学研究的第四范式。

(1)第一范式 又可称为经验科学,是人类最早的科学研究方法,它通常是以经验为指引,以实验为基础,寻找因果联系的科学归纳法。其一般的研究过程是:先观察,进而假设,再根据假设进行实验,如果实验的结果与假设不符合,则修正假设再实验,最终递归寻求到最终的目标或研究因此搁浅。经验(试错)研究方法如图4-5所示。

图 4-5 经验(试错)研究方法

因此,第一范式的科学研究方法是一种典型的试错归纳研究方法,科学研究的成功带有非常大的偶然性。

(2)第二范式 又可称为理论科学,是以理论为指引,根据研究目标,在理论推演的基础上形成初步的结论，再以实验手段为辅助，论证推演结论可行性的科学研究方法。其一般的研究过程是：先设定目标、理论推演、实验验证、调整参数进行迭代优化再实验验证、逼近目标或研发失败。

因此第二范式的科学研究方法是一种典型的演绎研究方法，对于理论高度依赖。每一次理论突破都会给科学研究带来巨大的飞跃，目前这种方法仍旧占据主流。

所谓理论是指人类对自然、社会现象按照已有的实证知识、经验、事实、法则、认知以及经过验证的假说，经由一般化与演绎推理等方法，进行合乎逻辑的推论性总结，是人类认知的集中体现。

（3）第三范式　又可称为计算科学，是以理论为指引，根据研究目标，通过数据模型、仿真模拟分析来解决科学问题，再辅助必要的实验验证手段而进行的科学研究方法。一般的研究过程是：先设定目标、基于理论基础的计算机建模、仿真模拟分析形成初步结果、实验验证、调整参数迭代模拟优化，逼近目标。

第三范式是典型的"演绎研究+仿真模拟"方法，伴随计算机技术的发展，算法的不断优化，研究的可收敛性大大提升，即研发目标达成率大大提升；实验验证被压缩在必要的范围内，从而提升了研发效率、降低了研发成本。数学模型研究与理论研究同等重要，理论突破依旧是核心，但突破的难度越来越具有挑战性。

因此，基于理论集成基础上的数学模型成为研究的热点，每次计算机的突破都会加速科学研究进程，目前计算科学方法仍在快速发展中，已经被学术界广泛认可，但产业界对计算科学方法的应用程度，因行业的区别比较大。

（4）第四范式　又可称为数据科学，即数据驱动的科学研究，由理论驱动向基于数据的理论探索和发展转变，是一种根据研究假设，通过海量已知数据，经过人工智能等手段推演出之前未知的理论假设，经实验验证可能的方向后，再通过仿真模拟，逼近研究目标的科学研究方法。其一般的研究过程是：假设目标（或者研究初期没有目标，在研究过程中产生）、收集海量数据、计算形成理论假设、通过实验验证理论的可行性、计算逼近目标、创新出新的技术和理论。

第四范式改变了之前的科研方式，摆脱了传统科研对理论因果关系的束缚，取而代之的是通过数据之间的关联关系寻找到新的创新点。第三范式是"人脑+计算机"，人脑是主角；而第四范式则是"计算机+人脑"，计算机是创新工作发现的主角，人脑是决策判断的主角。第四范式除了加速研发之外，更为关键的是突破了传统研发基于过去的认识，在获得"确定性"的机理分解后建立新的模型来进行推导，而是通过数据驱动，探知大量的未知的新理论。

因此，数据科学方法中有价值的海量数据变得与数学模型一样重要。该方法首次在虚拟的环境中将研发-实验-工艺-装备等有效地进行衔接，实现联动研发，从而极大地缩短了从研发到量产的周期，成功跨越"死亡之谷"的概率大大提升。目前数据驱动的数据科学研究方法仍处于探索的初期，科学研究的第四范式如图4-6所示。

材料研发的四大范式如图4-7所示。

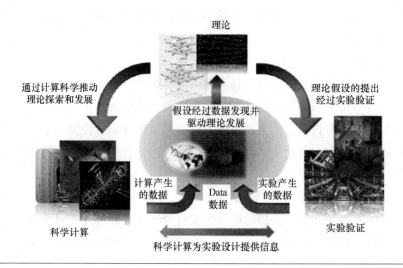

图 4-6 科学研究的第四范式

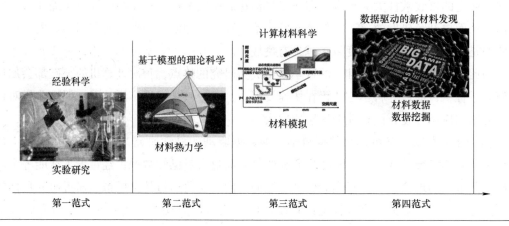

图 4-7 材料研发的四大范式

2. 材料研发第四范式探索

材料领域正在以"材料基因工程"为核心,积极探索第四范式在材料研发中的可行性。

(1) 材料基因工程概述　材料基因工程是借鉴生物学上的基因工程技术,探究材料结构、配方、工艺与材料性质(性能)变化的关系,并通过调整材料的原子或配方、改变材料的堆积方式或搭配,结合不同的工艺制备,得到具有特定性能的新材料。

材料基因组(Materials Genome)这个名词是受到人类基因组计划的启发而出现的。在生命世界中,人们发现脱氧核糖核酸是组成蛋白质的基本单元,其排列及缺陷结构被称为生物基因组,它决定了生物体的功能及疾病。人类基因组计划实施 20 多年来,人类对生物基因基础数据的采集技术以及掌握程度发生了翻天覆地的变化。获得全套人体基因图谱的时间已由 2001 年的数周缩短到 2015 年的 2h 左右,根据对生物基因基础数据的认识进而改良物种、治疗疾病已开始成为现实。

与此类比，材料基本单元（原子、分子、功能团等）的排序及缺陷结构决定了材料的性质或功能，或可称之为"材料基因组数据"。人们希望通过掌握材料基因组信息来实现对材料的按需设计。由于上述排序及缺陷结构取决于材料的热力学合成参数与加工工艺，材料体系的"成分-组织-工艺-性能"间的关联关系构成了材料设计的基础。

2011 年 6 月，时任美国总统奥巴马宣布启动材料基因组计划（Materials Genome Initiative，MGI），意在改革传统材料研究的封闭型工作方式，培育开放、协作的新型"大科学"研发模式；2014 年，材料基因组计划上升为美国国家战略。欧盟以轻量、高温、高温超导、热电、磁性及热磁、相变记忆存储六类高性能合金材料需求为牵引，于 2011 年启动了第 7 框架项目"加速冶金学"计划（Accelerated Metallurgy，AccMet），2012 年提出了"冶金欧洲"（Metallurgy Europe）研究计划。2016 年 2 月，国家科技部启动了"材料基因工程关键技术与支撑平台"重点专项，成为"十三五"第一批优先启动的 36 个国家重点专项之一。

人类基因组计划与材料基因组计划在基本原理、核心研究内容和成功关键因素等方面存在一定的联系与区别，具体见表 4-6。

表 4-6 人类基因组计划与材料基因组计划

项 目	人类基因组计划	材料基因组计划
基本原理	人体的基因排列决定了人体的机能	材料中的原子排列和显微组织决定了材料的性能
核心研究内容	测定、分析和存储人类基因图谱	寻找和建立材料从原子排列→相的形成→显微组织的形成→材料性能与使用寿命之间的相互关系
成功关键	高通量快速的实验方法、生物信息学、强有力的领导及组织创新	高通量材料技术与模拟、高通量快速制备与表征、材料性能数据库和信息学、强有力的领导及组织创新

值得注意的是：与过去所有有关材料的研发计划不同，材料基因组计划是第一个关于新材料研发模式、研发方法（技术）创新的计划，而不是关于某一类或几类新材料发展的计划。

（2）材料基因工程三大技术　材料基因工程的发展目标是：融合高通量计算（理论）、高通量实验（制备和表征）和专用数据库三大技术，变革材料的研发理念和模式，实现新材料研发由"经验指导实验"的传统模式向"理论预测、实验验证"的新模式转变，显著提高新材料的研发效率，实现新材料"研发周期缩短一半、研发成本降低一半"的目标；增强我国在新材料领域的知识和技术储备，提升应对高性能新材料需求的快速反应和生产能力；培养一批具有材料研发新思想和新理念，掌握新模式和新方法，富有创新精神和协同创新能力的高素质人才队伍；促进高端制造业和高新技术的发展。三大技术主要用以：

1）实现高通量材料基因计算模拟。包括实现高通量、多尺度材料模拟的建模方法，开发适用于高通量计算的高置信和协同式多尺度模拟算法，其中包含大尺度体系电子结构算法、多尺度动力学算法、电子-声子-离子协同输运算法、微观-介观-宏观耦合算法等，发展以第一性原理为基础的量子力学-热力学-动力学-宏观力学高通量集成算法理论和软件，在并发式作业间的关联技术上取得突破,在热电材料、核材料和单晶高温合金等方面开展验证性应用。

2)实现高通量材料基因制备、表征及筛选方法,包括实现面向实际应用的大尺寸、高密度材料阵列高通量制备的新方法、关键技术和新装备研究,阐明化学组分与结构连续或准连续分布薄膜或分立阵列高通量制备的科学原理,建立面向复杂体系材料高通量制备的成分与组织结构控制方法,研发具有自主知识产权的大尺寸薄膜或分立阵列高通量制备新技术与新装备,实现材料高通量可控制备和优化筛选,在典型材料中开展验证性应用。实现成分和组织结构可控的高通量块体材料制备新方法及其科学原理研究,开发高效制备具有不同微区成分、相结构和组织的块体材料新技术,研制具有自主知识产权的新装备,在典型高性能材料中获得应用,验证其高效性、经济性、可靠性和加速获得材料"成分-相-组织-性能"关系的能力,显著提高新材料研究开发和应用的效率。

3)实现高通量材料基因数据库。以支撑材料基因工程研究为目标,开展多层次跨尺度材料设计、高通量实验验证与表征专用数据库架构研究;开展材料复杂异构数据整合、管理与共享技术研究和标准规范建设,研发高通量计算、高通量实验与表征数据的高效处理与加工技术;运用云计算、大数据和机器学习等先进技术,开展多尺度材料计算与实验数据的关联分析、材料组织结构的高精度图像处理、非结构化数据挖掘等研究;建成有效支撑材料基因工程研究的专用数据库。

材料基因工程一旦在理论上突破,并通过相关的示范性项目论证其可行性,通过数据驱动的新材料发现将会释放出巨大的潜能,必然加速整个制造业的发展。

4.3 设计工具升级

伴随产品的复杂度增加,研发设计过程也变得越来越复杂,多学科交融成为常态。创成式设计、机电软一体化设计、基于系统的仿真优化、设计仿真一体化、仿真验证一体化、设计调试一体化、拓扑优化设计等层出不穷。

总之,设计实现是一个高度依赖设计工具的实践活动,而设计理念和设计方法有机地内嵌于设计工具中,因此设计工具的升级过程会带动设计实现的升级过程。

4.3.1 设计工具历史变迁路径

随着计算机技术的发展,1963年麻省理工学院的伊凡·萨瑟兰(Ivan Sutherland)博士开发了第一套计算机绘图系统 Sketch Pad,开创了计算机绘图的先河。短短六十多年的时间,工程师的设计工具发生了翻天覆地的变化,图4-8以大家熟知的以机械设计为核心的设计工具为例进行简要说明。其实现在 EDA 领域(电子设计自动化,Electronic Design Automation)的发展也非常迅猛。

在设计工具方面:从传统的手工绘图阶段,发展到二维CAD(Computer Aided Design,

计算机辅助设计）和 CAPP（Computer Aided Process Planning，计算机辅助工艺）阶段；然后是三维设计/仿真/制造（3D CAD/CAE/CAM。CAE：Computer Aided Engineering，计算机辅助工程；CAM：Computer Aided Manufacturing，计算机辅助制造）阶段，到如今是基于 MBD（Model Based Definition，基于模型的定义）基础上的多团队、多学科协同一体化的设计阶段。

在研发管理方面：由传统的档案管理到电子图文档管理（EDM，Electronic Document Management）、到产品数据管理（PDM，Product Data Management），直至如今的产品全生命周期管理（PLM）。

设计工具的变迁如图 4-8 所示。

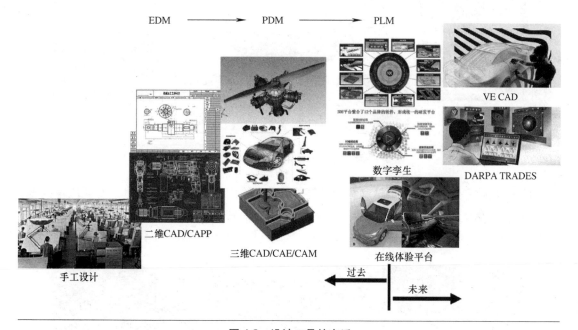

图 4-8 设计工具的变迁

4.3.2 设计工具正在进行创新

西门子作为全球顶尖的数字化工厂全面解决方案的供应商，提出了以 NX 为核心的下一代设计的先进 CAD 设计理念，超越了传统的 MCAD，它包含机械设计、电子电气系统、自动化等，支持各个行业的产品设计创新，为企业设计创新和技术转型提供端到端的总体解决方案。西门子提出的下一代设计的功能范围如图 4-9 所示。

NX 下一代设计的突破性技术主要表现在：创成式设计工程、机电软一体化设计、基于智能制造的工厂设计、基于增材制造设计、设计与仿真及制造深度集成、全新的协同设计与管理等方面：

1）创成式设计工程：创成式设计是基于一组规则或算法来自动构建模型的一种创新的产品设计方法。该方法能够快速得出最优设计，很好地实现了人机交互和自我创新。新的优

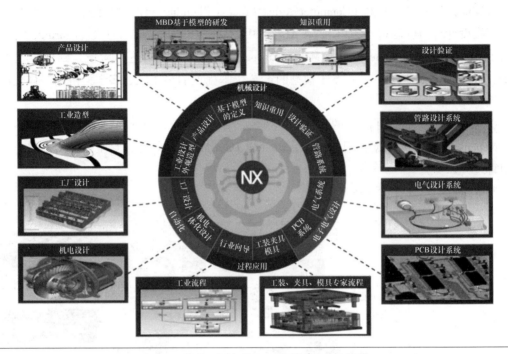

图 4-9 西门子提出的下一代设计的功能范围

化设计可以减少零件数量、重量和利用计算能力来探索多种设计方案,尽早发现质量问题。核心是要将 CAD 和 CAE 集成在同一个环境中,高效地满足创成式设计的需求,提供面向设计人员和面向仿真人员的设计优化解决方案。创成式创新的产品如图 4-10 所示。

图 4-10 创成式创新的产品

2) 机电软一体化设计:为机械、电子电气、自动化、软件等学科提供统一的公共语言,使它们能够并行工作,帮助客户更快速地交付设计,减少设计后期的集成问题。多学科机电一体化设计允许客户在产品研发的早期就能快速创建和验证不同的设计概念,同时支持机电一体化的虚拟调试,允许通过基于物理的交互式仿真来验证机械设备的运行。

3) 基于智能制造的工厂设计:结合产品生产工艺特性,实现基于智能制造的工厂、生产线及加工中心的创新设计、仿真与优化。科学合理地实现工厂规划、车间立体空间布局;实现快速换模下的混线生产;实现人机高效协同;有效地提升单位面积的产出效率。

4) 基于增材制造设计：增材制造采用全新增材制造方法生产传统制造方法不能制造的零件，可以减少零件数量，快速响应对备件的需求，消除库存成本。因此增材制造也对设计提出了相应的要求：通过拓扑优化和收敛建模，在保证功能的前提下实现增材制造模型的优化；通过晶格设计、纹理设计等实现细节的优化；通过面向增材制造的设计检查，实现模型可以一次打印成功等。

5) 设计与仿真及制造深度集成：提供完整的仿真分析及制造深度集成的解决方案，实现设计仿真制造一体化，完成集成的产品研发，实现虚拟环境下的设备调试（包括多机器人协同设计）。为设计人员提供越来越多的数据验证工具，使他们随时可用，消除创新障碍，避免存在于设计、仿真周期中的时间成本，使设计不断优化。同时能够跟踪需求，实现闭环，确保对需求的任何更改都会对新设计进行验证。

6) 全新的协同设计与管理：与管理平台的集成，提供协同式设计管理环境，基于同一设计模型实现企业级（实现多学科、多团队）的协同式设计；通过云计算平台可实现基于浏览器的设计，在终端无须安装软件，并且无须强大工作站的支撑即可完成复杂产品的设计工作；可实现与多供应商之间的协同设计，同时用户也可以参与到创新设计过程中。

虽然西门子提出的是下一代设计，但这些设想已初步成形，功能已基本实现，正处于普及推广和迭代优化的阶段。

除此之外，以促进销售为核心的在线体验平台正在蓬勃发展，目前不少企业已经把虚拟现实、增强现实等技术应用到产品的销售环节，并实现了在线化的基本互动体验，但主要还是以展现为主，互动性有限，未来可以在客户体验虚拟产品的同时，有效地对其触点进行收集、分析，从而可以充分把握客户的需求，创新产品；同时在此基础上可以让用户参与到设计中来，实现基于客户个性化的协同设计，并与 PLM 的产品配置实现有效集成，驱动定制化的研发与生产。

4.3.3 设计工具未来发展趋势

未来设计工具可能会在以下方面进行突破：

1) 虚拟现实 CAD：通过在虚拟现实中植入精准的互操作性技术手段，彻底让人的双手从键盘和鼠标中解放出来。通过用手握住控制器绘制 3D 对象，而不是在 CAD 软件上对其进行建模；通过极大简化专业设计人员的 3D 建模和设计流程，激发创新动力，该技术可能在汽车、建筑、3D 打印等领域率先突破。

2) 融合设计：旨在解决现有设计技术与先进材料、先进制造工艺之间不匹配的问题，以发挥先进材料、先进制造工艺的技术优势。美国国防部高级研究计划局（DARPA）于 2016 年启动"变革设计"（Transformative Design，TRADES）前沿基础性探索研究项目，该项目将从材料科学、应用数学、数据分析及人工智能等技术领域，开发新的数学理论和算法，以及革命性的新型设计工具，以充分利用先进材料及制造工艺，开拓设计领域的发展空间。

3) 人类的探索已经从纳米延展到原子等更细微领域,未来基于原子的设计将会成为一个突破点。

4) 创新领域已由基于复杂产品的创新设计,发展到围绕产品的生态创新,到基于巨型城市等复杂环境下的产品创新,因此相应的设计工具也会在此进行突破。达索系统公司所提出的"城-路-车"的设计思路如图4-11所示。

图4-11 达索系统公司提出的"城-路-车"的设计思路

4.3.4 设计工具改变设计理念

设计工具的更新换代不仅仅是在于通过工具的更新实现设计效率的提升,其核心是在于如何深刻理解工具背后所隐含的设计理念的变革。目前设计工具已经发展到了数字孪生时代,基于三维的设计已经比较成熟。

基于三维的设计可以带来的好处主要表现如下:

1) 三维设计能更加准确地表达技术人员的设计意图,更复合人们的思维方式和设计习惯,可以在装配及虚拟使用环境下进行设计,大大提升了设计的成功率。

2) 可以实现大规模的协同设计,使得不同专业的设计人员可以基于统一的数据模型进行协同设计,交流更为直观。

3) 三维设计为仿真分析提供了原始数据,可以通过有限元等分析手段,对所设计的产品进行优化,通过设计仿真一体化、虚拟样机的优化迭代,大大降低实物样机的试验验证的数量,确保设计质量,节约研发成本。

4) 通过三维设计,可以有效地获得模型的体积、质量、中心、转动惯性等参数,通过参数的不断优化,可以迭代出更加优质的产品;同时可以对产品的动态性特征进行分析,精准地对相应成本进行预测。

5) 通过着色、渲染、动化等功能,使得设计方案达到逼真的效果,让设计人员和决策人员能全面地了解设计的外观及内部机构之间的关系,有利于设计决策、缩短研发周期。

6) 三维设计是实现设计、制造一体化的基础,借此设计出来的产品,可制造性大大提升，相关的数据也可以有效地传递至后续的生产、检测等环节。

目前，三维工具在国内制造业中得到了广泛的使用，但是其设计理念依旧停留在二维或二维半时代，不少号称已经实现全三维设计的企业，其实实现的是"伪三维"，因为仅仅是完成了三维的建模功能，仍有大量的企业在设计规范中，需要将三维 CAD 转化为二维 CAD 用于指导生产。

三维设计的核心不是满足于将模型建出来，而是基于模型展开一系列二维阶段所不能完成的仿真优化设计等工作，使得通过三维设计，可以将工程师的经验和智慧得以充分地展现。

因此，企业的三维 CAD 不与 CAE 协同，不与 CAM 同步，不实现基于三维零部件制造工艺、装配工艺等设计，就不能实现三维设计。

总之，不少企业虽然购买了大量的三维设计软件，但是离真正的三维设计还有比较长的距离。当然，要实现基于三维的设计，企业需要建立一套更为科学合理的设计流程和规范。

4.3.5 基于知识设计模式变革

通常，广大企业对于设计工具而言只是将之用好而已，很少考虑这方面的创新机会，如果企业能将凝结在研发设计中的知识，如遵循的标准及规范、流程步骤、设计经验及自动检查等有效地显性化，并融入设计工具中，这些行业知识往往是提供通用设计工具的软件公司不可能具备的，反而可以由此为契机，通过与他们之间的深入合作实现另一种方式的创新升级。

通过合作可以：①获得软件最新发展动态，始终走在行业的前列，同时有可能降低软件的使用成本；②大大提升企业自身的研发效率、降低研发人员的培训成本、缩短培训周期、减少设计的出错率、提升设计质量等；③催生出新型的服务模式，带来全新的商业机会，带动行业整体设计能力提升，极大减少重复设计的不必要浪费，而企业可实现由卖产品到卖标准的升级。

基于知识的设计模式在集成电路产业中的运作已经非常成熟。2010 年，DARPA 提出自适应运载器制造计划（Adaptive Vehicle Make，AVM），这一计划的关键词是"重新发明制造"。DARPA 调查发现，从 1960 年至今，随着系统复杂度增加，航空航天系统的研发成本投入复合增长率为 8%~12%，汽车系统研发成本投入增长率为 4%，但集成电路研发成本复合增长率几乎为 0，复杂度增加并没有带来产品设计、生产周期的明显增加。这一现象形成的原因是多方面的，其中重要的原因在于：集成电路产业分工水平明显高于其他行业，形成了基于知识的产业分工新体系。自适应运载器制造计划（AVM）的构成如图 4-12 所示。

在过去的 40 年间，集成电路产业逐渐构建了一个基于数字模型的研发、制造、封装体系，使产品设计、仿真、试验、工艺、制造等活动，全部都在数字空间完成，待产品迭代成熟后再进入工厂一次制造完成，从而大幅度缩短研制周期、降低研制成本。

早期集成电路产业集整机生产和芯片设计、制造、封装、测试为一体，称为综合型集成设计及制造（Integrated Design and Manufacture，IDM）模式。伴随信息技术的不断演进，集成电路产业中的芯片设计、代工制造、封装测试等环节不断地从早期一体化模式中进行分离，成为独立的产业体系。

1967 年美国应用材料公司成立后，集成电路材料和设备制造成为独立行业，1968 年

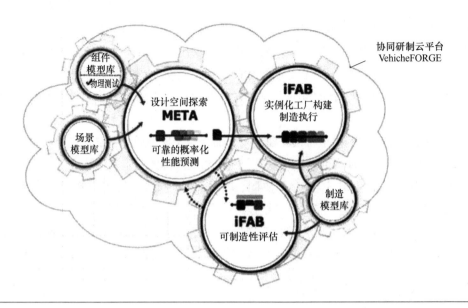

图 4-12　自适应运载器制造计划（AVM）的构成

Intel 公司成立形成了垂直型集成设计及制造模式，1978 年 Fabless（IC 设计独立）、1987 年 Foundry（台积电成立，IC 制造环节独立）模式相继出现，集成电路产业的分工深化经历了"全产业链集成→材料设备独立→IC 设计独立→IC 制造独立→设计制造 IP 独立"的演进历程。集成电路产业链分工细化与产业模式变革如图 4-13 所示。

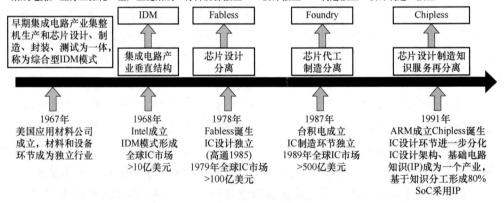

图 4-13　集成电路产业链分工细化与产业模式变革

1991 年，英国 ARM 公司成立，同时逐渐涌现出一批专注于集成电路知识产权（Intellectual Property，IP）包设计、研发公司，集成电路产业开始兴起架构授权的芯片制造新商业模式。这标志着基于知识创造的专业化分工独立出现在集成电路产业链中，专有的工业知识通过被封装为代码化的电路，并摆脱了作为有形硬件产品的附庸，开始成为独立的产品、商品进行传播、使用和交易。

随后 IP 包作为一种知识产品被广泛应用到了集成电路的设计、仿真、试产、制造等各个环节，大幅提高了集成电路的设计效率、产品性能、制造可行性及良品率，基于知识交易的新业态逐渐显现。

IP 包的本质是：集成电路工业设计和制造过程中各种技术经验、知识的代码化、模块化、软件化封装。

集成电路大量的设计、制造工业知识被封装为 IP 包，固化在赛博［Cyberspace，是控制论（Cybernetics）和空间（Space）两个词的组合，是哲学和计算机领域中的一个抽象概念，指在计算机以及计算机网络里的虚拟现实］空间，可以被重复地调用、使用和封装，并催生了 IC 设计、仿真、试产、制造等环节的工业知识交易市场，设计生产过程中 70%~80% 的工作变成对现有的 IP 包进行调用、拼接，大幅提高了芯片设计、仿真、制造、测试的效率及产品良品率。

目前 IP 包的来源主要由大型 EDA 公司、制造企业、专业 IP 包设计公司研发提供。集成电路各环节 IP 包的应用见表 4-7。

表 4-7　集成电路各环节 IP 包的应用

环节	任务	形式	方法	意义
IP	IP 软核（基本原理）IP 固核 IP 硬核（工艺验真）	集成电路通用及专用 IP 包	ARM、Synopsys、CEVA、Cadence	通用电路知识、方法的不断丰富、沉淀、完善。IP 核作为一种"积木"提高了设计效率
设计	设计具有特定功能的电路版图	集成电路设计 IP 包	EDA 工具+IP 核+特定架构设计	70% 电路基于对各种 IP 核的集成
仿真	实现功能仿真和制造仿真	对电路功能及加工工艺仿真 IP 包	Synopsys Cadence Mentor	在设计多个阶段，持续仿真，提高设计效率及产品性能 在制造多个阶段，持续仿真，提高制造可行性
试产	围绕加工过程优化生产工艺	集成制造工艺 IP 包	Synopsys、MES 厂商	通过制造工艺 IP 包，优化生产工艺，提高良品率
制造	实现集成电路加工高稳定性、高良品率	集成制造工艺 IP 包	制造厂商、EDA 厂、第三方	制造工艺 IP 包优化生产工艺，台积电有 6000~7000 个 IP 包
结论	集成电路产业蓬勃发展根植于不断地在赛博空间沉淀了大量集成电路基础通用、设计、仿真、制造等 IP 包，并基于大量积累的工业 IP 实现新产品、新工艺的快速开发、上线、迭代，这条快速更新、迭代升级发展之路，对于当前尚处于探索前进的工业互联网发展具有极其重要的借鉴和指引作用			

从集成电路产品研发设计成本看 IP 和知识的价值和重要性。以技术参数不太高的 28nm 的 SOC 芯片研发制造成本为例，设计 EDA 工具需要 500 万元，购买 IP 模块需 500 万~1000 万元，制造成本为 1000 万元左右，封装成本为 50 万元。可以看出在集成电路产业生态中，以 IP 核、EDA 工具为代表的基于知识投入的成本，已成为产业研发制造支出的重要组成部分，这是基于知识的产业分工体系形成的重要特征。

因此，这种新型的基于知识的研发模式必将在其他领域发生、发展、壮大，通过设计工具和 IP 包的研发，将过去工业创新过程中 80% 在做重复性劳动、20% 在做创造性的工作，变为未来 80% 在从事创造性的工作、20% 在做重复性的劳动。如果这一场景得以实现，那么创新产品将出现爆发性增长。

4.4 智能制造升级

有了创新的产品,在产品制造的过程中同样存在大量的创新机会,正是制造过程中的新材料、新工艺、新技术不断升级演进,才推动了制造业的迅猛发展;同时很多非常有创意的设想,往往因为实现的技术基础尚不具备,只能暂时搁浅,从而推动了技术的进步。

4.4.1 "工业 4.0"概述

全球制造业正在经历巨大的变革,即从"工业 3.0"到"工业 4.0"的发展阶段。四次工业革命的历程如图 4-14 所示。

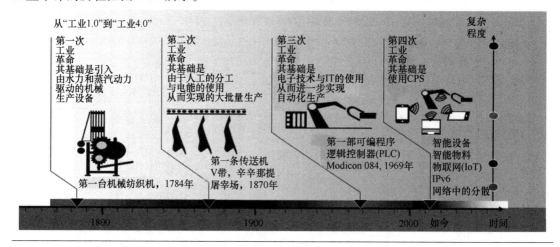

图 4-14 四次工业革命的历程

第四次工业革命除了在技术上的飞速发展外,在生产方式、生产关系及企业竞争关系等方面都在发生一系列的革新,是一个全局性的变革,主要体现在以下几方面:

1)生产力:新技术不断涌现,作者曾在 2016 年初总结了在"工业 4.0"时代需重点关注的十项关键技术:赛博物理系统(Cyber Physical Systems,CPS)、人工智能(Artificial Intelligence,AI)、增强现实(Augmented Reality,AR)、基于模型的企业(Model Based Enterprise,MBE)、物联网(Internet of Things,IoT)、云计算(Cloud Computing,CC)、工业大数据(Industrial Big Data,IBD)、故障预测与健康管理(Prognostics Health Management,PHM)、混合制造(Hybrid Manufacturing,HM)和工厂信息安全等,这些新技术的深入应用,必然带来企业制造升级。

2)生产方式:因生产力的变化驱动生产方式变化,个性化定制、网络制造、绿色制造、制造服务化等以智能制造为基础的新型生产方式正日益成为变革的重要方向;跨领域、协同化、网络化的以创新为纽带的工业互联网平台,正在重组制造业的创新、制造与服务的体系。

3)生产关系:生产方式变化必然推动生产关系变化,传统固定的、以"人"为核心的雇佣关系为主的模式，正在或将被开放的、灵活的、以"技能"为核心的合作关系所替代；传统的以供给为核心的供应链体系，也将转变为共生共荣的产业生态圈模式。

4）竞争要素：生产关系变化使得企业间的竞争要素也在发生变化，数据资产、智力资产等在企业竞争中的权重将变得更为凸显。

历届工业革命给相关要素所带来的变化的对比，见表4-8。

表4-8 历届工业革命给相关要素所带来的变化的对比

项目	第一次工业革命	第二次工业革命	第三次工业革命	第四次工业革命
图示				
标志事件	第一台机械纺织机（1784年）	第一条传送机传动带，辛辛那提屠宰场（1870年）	第一部 PLC Modicon 084（1969年）	—
核心技术	由水力和蒸汽动力驱动的机械生产设备	电能的大规模使用从而实现的大批量生产	电子技术与IT的使用从而进一步实现自动化生产	使用CPS实现个性化定制
个性化需求响应	手工满足个性化需求	批量化生产满足共性需求	系列化产品满足群体性需求	大规模定制响应个性化需求
决策机制	经验决策	经验决策+少量数据支撑	经验决策+基于历史数据的辅助决策	基于全数据链/多模型+经验决策的科学决策
产品形态	机械	机电一体	机电一体/部分嵌入式软件	智能互联产品
产品更新	非常慢	慢	快	敏捷及时反应
生产方式	工厂制生产	流水线生产	自动化生产	以智能制造为基础的网络制造、绿色制造、制造服务化
加工精度	一般	良好	精密	超精密
检测手段	离线检测/计量不统一	离线检测/计量标准化	离线检测/少量在线/统计分析	在线检测/实时数据分析
质量管理	因人而异	事后管理	过程管理过程可追溯	质量预测全程、多角度可追溯
设备管理	因人而异	问题驱动管理纸质维修手册	流程驱动管理电子维修手册	数据驱动管理/远程维护/VR-AR-MR支撑

（续）

项目	第一次工业革命	第二次工业革命	第三次工业革命	第四次工业革命
控制手段	人工/不规范	人工/规范	自动化严格控制	自主可控
信息传递	口口相传	基于纸质	基于图样/基于信息	基于模型/基于知识
信息集成	无	无	部分集成	高度集成
能源获得	水力/煤	电力/煤	电力/核能/少量清洁能源	清洁能源/按需获得
设备链接	无	刚性	固定	即插即用
生产过程	未规范	刚性/很难调整	刚性/可调整	柔性/自由组合
人机关系	恐惧	对立	分离	协同
分工体系	工业从农业中分离	工业专业化分工（产生行业）	服务业从工业中分离	服务专业化分工（如知识独立）
员工关系	学徒制	雇佣制/较少变化	雇佣制/灵活流动	自由职业/合作
组织形式	直线制/家族化/封闭	集权/直线制、职能制/封闭	分权/事业部制、矩阵式/半封闭	自组织/项目制、网络化/生态化/开放
协作模式	自给自足	大而全、小而全	全球化协作	虚拟化协同
竞争力来源	土地、劳动力及原材料	设备资产	智力资产	数据资产、智力资产
核心竞争力	生产出来	资源占有及适度匹配	精益生产/供应链管理能力	需求洞察/创新研发/供应链协同

总之，要想列举，还可以探究大量要素所带来的变化，这里想强调的是：需要用全新的视角来看待"工业4.0"所带来的变化。

4.4.2 制造层级决定了竞争格局

在正式进入智能制造讨论前，首先想讨论一个非常浅显也常常被忽略，但却是很重要的定位问题：企业应该如何把产品造出来？

这里总结了九个不同层级的制造定位，分别是：不偷工减料地造出来、按标准和规范造出来、按标准一致性造出来、高效率地造出来、按交付时间造出来、高品位地造出来、按个性需求造出来、不断迭代造出新品和用户迭代造出来。不同的制造层级决定了企业的竞争格局，也初步确定了企业核心竞争力的构建。制造层级决定了竞争格局如图4-15所示。

1. 第一层：不偷工减料地造出来

"不偷工减料地造出来"，这看似是最基本的要求，但在实际生产中却大打折扣，尤其是在产品相对简单的基础行业中，由于竞争激烈、价格战等原因（价格战是否是一个问题？

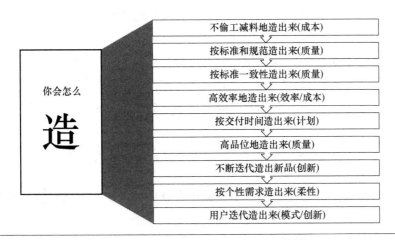

图 4-15　制造层级决定了竞争格局

是需要另外仔细研讨的一个话题），要做到不偷工减料几乎不可能，甚至在很多企业把偷工减料美化为材质优化，有不少所谓的"企业家"将此作为其主要的成功经营管理秘诀。当然，如果的确通过技术研发，应用新材料、新结构、新工艺等在不改变产品功能、性能及品质的前提下所进行的改进是值得提倡的。

因为偷工减料的确可能使得某些企业在成本上保持一时的优势，但长远来看，也因为偷工减料而蒙蔽了视野，这种优势并不持续，同时整个产业链的成本却因此而推高了不少。因为偷工减料地进行制造，于是乎在产业链中的各企业间频繁的检测检验、不必要的投诉、换货退货等而产生的"非增值"成本巨高；同时还营造出诸多的灰色地带，各种"猫捉老鼠"的游戏频频发生。

因此，单一企业至少在本企业内要能真正地做到不偷工减料，这是每一个有担当的企业应该做到的起码底线，而且坚信靠偷工减料为生的企业是不可能长久的，随着用户意识的不断增强、市场环境的不断进化，偷工减料造产品的企业会越来越少。

2. 第二层：按标准和规范造出来

如果说"不偷工减料"是一家企业必须守住的底线，那么能按标准和规范造出来是一个真正企业立足的基础。

在质量管理中有一个定律就是"80%的质量问题是由于未按照规范执行"。然而一线员工看到的往往是不按规范可能带来的一时方便及实惠，效率提升，奖金提高，甚至有企业将此类做法包装为"微创新"而加以鼓励，没有看到因此而给企业带来的大量隐形成本和商业隐患。当然规范的合理性是另外一个需要讨论的话题。

企业需要思考如何给一线员工"按照工艺规程进行生产"提供更为方便、快捷、没有机会犯错的工具和手段，甚至能做到"无形"！这其实是企业实施智能制造最基础的要求。

3. 第三层：按标准一致性造出来

能按标准和规范造出来产品是一个真正企业的立足基础，那么能按照标准一致性制造出来，则反映的是企业在质量管控上的综合水平。

为什么同样的产品、工艺及设备，不同工厂造出来的就不太一样？即便是同一工厂不同班次所生产的产品质量波动也会很大？

因此，按标准一致性造出来是我国企业要下的基本功，只有这样，企业才有可能有效地扩大产能，才能进行复制（异地建厂、跨国建厂），才有可能在兼并、收购中不重复地犯低级错误，才能将企业做大。我国很多有发展前景的企业，往往就是在产能扩张的过程中，因质量失控而倒掉的。

而要做到这一点，是需要一系列集成的信息系统的支撑才能完成的，因此不少企业可将此作为信息化建设的目标之一。

如果企业能做到第三层级的制造，企业的生存就应该有了一定的保障，但是要活得好，活得有竞争力，还需要在效率等方面进行提升。

4. 第四层：高效率地造出来

企业能按标准一致性造出来是企业做大的前提，但要具有竞争优势，高效率是关键，也就是同样的设备生产同样的产品，能做到比别人的效率高（企业核心成本优势之一在于效率，更大的在于创新），高效率意味着单位面积、时间、人均的产出效率高、资金占用少、周转快。这里说的高效率是指的端到端的效率，也就是从原材料到成品、到配送、到最终消费者手中的效率，而非单台设备的效率，也非企业内部的效率。

虽然端到端的理念说起来大家都很清楚，但在实际生产实践中，企业往往看重的还是核心设备的效率，也就是价格最贵的那台设备的利用率，而忽视了前后工序之间的节拍平衡，因此造成了很多不必要的在制品、搬运、等待等浪费。

因此，企业应该关注的是整体的设备综合效率（Overall Equipment Effectiveness，OEE），而非单台设备的OEE。虽然精益生产已经在国内推广了很多年，但这个最基本的原理在实践中往往被忽略了，而是寄希望于通过新技术，如高级计划与排程（Advanced Planning and Scheduling，APS）等来解决管理理念落后的问题。

企业应该关注的是如何在按节拍有序组织生产的基础上，形成"发现瓶颈工艺→提升瓶颈工艺→发现下一个瓶颈工艺→提升瓶颈工艺"的螺旋迭代升级的能力，在现有的设备基础上不断提升生产效率。当然要想形成这样的能力，企业需要具备一定的生产线及设备优化与局部改造能力。

除了产品本身被高效率地造出来，"高效率地造出来"还有另外一层含义就是绿色制造，即同样性能的产品，如何做到原料无害化、生产洁净化、废物资源化的可循环生产，生产过程中如何有效降低能耗、减少排放。尤其在高能耗、高污染且产能过剩的产业中，企业的"绿色能力"成了不可或缺的核心能力，是企业生死存亡的关键。

企业能高效率地造出来，就是要在同等资源情况下比竞争对手做得更好，只有这样才能在激烈的竞争中有发言权，也就是不主动发起价格战，但是一旦要打价格战，肯定可以坚持到最后。

5. 第五层：按交付时间造出来

企业能高效率地造出来，说明内部的管理到达了一定的高度，但是如果把高效率延展到整个产业链上,就是能否按照交付的时间造出来。也就是按照客户的要求,在确定的时间、按照既定的质量要求、将产品交付到客户指定的位置。

做到这点,考验企业的核心是:综合计划及执行能力、敏捷供应链配套能力、计划变更应变能力和突发事件应急能力等。而不是传统的为了确保按交付时间造出来(尤其是大型装备制造企业),在计划层层放大、任务层层加码、现场层层施压、库存层层积压的基础上造出来。而实现这一目标的基本要求就是:实现产品生产全过程的透明化,并有效地共享(推送)至相应的关系人,例如外卖配送可视化可以大幅减少不必要的沟通。

如果企业能在高效率的基础上做到按交付时间造出来,那么企业在综合管理上已经到达了相当的水准,支撑其管理的信息系统的集成度必定也到了一定深度。

作为复杂制造企业,要做到这点,企业必然已经构建好了基于业务流程驱动的集成信息系统,靠传统的手工或割裂的信息系统是无法做到的。如果企业能在基于业务流程驱动的集成信息系统的基础上,构建起虚拟的多级协同仿真体系,通过仿真进行优化,以优化的结果指导执行,在执行过程中进行透明化,并将执行结果反馈回多级协同仿真系统,从而实现虚拟信息空间与现实物理空间的基于数据驱动的协同发展,那么必然指引企业由优秀走向卓越,在面对激烈竞争的过程中必会游刃有余。

如果企业能做到第五层级的制造,可以说该企业已经到达了高质量发展的水平,但是要做到可持续发展,还有待于持续创新。

6. 第六层:高品位地造出来

同类型的产品,能造出高品位产品的企业,具备了与竞争对手拉开身位的能力,但需要强调的是:并不是能说做出高品位产品的企业就一定比生产高质量产品的企业在竞争中有优势,因为竞争的最终决定因素在于市场,在于客户需求,而市场并非仅由高品位产品决定的,因为客户是分层的,有消费升级的同时必然有消费降级,也就是说市场是圈层式存在的,而且不同圈层结构之间的消费体量是不一样的。

具备高品位造出来的企业需要构建的是:其优质产品之下的品牌塑造能力,当然也存在已经具备了高品位能力的企业,有时所提供的产品的品质并不优质。

另一种高品位是指产品质量的高品位,这种能力的塑造需要很强的生产、工艺、技术能力,例如:甲能造三个9纯度的产品,而乙却具备了造四个9纯度的产品的量产能力,并且储备了造五个9纯度的生产能力,那么乙就在市场中拥有更强的竞争优势。

竞争其实不见得非要置人于死地,而是始终把握终止竞争的权力,大家可以在低摩擦状态共同生存,这是需要技术实力做后盾的。

7. 第七层:不断迭代造出新品

企业要实现持续的发展,就需要根据市场的需求不断推出新的产品,需要构建起自主研发的能力。

已经具备了强大制造能力的广大中国企业,是完全可以从"制造"走向"创造",也就是逐渐积累构建起正向创新的研发体系,在此基础上就可真正做到"生产一代、试制一代、研发一代、储备一代、展望一代",不断迭代造出新品,从而推进行业市场的发展,逐步形成从"跟随"到"领跑"的越阶。

8. 第八层:按个性需求造出来

随着市场竞争的逐渐加剧,消费者主权意识的增强,个性化需求越发凸显,个性定制已成为很多制造企业所面临的一大挑战。

个性化定制说起来容易,做起来难,因为客户并不会为了个性化需求而支付个性化价格,还是希望以大众化的价格来满足个性化的需求,这就需要企业对业务能力进行全方位的重构——实现大规模定制,以柔性的批量化生产能力满足个性化需求。

1)在经营理念上需要改变目前以产品为核心的内部导向机制,转向以客户需求为核心的产业链协同机制。这个产业链协同过程包含了需求确定、产品设计、生产准备、采购物流、销售等产品创造过程,还需包含商品交付的销售预测、生产预测、销售定价、订单处理、产品交付等业务集成过程。

2)现有的销售模式也将发生比较大的变化,传统的以最终产品为核心的销售预测模式将面临巨大挑战,可能的解决方案是,构建以"基础产品(平台)+选配"的模式进行预测;在销售环节进行引导式销售,即基于客户应用场景的方案型销售将成为主要模式。因此,如何构建支持多渠道、多种营销模式的可配置实现的销售主数据将成为其中的重点和难点,并以此为基础形成所见即所得的、基于场景的虚拟配置平台将成为新型的创新营销渠道(AR/VR结合3D模型)。

3)需要构建起以配置管理为核心的产品创新研发体系,也就是需要搭建基于产品平台从而衍生出众多产品线系列,每个系列下考虑产品的不同配置及配置组合,通过产品的不同配置组合来快速地响应市场的个性化需求。这将涉及企业的技术架构、产品架构及研发架构要根据个性化的需求进行优化调整,其核心能力之一就是模块化能力的构建。

4)满足个性化的柔性制造能力。需要通过先进的制造加工等技术、自动化技术及信息技术的融合,实现生产组织的灵活性。主要体现在:加工产品的批量可以根据需求迅速做出调整;加工产品的参数可以进行灵活的调整;生产线及设备可以根据个性化产品需求进行快速转换;整个供应链体系可以根据需求的变动敏捷响应等。

5)有效满足个性化交付及后续个性化服务的要求。很多产品,尤其是大型的装备,不是产品交付了就完成了,产品交付仅仅代表服务的开始,要贯穿于客户的使用过程。也就是如何满足个性化产品的维护、维修、运行(Maintenance、Repair、Operations,MRO),乃至再制造、回收再利用等过程。

如果企业没有底层的柔性自动化生产线,没有健全、集成的信息系统,没有科学的面向个性化需求的预测体系等作为支撑,要做到个性化定制生产,几乎是不可能的,如果企业试图通过靠传统的人工管理方式,盲目冒进地推行个性化生产,那简直就是一场灾难。

9. 第九层:用户迭代造出来

构建用户迭代造出来就是,通过构建起与用户交流的平台(社区),让(潜在)用户有效地参与到产品的创新过程中，充分获取需求的同时，确保企业体系化的研发流程快捷与顺畅（即满足产品的平台规划、技术规划及模块划分等）；并通过（潜在）用户的有效参与，促成新产品在概念阶段就能获得一定数量的原始用户订单，降低创新的风险；在产品的实现过程中，用户可以通过远程监控等手段有效地参与到产品关键环节的制造过程；在产品交付后，通过有效地激发用户分享、产品开箱及使用体验，实现持续的营销；甚至核心的铁杆用户通过认证，可参与到产品的维修等环节，从而形成闭环用户迭代体系。

用户迭代造出来的重点不仅仅要形成闭环用户迭代体系，更为关键的是要借此构建起以用户为导向的整个创新生态体系，体系中的各组成单元各司其职、协同发展。

当然作为其中的核心，企业一定要时刻牢记的理念是："无论将多少辆马车连在一起，也成不了火车（经济学家约瑟夫·熊彼特）。"也就是说既要有效地倾听用户的需求，也不要被用户需求所困，而是要回归业务发展的本源，去挖掘和发展创新的远点。

如果企业能做到以上这些，而且时刻心怀敬畏之心、不断反思、不断进化，一定能获得持续发展。

总之，不同制造层级之间并没有严格的划分，提出这样划分的原因仅在于提供一种思考的角度，并且由于市场需求的多样性，多层并存的现象在每个行业都会发生。

不同层级的企业涉及的战略布局、人员素质、企业文化、组织绩效、流程标准等将存在较大的区别，需要构建的核心能力是不一样的，其在构建智能制造解决方案时，思路、方案是不太一样的。

不同层级的制造定位不仅仅起决定企业家的诉求和远景的作用，更取决于企业现有基础及其核心团队成员能否达成一致的远景，并在此基础上制定相匹配的战略并付诸实施，在实施的过程中不断调整目标和优化资源配置。

而企业是否真有越阶的动力，除了上面提到的发自内心的主动外，还来自于整个社会、行业的综合治理水平的提升，很多企业没有越阶依旧活得很好，根本原因还在于压力不够。

4.4.3 智能制造升级的几个重点问题

由于智能制造的话题比较大，因此下面将重点围绕大家在实践中非常关注的如何满足客户的个性化需求、如何规划和实施智能制造及对未来制造的初步展望等与创新紧密相关的重点话题展开讨论。

1. 个性化需求满足的路径

关于个性化，上面的论述主要考虑的是如何按个性需求造出来，因为这个主题比较关键，下面将做进一步的探讨。

（1）基本概念　过去消费者追求的更多是性价比、产品功能、耐用性等功能诉求；如今年轻消费者不仅仅关注功能性诉求，而且关注内容、服务、参与度、社交体验、分享与交流等体验诉求，因此，消费者对个性化的需要越来越明显。

作为德国"工业4.0"典范的西门子公司在近几年汉诺威工业展上，也将个性化定制作为其中的一个亮点进行展示,在展会上西门子分别展示的个性化定制有:2016 年,定制高尔夫球杆;2017 年,定制香水;2018 年,定制牛奶;2019 年,定制运动鞋等产品。

制造企业一直在思考如何通过创新来满足客户的个性化需求,并伴随技术及管理的发展而不断发展和演进:产品从单一单色产品转变为单一多色产品,由单一产品发展为系列产品,在系列产品的基础上形成基于模块的产品平台,并通过同平台化的配置手段、柔性化的制造体系来高效满足客户个性化的需求。未来将基于虚拟现实/增强现实的协同设计手段,3D 打印、生物制造、软件定义功能等制造技术,网络化协同制造等新型制造模式,来满足客户基于功能和性能提升的真正个性化定制需求。

产品也从之前的千人一面,发展到现在的千人千面,未来将呈现出一人千面。这种变化将给企业带来的不仅仅是技术上的挑战,也给管理带来了巨大挑战:如何高效地去满足海量的、碎片化的、实时的、多场景的客户需求。

以汽车为例,个性化需求响应的发展历程如图 4-16 所示。

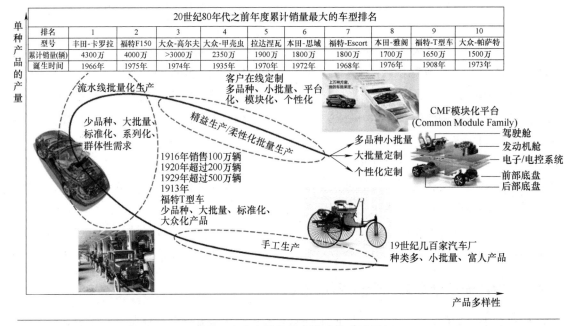

图 4-16 汽车个性化需求响应的发展历程

手工制造尽管也包含定制的成分,但个性化定制不同于手工制造。手工制造基于传统工艺,而个性化定制则是利用现代生产工艺,它既保持了手工制造的个性化特点,也有大规模生产的成本和质量优势,以及大规模定制的特征。

个性化定制和大规模定制的根本区别在于:前者针对每一个客户需求的差异化进行定制,客户有可能参与到产品的设计及生产环节中;后者主要是为满足一类人群的需求而定制,客户往往只能在企业约束的范围内,通过一定的配置规则进行选配,实现个性化的需求,通常客户并不参与设计。

个性化定制不是回归到手工制造时代,而是在大规模定制基础上实现设计、制造模式的创新。它不但改变了生产过程的本身，而且深刻影响设计、开发、销售及服务等环节。

大规模生产、大规模定制和个性化定制在管理理念、驱动方式、核心能力、战略定位和实现目标五方面存在一定的区别，具体表现在：

1）管理理念：大规模生产是以产品为中心，以低成本赢得市场；大规模定制是以客户为中心，以快速响应赢得市场；个性化定制是以满足客户个性化需求为中心，有时为了需求可以降低效率及增加成本。

2）驱动方式：大规模生产是根据市场预测安排生产，是典型的推动式生产方式；大规模定制是根据客户订单为主要依据安排生产，以拉动式生产方式为主；个性化定制是根据客户需求进行设计并组织生产，以新型网络化方式组织生产。

3）核心能力：大规模生产是通过生产的稳定性和控制能力实现生产组织的高效率；大规模定制是通过灵活性和快速响应来实现多样化，产品平台及模块化是基础；个性化定制是需求洞见能力、高效设计能力、柔性生产组织能力（或称社会化的协同能力）。

4）战略定位：大规模生产是成本领先战略，即把握市场趋势，通过降低成本、提高生产效率获取竞争优势；大规模定制是差异化战略，即洞见客户化需求，通过快速反应、提供个性化的产品获取竞争优势；个性化定制是创新战略，即通过创新引领需求，并引导客户参与设计及制造过程，快速响应并实现。

5）实现目标：大规模生产是以标准化生产组织为前提，以低价格开发、生产、销售、交付产品和服务；大规模定制是模块化前提下的平台化产品，实现配置化开发、生产、销售、交付客户买得起的产品和服务；个性化定制是在大规模定制基础上，实现个性化需求设计、制造、服务一体化，并实现成本适度可控。

大规模生产、大规模定制及个性化定制的对比分析见表4-9。

表4-9 大规模生产、大规模定制及个性化定制的对比分析

项　　目	大规模生产	大规模定制	个性化定制
管理理念	以产品为中心，以低成本赢得市场	以客户为中心，以快速响应赢得市场	以满足客户个性化需求为中心，有时为了需求可以降低效率及增加成本
驱动方式	根据市场预测安排生产，是典型的推动式生产方式	根据客户订单为主要依据安排生产，以拉动式生产方式为主	根据客户需求进行设计并组织生产，以新型网络化方式组织生产
核心能力	通过生产的稳定性和控制能力实现生产组织的高效率	通过灵活性和快速响应来实现多样化，产品平台及模块化是基础	需求洞见能力、高效设计能力、柔性生产组织能力
战略定位	成本领先战略：把握市场趋势，通过降低成本、提高生产效率获取竞争优势	差异化战略：洞见客户化需求，通过快速反应、提供个性化的产品获取竞争优势	创新战略：通过创新引领需求，并引导客户参与设计及制造过程，快速响应并实现

(续)

项　　目	大规模生产	大规模定制	个性化定制
实现目标	以标准化生产组织为前提，以低价格开发、生产、销售、交付产品和服务	模块化前提下的平台化产品，实现配置化开发、生产、销售、交付客户买得起的产品和服务	在大规模定制基础上，实现个性化需求设计、制造、服务一体化，并实现成本适度可控

（2）企业应主动把握个性化需求　在响应个性化需求的时候，企业必须清醒地认识到：要实现客户的个性化需求，无论在技术、成本及效率等方面都将面临巨大挑战。因此企业在考虑客户个性化需求的时候，必须要深入思考以下问题：

1）客户个性化需求的根本原因是什么？他们对个性化诉求主要表现在哪些方面？能否接受可能的替代方案？

2）客户对个性化需求实现的价格敏感度如何？相比传统产品，所能承担的费用预期在什么范围？

3）所属行业对个性化需求的满足程度如何？企业如果不响应客户个性化的诉求，将面临哪些挑战？企业可承受的底线在哪？

4）如果企业要改变所属行业对个性化响应的商业规则，是否规划了分阶段实现的策略？将面临哪些挑战？

5）要满足这些个性化需求，企业在销售、研发、生产、配送及服务等环节能否满足要求，要做哪些调整与变革？

6）这些变化对企业所带来的投入产出预期如何？尤其是中高层是否做出统一的一致行动？人才储备状况如何？

……

通过深入思考这些问题，企业可以在一定程度上把握个性化需求的主动性，并在战略上进行相应的调整，来高效满足客户个性化的需求。

图 4-17 所示为某汽车企业曾经在广泛调研的基础上就客户的个性化需求进行了分析，并通过个性化需求的分布，得出了以下的初步结论：

客户对于汽车定制的细项需求主要分为两个层级：一个是基本需求层级，往往是导航、内饰、座椅、车身颜色、音响娱乐系统及尾翼等纯外观及体验上的需求；还有一个层级就相对复杂了，涉及如减振系统、制动系统、灯光系统、发动机、动力系统等性能提升层级的个性化需求。

通过对于基本需求层级的客户群进行进一步分析，不难发现，他们的个性化需求主要是基于彰显个性化主张或基于舒适型体验需求而产生的。这部分人群普遍价格敏感度高，品牌认可度低；同时这些个性化需求对于企业而言，对现有设计及生产组织等有一定的挑战。因此，一方面，大部分的个性化需求是可以通过前台的定制界面，让客户进行选择性配置，与后端的生产进行有效的衔接，可在现有的整车制造过程中进行响应，即通过大规模定制来满足这类人群的共性需求，前提条件是企业已经实现了集成信息系统的支撑，极少量的个性化

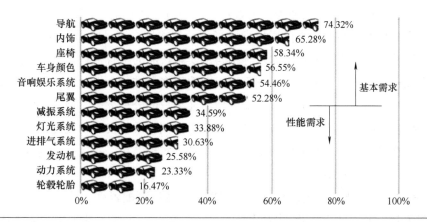

图 4-17　客户对汽车定制的细项需求分布

需求通过现有的生产不能实现或实现的生产组织调整及成本代价太大,则可通过后装来满足(可在 4S 店完成);另一方面,客户在体验上所提出的个性化需求,企业需要组织专业团队,进行认真分析并解剖这些需求背后所隐含的趋势,并主动提前布局,引领市场的发展。

而对于性能提升层级个性化需求的人群:他们的个性化需求主要源于对驾驶性能、安全性能等方面的诉求,他们对车的基本原理比较理解,甚至少部分人非常精通,有强烈的参与汽车设计的欲望;他们的品牌认可度较高,价格敏感度较低,有较强的支付能力;他们所提出的个性化需求,对于汽车企业而言无论设计还是生产组织都将带来巨大挑战,是现有生产较难满足的。因此,一方面可以在现有生产组织中,成立单独的响应这类需求的设计团队,与客户协同共同进行设计,尤其是性能匹配性和安全性方面的确认(虽然他们懂车,但是并不专业,需要专业的人员配合才能真正完成),同时通过这样的协同设计,企业的设计人员可以根据响应的难度,提出合理的、专业的修改意见,并有针对性地提出合理报价,确保企业的利润空间,同时单独开辟一条小的生产线来组织生产(计划、物流、生产、检测等方面都单独进行),从而实现不因为这类的个性化订单的响应而影响企业正常的大规模定制生产流程;另一方面,要引起企业高度重视的是,这群人有可能代表了未来汽车的发展方向,因此通过创新组织、协同及激励方式,有效地将这群人组织起来,畅想未来汽车的功能及性能,使之成为企业需求获取的一个重要来源;此外,企业还需要有效地对这类客户的"资源"进行挖掘,因为他们之中有不少人在市场上具有超凡的影响力。

总之,面对客户的个性化需求,企业不可逃避,不可人云亦云,更忌讳盲目仓促应对,而是应主动思考、积极应对,对客户的个性化需求有效地进行分类,并有针对性地制订与之相匹配的策略。往往很多客户在没有面对价格时个性化需求是个无底洞,一旦获知因个性化需求而增加的价格变动后,80% 的个性化需求都会消失;但企业也切忌因为个性化的价格而让客户背离,应充分挖掘个性化需求背后蕴含的本源,化被动为主动,创造出新的发展机会和打造柔性化的响应能力。

(3) 大规模定制满足个性化需求　企业要满足客户的个性化需求,是一项需要企业各个业务部门都参与的协同性工作,具体表现在:

1)销售端:基于规则的快速配置。客户可以通过多样化的终端,实现基于规则的个性化配置。应充分借助互联网的手段增加配置过程的趣味性,满足吸引潜在客户的充分参与。例如可以采用基于客户应用场景的需求导引自动实现产品的配置过程,一方面可以提升需求的转化率和加速订单的达成率;另一方面可以获取更多精准的个性化需求样本数据。

此外,在配置功能实现的基础上,应激发潜在客户的分享欲望,通过连锁反应实现品牌更大范围的传播。此时需要特别注意的是,这些传播创意不仅仅要站在传播的视角来考虑问题,而且要站在信息接收者的体验角度来考虑问题,实现二次、三次……的多级传播,当然这样传播的底线是让受众不生厌。

2)研发端:基于平台的模块设计。要实现销售端的可配置性,核心在于产品的研发过程已经实现了基于平台的模块化产品设计,并在此基础上实现了基于配置规则的产品多样性;同时需要与成本进行集成,可将最终的配置价格推向销售端。

3)制造端:基于精益的柔性制造。个性化产品的配置实现,还需要与柔性的生产制造系统实现衔接,尤其是通过计划系统实现生产、物流、质量等一体化的集成,如果企业没有强有力的信息系统作为支撑,单靠传统的手工管理,是很难高效地完成这样复杂定制产品的生产组织的。

4)配送端:基于计划的优化配置。配送环节如果能将订单根据客户的交付要求及地址进行路径优化,不仅能提高客户的满意度,而且可以有效地提高配送效率、降低配送成本。

5)服务端:基于数据的人工智能。个性化的产品在交付后,在使用环节中如果能根据产品身份标识(Identity Document,ID)结合人工智能,通过语音实现基于后台知识地图的问题处理,将大大降低人工成本,并可系统性、完整地实现使用问题的收集,反馈到研发端,实现迭代优化。

6)需求端:基于创新的需求激发。与销售端和服务端的有机整合,并通过用户社区等环节,有效激发客户参与产品需求的创新环节,必将源源不断地产生创新需求,实现企业的可持续发展。

企业要实现个性化定制,需要整合销售端、研发端、制造端、运输端、服务端、需求端等业务环节,实现闭环管理。个性化需求实现要求如图4-18所示。

图4-18 个性化需求实现要求

要实现以上的应用场景,核心在于通过大规模定制来满足人群的共性需求。

所谓大规模定制(Mass Customization,MC),是在系统思想指导下,用整体优化的观点,充分利用企业已有的各种资源,在标准技术、现代设计方法、信息技术和先进制造技术的支持下,根据客户的个性化需求,以大批量生产的低成本、高质量和高效率提供定制产品和服务的生产方式。

通过零部件的标准化、系列化和模块化的基础工作,在平台化的基础上,通过灵活配置"以最少的内部多样化,实现最大的外部多样化",来满足客户的个性化需求。因此,要实现大规模定制的关键在于平台化和模块化。大规模定制如图4-19所示。

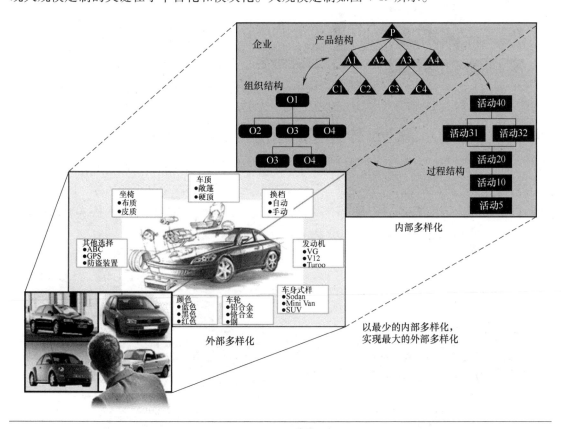

图 4-19 大规模定制

所谓平台化,是指在开发过程中用相似的一组框架(如汽车的底盘和车身)承载不同产品的开发及生产制造,生产出外形、功能不尽相同的产品,平台化的核心在于实现不同产品间零部件的通用。平台化理念最早源于军用领域,在汽车行业发扬光大,即使用相同的平台,统一模块接口,通过换装不同的模块,实现装备的功能切换,从而降低部队后勤保障的压力。

以项目为核心到以平台为核心的演变过程,如图4-20所示。

汽车的平台化在经历了同底盘、平台化生产后,正在朝着模块化平台进行演进,即平台也是由模块化组成的,以大众汽车横置发动机模块化平台(Modular Querbaukasten,MQB)

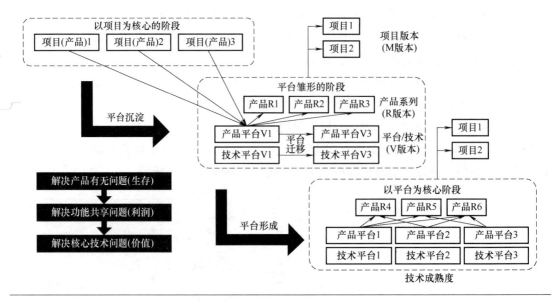

图 4-20 以项目为核心到以平台为核心的演变过程

为例，MQB 已不再局限于多款车型共享相同的物理底盘结构，而是以衍生性更强的核心模块为基础，通过底盘结构灵活的特点，只要变换前悬、后悬、轴距甚至悬架等，匹配不同的发动机、变速器及电器系统等，就可以生产出不同类型、不同级别的车型，从 A00 级车到 B 级车均可以在 MQB 上实现生产。MQB 如图 4-21 所示。

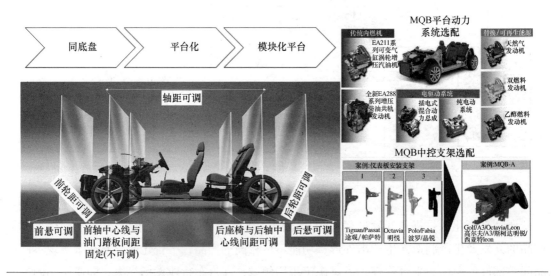

图 4-21 MQB

MQB 将大量的汽车零部件标准化，可以在不同品牌和不同级别的车型中实现共享，并可根据客户的需求进行灵活的选配。通过模块化平台的应用将极大地降低车型的开发费用、缩短研发周期；同时 MQB 的应用改变了传统汽车生产线概念，在新平台的帮助下，大众和奥迪未来只需要区分 MQB 和 MLB 两个不同平台产品线即可，这将极大地增强其在整车生产方面的灵活性和生产线柔性。

所谓模块化，就是按照标准化的原则，设计并制造出一系列通用性较强的单元，根据需要拼合成不同用途的产品的一种标准化过程。

通常模块具有独立性、互换性和通用性三大特征：

1) 独立性：是指可对模块单独进行设计、制造、调试、修改等，与其他模块不发生干涉。

2) 互换性：是指模块通过接口部位的结构、尺寸和参数标准化，容易实现模块间的互换，从而使模块满足更大数量的不同产品的需要。

3) 通用性：是指有利于实现横系列、纵系列产品间的模块的通用，实现跨系列产品间的模块的通用。

以机电产品为例，产品具有层次性，可分为成套装置、整机、部件、零件等层次，不同层次对模块化需求有一定的区别。

1) 成套装置模块化：是指工业联合装置，可以是一个工段、一条生产线、一个车间等，相对于整机和部件来说，是一种比较松散的组合。

2) 整机模块化：是一种独立使用的产品，如工业汽轮机、家电等，具有明显的功能和结构独立的特点，整机由部件组成，通常是一种紧密耦合型的组合。

3) 部件模块化：是组成上层部件的、具有独立功能和标准接口的单元，相同种类部件模块可以重用和互换，通过各种部件模块的组合可以得到个性化的上层部件（或整机）。部件层的产品模块化特点：设计的递归性、接口的复杂性、功能和结构的独立性、部件系列化、部件模块的易创新性等。

4) 零件层模块化：是组成部件的、具有独立功能和标准接口的单元，相同种类零件可以重用和互换。零件是结构独立的最小元件。

模块化产品设计的关键点见表 4-10。

表 4-10 模块化产品设计的关键点

模块化系统	模块化战略	模块划分	模块接口	模块建模	示例
成套装置	以参数化为主	按功能划分	信息、管道、机械、电气	参数匹配	模块化发电装置
整机	系列化为主	按功能和结构划分	信息、管道、机械、电气	参数匹配	工业汽轮机、压缩机
部件	系列化和标准化结合	按结构划分	机械、电气	主图+事物特性表	减速器
零件	标准化	主要按结构划分	不存在	主图+事物特性表	工业汽轮机中的转子

2. 智能制造，制造进行时

（1）智能制造的定义　智能制造（Intelligent Manufacturing，IM）是面向产品全生命周期实现泛在感知条件下的信息化制造。智能制造突出了知识在制造活动中的价值地位，而知识经济又是继工业经济后的主体经济形式,因此,智能制造就成为影响未来经济发展过程中制造业的重要生产模式。

另据美国国家标准与技术研究院(NIST)的定义:智能制造就是要解决差异性更大的定制化服务、更小的生产批量和不可预知的供应链变更。

所以,智能制造是构建在自动化与信息化基础上,实现基于知识驱动的数据自动流动的生产组织模式。通过智能制造的实施可以应对更大的不可预测性,满足更小批量(单件流)的客户定制化生产。

企业在思考智能制造或进行智能制造规划的时候(这里主要谈的是智能制造狭义的概念,即围绕制造环节展开;广义的智能制造通常涵盖智能产品、智能制造、智能物流和智能服务等方面的内容),必须根据产品特点,结合生产工艺的需求,从自动化、流程、数据三大维度进行考虑。

关于产品在前面已经做了比较多的讨论,这里仍须强调的一点是:产品设计一旦成型后,需要结合制造的实际进行一轮设计和优化(即面向制造的设计,在前面章节有相应的论述),同时考虑工艺的实现是否有更为先进的做法的基础上再来考虑智能制造。

(2)自动化是实现智能制造的基础　企业在考虑自动化的时候,须重点考虑以下方面的问题:

1)企业在考虑自动化时不能将关注的重点只放在生产的自动化上,而是要以自动化生产为纽带,将自动化生产、自动化物流和自动化检测三位一体地来进行综合考虑。目前自动化做得较好的企业,核心还是集中在生产的自动化上,部分企业已经在考虑物流自动化与生产自动化的衔接,但是检查的自动化缺口比较大,重视程度还非常低(当然实现的难度也比较大),因此"三位一体"的自动化思路应该引起企业的高度关注,其中的创新点是非常多的,例如某企业仅将其检查环节的布局做了微调,检查人员的数量就减少了1/3。

2)以"断点"为依据来捕捉和寻找自动化的优化机会点,即在从原材料进厂开始直到产品出厂的整个过程中去寻找自动化所存在的断点。在实际操作过程中,企业可以在生产过程中以主物料"不落地"的极端情况为主线,以与之相匹配的辅料和工装夹具等的协同性为副线进行思考和梳理,通过不断打通这些自动化断点,企业的生产运营效率必然会有较大提升。

以下将结合企业在自动化生产与物流环节中普遍存在的九大自动化断点进行简要的分析。图4-22所示为企业自动化断点诊断示例。

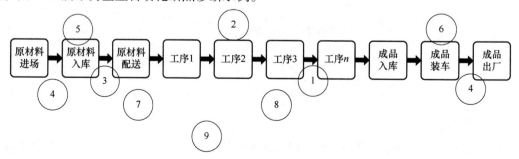

图4-22　企业自动化断点诊断示例

① 工序流转之间的断点。即工序和工序之间的断点，尤其是当工序流转时涉及不同车间/企业的转运环节时，更需要关注的是工艺外协的处理（例如电镀工艺，通常需要外协加工，往往出厂和进厂的批次不一样，从而带来大量的人工分拣工作）。

② 每个工序的上下料环节。工序上下料环节的改进除了可以提高工作效率之外，还可以有效地减少车间的员工。这个环节改进所面临的挑战不仅仅是自动化上下料的机构改造本身，更为关键的是如何面对零部件的多样性，实现装夹具的通用性创新设计。

③ 原材料从仓库到生产线的环节。原材料从仓库到生产线的自动化实现所带来的价值远远不只是效率本身，更为关键的是可以改变企业的物流逻辑，实现从领料到配料的改变，这样的改变是建立在企业精益生产基础上的，是以信息系统高度集成作为前提的（尤其是计划体系）。如果企业实现了从仓库到生产现场的自动化，那么该企业的生产管理已经到达了比较高的水平。

④ 原材料运输车辆进厂管理、成品运输车辆出场管理环节。这些环节在技术上比较成熟、投入不大、实施也较为容易，这样的变化不仅仅使得外来车辆的管理更为透明和有序，同时这也是一个非常好的展示窗口，可以提升客户对企业管理水平的认知，进而上升到对企业产品质量的认知。当然企业可在现有技术的基础上，简单地进行开放，通过与手机等移动设备集成，实现远程预约，那么该环节的管理将更为有效，甚至可以创新出基于行业的新服务场景。

⑤ 原材料卸货入库环节。对于具有大宗原材料入库环节的企业，通常卸货已经实现了自动化，但是如何实现这些大宗原材料更为精细化的管理（不仅仅管理到堆、到垛，而且管理到吨、千克；不仅仅管理到数量，而且要实现先进先出），依旧面临着比较大的挑战；同时如何实现进货检验的自动化，目前很多的检测环节因为技术等原因还暂时做不到自动化检测，例如造纸企业普遍存在的废纸的水分及杂质等检测，但可以在取样、检测等环节考虑与信息系统等进行集成，实现盲检、盲测，并实现检测结果与批次进行集成管理。对于多品种、小批量原材料入库的企业，如果已经实现了自动化立体仓库的管理，可将关注的重点放在物料的自动化分拣环节。

⑥ 成品出货装车环节。企业通常会将运输等环节委托给第三方来实施，必然面临车辆多样性的挑战，因此，即便是自动化水平很高的企业（从生产到入库已经实现了全自动，并且可以根据出货要求，实现立体仓库按订单顺序自动将产品堆放到出货码头），也将面临最后5m的挑战，即企业成品出货时的装车环节，通常还是采用人工叉车进行装车（甚至是手工进行装车），效率低、安全隐患大、占用人员多，甚至出现因车等货而造成的道路阻塞等问题。因此，成品出货装车环节的自动化改造有着比较普遍的需求，但是由于车型多样性、装载货物多样性等原因，这样的自动化改造也将面临技术和成本等方面的挑战。

⑦ 生产过程废料处理环节。生产过程废料的自动化处理不仅涉及效率问题，更为关键的是涉及绿色生产的问题。处理好了变废为宝，处理不好会造成严重污染。因此，对于具有社会责任的企业而言，这是需要优先考虑的环节。

⑧ 空箱处理环节。这往往是企业在进行自动化改造过程中比较容易忽略的环节，因为

该环节的忽略，会对后续环节带来不必要的人工工作量增加、停机待箱、空箱滞压等问题。

⑨ 集中控制环节。集中控制的关键作用不在于将各生产环节的生产控制集中到一个大屏上这样基础的工作，更为关键的是，通过集中控制实现相关参数更合理的联动调控（目前即便是自动化水平非常高的流程型行业，这样的调控依旧是分段实现的），从而实现整条生产线效率的提升、产品质量一致性的提升、综合能耗降低等。

这里必须强调的一点是，并不是所有的断点都必须由自动化实现，一方面成本代价不允许，另一方面某些工艺环节不允许，当然在这样的极限思考下，很有可能创新出新的产品结构（前面提到的面向制造的设计就是一个很好的案例）和新的生产工艺实现方式。例如企业可以思考如何通过自动化手段实现热处理工艺，同时企业必须建立这样的思考逻辑：虽然物理上的全自动化不能实现，但是基于流程和数据的自动化是需要实现的。

3）要以"节拍"为核心，以不阻塞来进行思考，使生产能按照节拍有序地进行，从而循序渐进地推进自动化的改造，不断优化提升。

4）企业要实现的是柔性的自动化改造，而非固定的刚性自动化过程，因此企业在考虑自动化改造的时候，可以将生产批量减少；如果当从"单件流"的角度来考虑自动化改造时，自动化的柔性必然也到了一定的高度，在客户个性化的满足上也将会游刃有余。

5）在自动化改造的过程中，不仅要关注技术本身，更要关注的是对员工组成、人才结构等会带来哪些变化？目前的人员是否能满足这些要求？

6）企业的决策者及管理者一定要抛弃寄希望用技术手段去解决管理问题的想法，这样只能使问题变得更加复杂，只有将管理变得简单、将流程变得清晰，自动化（信息化）手段才能发挥其价值。

总之，在形成完整的自动化改造方案后，企业最终自动化的实施要根据企业的实际情况，在进行多方权衡的基础上有序推进。

(3) 流程是实现智能制造的纽带　现在很多企业都已经实施了 ERP、MES、WMS 等信息系统，但是其视角还是基于功能实现来实施的，未来要围绕流程视角进行优化，实现"端到端"业务流程的打通。

不少企业也引进了业务流程管理平台（BPM），但基本上是以审批为核心来解决所谓"业务流程"的问题，成为传统办公自动化（Office Automation，OA）的升级版本。

关于"端到端"的流程目前尚未有权威的定义，比较通俗的理解是：以外部作为起点，通常是客户或供应商等，通过内外部一系列的工作，最终回到外部的闭环流程。也就是要实现真正的"端到端"业务流程就是要深入到实际的业务场景中，打通传统系统之间的信息孤岛。

这样的流程优化过程一旦实现，给企业带来的价值是非常大的，但是不少企业的 CIO（首席信息官）更愿意将精力放在新技术、新系统的引进上，而不愿意花费精力来实现业务流程真正的打通，因为这样费力、见效慢。还有部分企业的管理制度并不支持这样的做法，没有专项费用来支撑流程优化类的项目，潜意识中认为这是不需要花费费用的，如果企业要做的话，需要走非常复杂的审批流程，甚至比新立一个新项目还要复杂，所以即便有些 CIO

有想法，但是也会因"预算""流程"等而止步。

因此，企业负责人需要改变对信息化的投入思路和对信息化部门的关键绩效指标（Key Performance Indicator，KPI）考核指标，由项目实施型到系统运营型的转变（注意不是运维），尤其是那些已经有一定信息化基础的企业，应该将更多的资源有效地投入以流程为核心的系统整合上。

下面以企业会面临的"订单到交付的全流程透明化"为例进行简要的说明。要实现该流程的全面贯通，通常会涉及：客户关系管理中销售环节管理的销售跟踪、客户需求管理、投标及合同管理；生产环节的生产计划、生产排程、生产下达、主料出库、车间各工序依次完成；仓储管理环节的打包入库、出货装箱、装箱清单；物流运输等环节的运输过程管理、客户查收管理；最后回到客户管理的满意度及后评价等业务流程，实现闭环管理。这里还不涉及客户定制化的研发流程及研发变更管理等流程，要经过 CRM、ERP、MES、WMS、TMS 等数个信息系统。未来如果实现了基于应用的架构，则可以通过调用不同应用，基于流程有效地将数据信息贯穿起来。订单到交付的全流程透明化如图 4-23 所示。

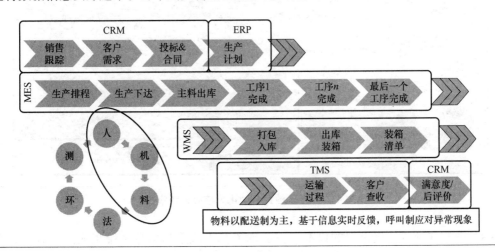

图 4-23 订单到交付的全流程透明化

这样的端到端流程一旦贯通后，给企业带来的管理变化及价值至少表现在以下三方面：

1）内部各业务管理部门之间的沟通更为顺畅，是否顺畅是靠流程和数据来判断的，一旦出现问题，究竟是在流程的哪个环节出了问题，一目了然，可以迅速锁定问题，并快速进行解决；管理者的工作重点由之前的沟通、协调、监督等，转变为异常流程的处理和同类流程的持续优化；此外将为未来实现围绕客户和价值提升的敏捷组织架构做好准备。

2）如果流程在企业内部的运作非常成熟，是完全可以将关键的流程节点开放给贵宾（Very Important Person，VIP）客户和战略供应商的，让他们及时了解到整个生产流程执行情况，那么所带来的不仅是减少电话、微信等催单的过程，而且贵宾客户和战略供应商完全可以根据生产计划的执行情况来有序地调整自身的计划，这将促进整个供应链计划的透明化和有序化，其所带来的价值是非常巨大的。

3）流程一旦透明化了，围绕精益生产的思路，可以识别出端到端流程中的不增值部分，有效地进行迭代优化，通常业务流程的优化路径是"僵化→固化→简化→优化"。

总之，如果实现了端到端的流程贯通，就实现了前面提到的智能制造的特征之一：数据的自动流动。如果在此基础上能形成知识，实现基于知识的数据的自动流动，那么企业的智能制造水平将到达相当的高度。

在实现端到端流程贯通的同时，可以重新审视自动化本身的断点，提出优化的建议，也可寻找到信息技术（IT）与运营技术（OT）的衔接点，不断持续优化，从而推动企业业务逐步走向卓越。

除了上面提到的订单到交付的全流程透明化外，企业还可重点关注：采购到供应的全流程透明化、多工厂供应链计划与协同透明化、客户需求到产品设计透明化、质量管理从设计到交付透明化等"端到端"流程。基于数据自动化为核心系统集成如图4-24所示。

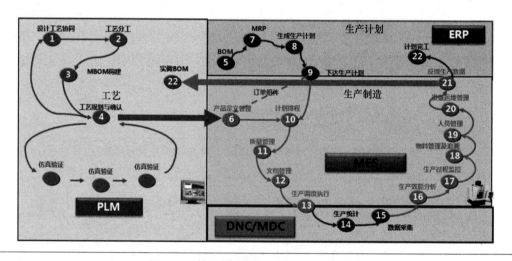

图4-24　基于数据自动化为核心系统集成

（4）数据是实现智能制造的根本　在实现了基于流程的信息系统集成的基础上，企业会产生大量的数据。如果这些数据不加以利用，则会成为企业新的负担，增加了如存储、备份等工作；如果能有效地将这些数据加以利用，必然会给企业创造出新的价值。

智能制造的数据是建立在规范的数据治理基础上的数据利用。具体表现在以下四方面：

1）通过数据透明化，实现对管理的透明化。通过对问题的影响范围锁定、问题确认、制定标准化解决方案等系列工作，实现对问题的可追踪、可优化，以及对突发事件的全景化、系统性解决。通常应用数据对业务进行监控时往往会经历三大发展阶段：第一阶段：基于单一系统数据的监控；第二阶段：基于流程数据的监控，即实现多系统数据通过流程进行整合，使得数据更具全局性；第三阶段：基于预测数据的监控，即基于全息数据分析及模拟算法基础上的预测推演。

2）通过数据使决策更为科学，可以让数据决策贯穿于企业的执行层、管理层和决策层等各层级。通过数据，一方面可以知晓过去、把握现在、预知未来；另一方面可以进行模拟仿真，在众多的可行解中寻找到最优解。

3）通过数据之间的关联关系，可以有效地捕捉到新的业务改善机会，例如通过电流的波动，可以预测设备的状态及对生产质量的影响等。当然在进行工业数据分析的时候，一定要有效区分工业数据与商业数据的差异。通常商业领域成功的方法和思路如果直接挪用到工业领域将面临非常大的挑战。商业数据分析是基于关联关系的判断和分析，是以统计的概率为基础的判断，只要有相关性或可行性就可以进行实践，并在实践中逐渐修正；但工业数据分析是需要建立在严密的因果关系分析基础之上，具有确定性和可靠性，才有可能进行应用。

4）通过数据与算法的结合，获得传统理论难以实现的突破，例如通过对关键工艺参数进行分析，寻找到影响产品质量的关键因子，并通过算法突破，实现质量的提升、生产效率的提高、资源占用的降低等；同时在此基础上，建立起以"数据+算法"为核心的，以"虚拟传感器+必要实物传感器"为辅助的生产现场管理体系，从而可以减少整体投入（尤其是运维成本）、加速部署、远程升级迭代等。

总之，数据是实现智能制造的根本，也是实现智能制造不断智能化的基点。因此，数据治理体系的建立就显得非常的关键，通常完整数据治理体系由"一个体系、三个环境和一个构架"组成，其中：

一个体系：是指数据标准体系，是企业数据治理构架中的核心底层部分，通常也指数据环境。包含：数据分类及编码标准、数据模型标准、数据治理管理标准、数据安全管理标准、数据交互标准等。

三个环境分别是：

1）治理型环境：是指数据全生命周期管理过程，是解决数据治理、安全等的核心功能部分。包括：体系构建、静态数据中心管理（含数据建模管理、数据编码管理、数据治理管理、数据日常管控）、数据交换管理、数据清洗管理、数据保养管理（含数据评估监测）。

2）分析型环境：是指基于数据仓库的各种主题数据分析，是提供数据展现服务的核心功能部分，如运营分析、资产分析、财务分析、人力资源分析等。

3）知识型环境：是指企业整个数据治理和知识体系构架，而非传统的企业管理或者某类专业知识管理，是提供数据治理管理能力的核心组成部分。数据治理知识可实现知识驱动数据管理业务、驱动数据管理岗位、驱动数据应用的全面知识管理体系。

一个构架：即面向服务的集成构架，是指数据的采集、分发、集成以及业务重组等，是数据交换的核心功能部分。主要包括：静态数据交换管理、抽取-转换-加载（Extract-Transform-Load，ETL）、企业服务总线（Enterprise Service Bus，ESB）、业务流程引擎等。

完整的数据治理体系如图4-25所示。

总之，数据治理体系是企业在进行智能制造规划和实施过程中需要重点关注的问题，如果能在数据治理的前提下，在将数据有效集成、共享和管理的基础上，实现从数据治理到数据资产的跨越，将创新出更大的价值，这也是目前非常热门的数字化转型所要考虑的核心关键内容。

以上是从自动化、流程和数据三个维度来挖掘以智能制造为核心的创新机会，但智能制

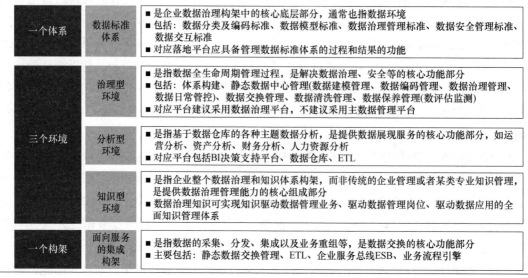

图 4-25 数据治理体系

造本身是一个复杂的系统工程，企业需要在整体规划的基础上进行分步实施、有序推进。智能制造规划的方法与传统的信息化规划方法有异曲同工之处，只不过范围更大、涉及的技术更多、实施挑战更大，因此在此不再展开，感兴趣的可参考《企业信息化评估与规划之路》一书，这里只和大家分享最新的研究成果。

（5）精益化智能制造评价体系　基于德国"工业 4.0"中小企业评价标准和国家工信部发布的《智能制造能力成熟度模型白皮书》，笔者曾在 2017 年有针对性地搭建了基于智能研发、智能装备、智能生产、智能供应链、智能管理 5 大维度，涉及 18 大智能领域的 55 个评估点的"精益化智能制造评价体系"。精益化智能制造评价体系如图 4-26 所示。

每个评估点又分为初始级、规范级、精益级、优化级和智能级五级评估标准，企业可以根据评估标准，定位现状，明确未来的发展目标，在此基础上可以寻找技术实现的路径，并最终形成企业智能制造的整体框架。五级评估标准各级别的基准分别是：

1）初始级：初步建立了与业务相关的制度、流程及规范，并能按制度及规范开展相应的工作。

2）规范级：企业发展战略与业务实现了较好的衔接，业务过程实现标准化，核心业务在信息系统中运行，相关数据可在业务内部进行共享。

3）精益级：企业发展战略与业务实现了很好的衔接，精益思想已贯穿业务过程，在自动化、信息化的基础上实现精细化、透明化的执行与管理，核心系统之间实现了紧密集成。

4）优化级：根据内外部因素制定与之相匹配的企业发展战略，精益思想已深入业务过程，通过互联互通和跨业务的数据集成，实现业务的动态感知和精准执行，不断优化业务，实现 PDCA 循环。

第 4 章 产品实现升级路径

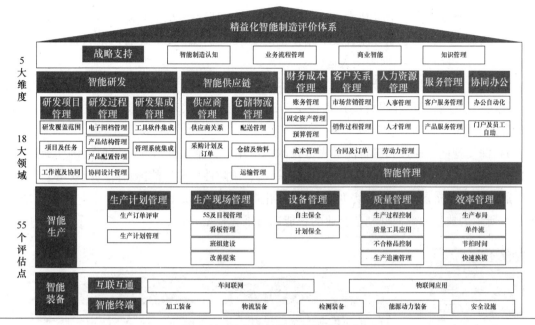

图 4-26 精益化智能制造评价体系

5）智能级：根据战略定位，创新商业模式，引领技术发展。实现了业务知识化管理，在此基础上构建了与之相匹配的模型，通过模型驱动日常业务的自动化，实现了预测、预警和自适应，并能对模型进行持续优化。

以智能终端——检测装备为例描述五级智能制造评估体系范例，见表 4-11。

表 4-11 精益化智能制造评估体系范例（检测装备）

阶　　段	阶　段　描　述
初始级	使用专业工具，人工辅助检查测量
规范级	关键项目能采用设备自动检测（如采用机器视觉系统）
精益级	检测环节用自动化检测，检测样本的取放实现自动化作业
优化级	自动化检测设备与信息系统实现集成，对检测结果实时分析，实现基于规则的异常处置
智能级	检测装备与决策系统、研发系统等集成，实现关键参数的自动优化及改进

（6）智能制造推荐模型　企业围绕总体战略目标、各部门的战略，结合产品及工艺的要求，从业务难点出发，结合现状分析，最终形成智能制造的目标与整体框图，并提出行之有效的行动方案。企业在进行智能制造规划的时候，针对系统方面，需重点考虑以下六个方面的内容：

1）广泛感知：利用任何能够随时随地感知、测量、捕获和传递的手段，感知企业生产经营过程中各环节的信息。

2）互联互通：实现"物与物、人与人、人与物"之间信息的互联互通，构建协同工作的基础。

3) 全面集成：实现信息技术（IT）、运营技术（OT）与通信技术（CT）的全面集成。

4) 角色应用：基于业务流程及应用角色的要求，考虑相关系统的构架和布局，实现数据自动流动，进而实现数据围绕人运转。

5) 科学决策：将数据分析、仿真模拟等手段广泛地应用于生产经营各个环节，为三层决策（决策层、管理层和执行层）提供更为科学的依据，实现工艺技术、生产运营和物流等环节的最优。

6) 深度智能：通过人工智能等先进技术的应用，为企业创造新的价值。例如通过系统的自我学习，生产系统可在制造过程中自动补料、预防性保全、故障排除与维护等。

通过整合，实现泛在感知条件下的信息化制造，凸显知识在制造活动中的价值地位。图 4-27 所示为典型的离散型制造企业的智能制造推荐模型。

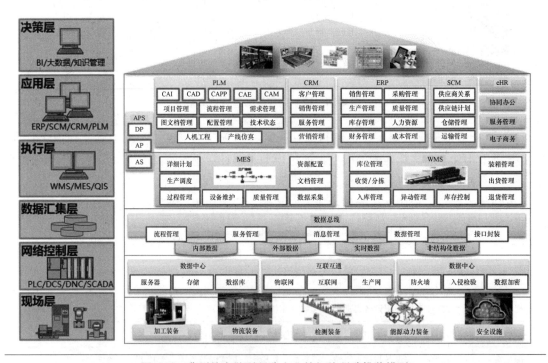

图 4-27　典型的离散型制造企业的智能制造推荐模型

通过整合形成决策层、应用层、执行层、数据汇集层、网络控制层、现场层的体系架构，具体是：

1) 决策层：对各业务数据有效归集、监控、分析和展现；基于角色有效推送到各类终端（大屏、移动终端），为企业决策、管理及执行提供依据。

2) 应用层：实现面向企业的经营管理。通过实施 ERP、CRM、SCM 等系统，实现订单到交付的全流程管理，并为未来网络化制造夯实信息基础。通过 CAD、PDM/PLM 等的实施，实现从研发到生产的全流程管理，提升企业的创新能力。

3) 执行层：实现面向工厂/车间的生产及物流管理。通过实施制造执行系统（MES）

及仓库管理系统（WMS）等系统，实现生产过程透明化、均衡化和精益化。

4）数据汇集层：通过构建企业级数据总线，在实现异构系统集成的基础上，通过流程引擎工具实现系统间的基于业务的集成；在此基础上实现内、外部结构化与非结构化数据的有效汇集与管理，为数据挖掘和大数据分析提供基础。

5）网络控制层：实现信息技术（IT）、运营技术（OT）与通信技术（CT）的有效集成。

6）现场层：通过对现有设备的引进和改造，实现生产、物流、检测和能动管理等设备具有数据自动采集及传输功能。

这个推荐模型的来源与德国"工业4.0"中所强调的三大集成，现在从更容易理解的角度把其修订形成了：

1）垂直集成与网络化制造。实现从："核心零部件→终端设备→工作中心→生产线→车间→工厂→企业→集团"的业务集成，其中工作中心是核心。

2）通过价值链实现横向集成。实现从："最终产品及零部件厂商→创新及研发合作伙伴→多层级供应网络→商业生态"的商业集成。

3）跨整个价值链集成工程。实现从："创意→设计→计划→制造→运行→服务→回收"的价值增值过程集成。

智能制造的三大集成如图4-28所示。

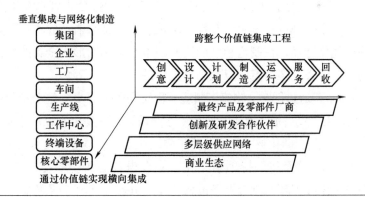

图4-28 智能制造的三大集成

（7）智能制造下的组织变化 随着智能制造的不断深入，企业的组织结构将发生变化，具体表现在：

1）不仅是人员的减少，更为关键的是人员结构的优化。

2）一线操作工简单、重复、恶劣的工作岗位会被机器所替代。

3）技术岗位将逐步增加，例如设备维护、质量管理等。

4）中层生产管理岗位将与技术管理岗位融合，形成共享管理集群。

5）决策层依旧遵循金字塔结构，背后是数据专家的支撑。

6）业务场景数据专家将逐步占据主导，决策依靠数据决定。

所有这些的变化将带来的是人均创造价值稳步提升，组织架构也将由典型的金字塔结构，逐步转变为纺锤形结构，到最终的钻石形结构，具体变化如图4-29所示。

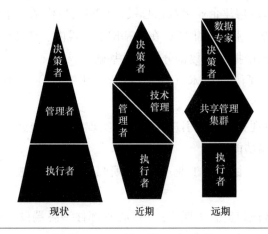

图4-29 智能制造推动的组织演变

3. 新型制造模式正在孕育

通过对智能制造的深入应用，数字化技术将深度地融入企业的各个方面，因此，会给企业及价值链带来变革性的整合、重塑与创新，从而打造卓越客户体验。其表现为对生产制造、价值体系和企业文化的三大重塑，具体表现在：

1）重塑生产制造：利用各种信息化技术，实现工厂的办公、管理及生产自动化、智能化，从而提高工作效率、进行安全生产及提供决策参考，带来诸如成本、可利用性和资源消耗等不同方面的最优化选择，在制造领域的所有因素和资源间形成全新的循环网络、智能产品独特的可识别性、个性化产品定制以及高度灵活的工作环境等。

2）重塑价值体系：通过创意、物流、制造、运营和服务等贯穿整个价值链的产业链各环节价值体系的重构，对产品、服务和流程进行数字化改造，重新定义客户体验，通过预测性分析、认知计算、物联网和自动化技术丰富这些步骤，建立完全整合、灵活且敏捷的运营环境。

3）重塑企业文化：培养和保持创新文化，融合设计思维、敏捷工作和不怕失败等要素，在业务生态系统中根据环境划分业务的优先级，并在整个互动系统中寻求新的合作方式和新的创收渠道。

随着客户需求的变化、技术的不断进步，制造模式也在发生着变化，这些变化在某些领域已经开始，现对制造模式的创新大胆预测如下：

1）更柔性的制造系统：随着终端设备热插拔、软件定义设备、通信（高可靠、低延时、大带宽、可定制）等技术的突破，现有固定式的生产线模式将被改变，各种设备将变成生产资源池中的资源，企业可以根据将要生产的产品特点及批量，将设备灵活、快速、自动地组装形成新的弹性柔性生产线，组织生产，一旦订单变化后，可重新优化后形成新的生产线，在此基础上会产生可流动的柔性生产线，来满足具有一定季节性和区域差异的产品，例如水果的深加工。

2）制造布局的变化：未来星形制造布局将会成为主流。除了现在主流的以主机厂（总装厂)为核心的星形布局模式外,还会衍生出以核心原材料深加工的中间产品为核心的星形制造布局,也就是核心中间产品生产企业将高度自动化,企业规模也变得非常巨大,围绕着巨型工厂将会产生一大批的生产个性化最终产品的配套型工厂。通常这些个性化的配套工厂将成为巨型工厂的后道工序,甚至这些配套工厂直接延伸到客户的车间,形成客户车间的一道工序,相当于将供应商管理库存(Vendor Managed Inventory,VMI)延伸到车间、延伸到生产交付,这样的变化使得整个产业链的成本更低、效率更高以及柔性更强,从而高质量满足更加个性化的需求。

3)属地化按需制造:伴随着增材制造(3D打印)、混合制造、新材料(复合材料)、基于模型的企业和协同设计验证等技术的发展,属地化按需制造将成为主流,也就是产品先不制造出来,而是根据需求,通过就地取材,现场临时组织生产,远程进行技术支撑。例如我国首次完成的太空3D打印,就给未来特殊场景的制造提供了畅想的空间。

4)新型生产制造:生物制造等新型加工工艺颠覆了传统的制造模式,生产出之前无法想象的产品;新材料,尤其是复合材料的蓬勃发展,改变着传统的材料、工艺的知识和经验。

奥迪汽车公司的研究小组正在规划2030年后生产电动SUV车的智能生产方式,新生产方式核心的三大变化是:

1)传统生产线将从车间消失,取而代之的是:智能制造岛生产系统、创新的制造技术(如人-机协同工作、3D打印、增强现实、智能小车等)和高效的组织结构。

2)未来的汽车生产将不再是按照生产线的节奏来安排,而是按照客户不同订单的具体工作内容来组织。

3)客户将参与汽车的设计,与生产企业共同配置部件和选择款式,然后由不同功能的制造岛量身定制,从而实现高柔性、高效率、高质量和个性化。

奥迪2030年电动SUV车的智能生产方式的示意图如图4-30所示。

图 4-30 奥迪 2030 年电动 SUV 车的智能生产方式

4.5 制造服务化升级

4.5.1 制造服务化概述

制造服务化（或称服务型制造）是制造企业为了获取竞争优势，将价值链由以"制造"为中心向以"服务"为中心转变，并与其他业态相互交融，由传统制造转变为服务型制造。制造服务化是制造与服务相互融合的先进制造模式，是传统制造由"产品"向"产品服务系统"和"整体解决方案"的转变，围绕"产品"，通过向客户提供覆盖从需求调研、技术开发、产品设计、工程、制造、交付、售后服务到产品回收及再制造等的服务，在产品全生命周期实现价值增值的过程，是以"产品"为依托，以"场景"为切入点的创新过程。

世界上越来越多的制造企业在关注产品制造的同时，将关注的重点延伸到产品的整个生命周期，不断融入能够带来商业价值的增值服务，实现从提供单一产品向提供产品和服务的系统化转变。

以汽车行业为例，已经由"设计研发、相关产业与零部件制造、整车制造、产品销售、后市场服务"的传统汽车产业链，延伸到"自动驾驶、智能网联、共享出行和全生命周期服务等"新型使用模式，围绕客户需求，以"车"为载体创新出的服务业务逐渐丰富，价值日渐凸显。汽车产业价值链变化如图4-31所示。

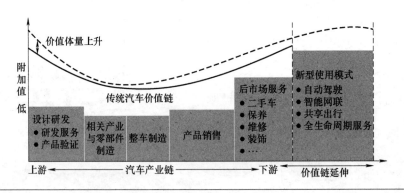

图4-31　汽车产业价值链变化

据普华永道预测，全球汽车产业营业收入将由2017年的53150亿美元增加到2030年的89310亿美元，复合增长率为4.07%；利润将由2017年的3770亿美元增加到2030年的6370亿美元，复合增长率为4.12%。其中：

1）传统供应商和新车销售部分：收入将由2017年的32421亿美元增加到2030年的40189亿美元，复合增长率为4.07%；利润由2017年的2073亿美元下降到2030年的1974亿美元，复合增长率为-0.4%。

2）售后市场、融资及保险部分：收入将由 2017 年的 18071 亿美元增加到 2030 年的 24113 亿美元，复合增长率为 2.2%；利润将由 2017 年的 1508 亿美元增加到 2030 年的 1719 亿美元，复合增长率为 1.0%。

3）技术供应商、互联网服务及出行服务等新兴业务部分：收入将由 2017 年的 2657 亿美元增加到 2030 年的 25006 亿美元，复合增长率为 18.8%；利润将由 2017 年的 226 亿美元增加到 2030 年的 2739 亿美元，复合增长率为 21.2%。

全球汽车产业未来收入与利润分布的变化如图 4-32 所示。

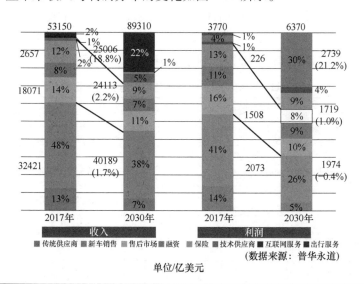

图 4-32 全球汽车产业未来收入与利润分布的变化

因此，汽车市场已从存量竞争，向服务化竞争进行延伸，尤其是以新一代汽车为载体，在信息技术加持下的服务化，将成为未来汽车行业增长的强劲动能。

国内外汽车企业纷纷将数字化驱动的服务转型作为其未来发展战略的核心，例如：

1）奔驰：成为"智能工厂"以及互联网新出行服务商。提高汽车用户的服务体验。
2）大众：立足互联网和消费需求，从制造商向移动出行服务商转型。
3）丰田：从传统的汽车制造商向移动出行公司转型。
4）福特：从单一化传统模式，转型到多元化的提供出行产品、服务的汽车科技公司。
5）通用：强化和整合通用的需求和供应链系统，建设一个数字化的忠实用户网络。
6）上汽：全球移动出行服务和产品的综合供应商。
7）一汽：数据驱动美妙出行。
8）长安：智能产品的普及者、智能服务的创新者、智能出行的践行者。

总之，以数字化为驱动的服务化转型，正在汽车行业中如火如荼地展开。

4.5.2 服务型制造 VS 传统制造企业

与传统制造企业相比，服务型制造企业是从客户角度出发，坚信客户需要的不是产品的物质形态,而是通过其功能应用而创造出的新的价值,因此在产品全生命周期内,能否为客户提供始终如一的功能,成为企业需要认真思考的问题。

与传统制造企业相比:服务型制造企业产品的交付仅仅是开端,服务将覆盖产品的全生命周期;企业给客户交付的不仅是有形的产品,而是构建在有形产品之上的服务;需要有在研发设计和生产制造能力基础上的系统方案整合和实现能力,并基于方案与客户创新出全新的商业模式;质量既有产品质量,也有服务的质量;既要考虑通过规模化的生产方式降低产品制造成本以获得利润,也要考虑通过个性化需求的客户价值实现而共享服务利润;制造服务化将打破传统封闭的产业体系,而变成开放、融合的价值链生态,传统的产业边界将变得模糊。

传统制造企业与服务型制造企业的区别见表4-12。

表4-12 传统制造企业与服务型制造企业的区别

对 比 项	传统制造企业	服务型制造企业
导向	以产品为导向	以客户为导向的价值创造
周期	产品售出为终结	产品全生命周期
产出	产品	产品+服务+创新业务
重点	研发设计+生产制造环节	商业模式、系统方案、研发设计和服务环节
质量	产品质量	产品质量+服务质量
追求	大规模制造的低成本	个性化需求的客户价值实现
利润	生产利润	生产利润+服务利润
产业	封闭	开放和融合

要深刻理解服务型制造的特点,还需要从服务定位、成本构成、研发创新和组织人员四个维度与传统制造业售后服务进行对比分析。

1)服务定位:传统售后服务是以产品为核心,以人工为主的事件响应型服务,是典型的被动响应型事后服务;而服务型制造是以客户为核心,通过产品的商业模式重构,以信息化为主,辅之以必要的人工,实现基于知识的运营,通过在线、预测和预防等手段,实现事前、事中和事后的主动服务。

2)成本构成:传统售后服务是以成本为中心,收入来源单一且不稳定,属于定制化服务,成本比较高;而服务型制造是以利润为中心,可以形成多层次、全方位的收入来源,具有稳定的收入预期,通过服务的共享,实现批量经济,从而优化成本结构。

3)研发创新:传统企业的创新较少,重点关注功能实现,研发优化无目的性,以模仿创新为主,相关产品到了生命周期的末端往往以报废为主,残值浪费严重;而服务型制造企业,因为考虑到产品价值的传递,因此非常关注产品六性,即可靠性、维修性、保障性、测试性、安全性、环境适应性方面的要求，实现对用户使用问题持续优化的同时，关注产品模块化和性能提升，并关注循环经济，通过再制造等环节实现产品增值，属于典型的集成创新和正向创新。

4）组织人员：传统售后服务的人员结构不合理，专家人才缺乏，在企业中属于辅助职能；而服务型制造则以专家型人才为主，并实现人员的不断优化，在企业中属于核心职能。

传统售后服务与服务型制造的区别具体见表 4-13。

表 4-13 传统售后服务与服务型制造的区别

对比项	传统售后服务	服务型制造
服务定位	➢ 以产品为核心 ➢ 产业延伸 ➢ 基于事件响应 ➢ 人工为主 ➢ 被动响应（事后服务）	➢ 以客户为核心 ➢ 基于产品的商业模式重构 ➢ 基于知识的运营 ➢ 信息化为主，人工为辅 ➢ 主动响应（在线、预测、预防）
成本构成	➢ 成本为中心 ➢ 收入来源单一 ➢ 收入不稳定 ➢ 定制化服务，成本高	➢ 利润为中心 ➢ 多层次、全方位 ➢ 具有稳定的收入预期 ➢ 可实现批量经济，优化成本结构
研发创新	➢ 模仿创新 ➢ 关注功能实现 ➢ 残值浪费（报废） ➢ 研发优化无目的性	➢ 集成创新和正向创新 ➢ 关注产品模块化和性能提升 ➢ 循环经济（实现产品增值、再制造） ➢ 对用户使用问题的持续优化 ➢ 关注产品六性：可靠性、维修性、保障性、测试性、安全性、环境适应性
组织人员	➢ 辅助职能 ➢ 人员结构不合理，专家人才缺乏	➢ 核心职能 ➢ 人员不断优化，以专家型人才为主

4.5.3 服务型制造升级

服务型制造的升级可形成以下十种模式：

1. 创新设计：制造业服务创新的源动力

该模式从产业链、价值链和创新链的源头抓起，围绕市场、围绕客户、围绕服务持续地适应需求、满足需求、创造需求，将知识、技术、信息和创意转化成产品、工艺、装备和服务，实现技术创新、产品创新、管理创新和服务创新相互融合，体现创新理念、设计实践、技术表现和实用成果相结合。

2. 定制化服务：实现制造企业和客户的价值共创

该模式能够为客户提供个性化的体验，使消费者实现由原来的"被动接受者"向"主动参与者"的转变;制造企业通过将消费者的个性化需求融入产品设计,为消费者提供符合其个性化需要的产品。运用数据分析优化资源配置和生产组织,实现制造企业和客户的价值共同创造,现已成为实现差异化竞争、提高竞争力的重要途径。

3. 供应链管理:满足客户需求的产业价值链重构

该模式旨在实现供应链上成员企业之间密切合作、利益共享、风险共担,通过对物资流、信息流和资金流的有效规划控制与协调,从而在整体上将孤立的上、下游企业整合形成完整的制造服务综合体。

4. 网络化协同制造:打破时空约束的现代制造方式

该模式是敏捷制造、虚拟制造、智能制造和云端制造的核心内容:通过互联网向企业与合作伙伴提供产品设计、制造、管理和商务等标准、规范及共享的制造服务模式,以提高全产业链创新资源、生产能力、市场需求的集聚和整合能力,实现全社会多元化产品制造的协同效率、公共服务水平最优化。智能制造作为网络化协同制造的典型模式已向纵深拓展,各类智能制造产业园区、国家智能制造示范试点项目和智能制造产业带等的建设步伐正在加快。

5. 服务外包:发展实体经济的战略支点

该模式主要通过信息技术外包(Information Technology Outsourcing,ITO)、商务流程外包(Business Process Outsourcing,BPO)、知识流程外包(Knowledge Process Outsourcing,KPO)等服务,使制造业和服务业在重组价值链中实现融合互动、降低成本、提高效率并增强竞争力。服务外包产业是人才、技术和知识高度密集的领域,已成为全球产业转移的主要方式和全球贸易与跨国投资新的增长引擎。近年来,我国服务外包产业增长迅速且结构优化。2019年,我国服务外包执行额首次突破万亿元,同比增长11.5%;其中离岸服务外包执行额同比增长11.8%。

6. 产品全生命周期管理:以客户需求为导向的战略

该模式是以客户为中心的企业信息化商业战略,通过提高装备智能化水平和利用网络服务平台对产品进行全过程管控,开展远程在线监测/诊断、远程维护和故障处理等支持服务以及协同管理、资源管理、数据服务等功能服务。

7. 系统解决方案:为客户提供全价值链集成服务

该模式是指制造企业通过业务流程再造,满足客户所需要的复杂产品系统组合的工程建设需求,提供设计、规划、制造、施工、培训、维护、运营一体化的服务和解决方案。越来越多的制造企业通过整合优势资源,从提供单一产品向提供产品+系统服务转型,从产品制造商转变为系统解决方案提供商。

8. 信息增值服务:发挥信息技术效能的服务系统

该模式围绕企业的核心产品不断融入能够带来市场价值的信息增值服务,帮助企业实现从传统的提供制造业产品向提供融入了大量信息服务要素的产品服务系统转变,这不仅可以将企业的盈利点从有形产品扩展至无形的信息服务,也可以通过提升客户服务进一步增加有形产品的效益。

9. 金融服务：内嵌于制造系统的产融深度融合服务

该模式以解决制造业全流程或重点环节金融服务需求为目标，将金融服务深度嵌入服务型制造系统内部从而增强制造系统综合能力。近年来，我国国有和民营金融机构供应链金融业务依托核心企业，管理上、下游中小企业的资金流和物流，提供灵活的金融产品服务和安全可信的产业金融生态。融资和融物相结合的新型融资手段、交易方式已经越来越普遍，这为解决中小型企业资金短缺和促进经济平稳增长发挥了重要的作用。

10. 智能服务：智能产品、实体服务与数字化服务相结合的服务组合

该模式通过数据、算法及跨平台、多元化的技术支撑，深度挖掘用户需求，以绿色低碳、网络智能、开放融合、共创分享为出发点和落脚点，实现线下实体服务和线上数字服务相融合。

服务型制造的发展，创造了新的生产方式、企业形态、商业模式、市场空间。服务型制造不仅促进了传统制造业的结构调整和转型升级，而且推动了战略性新兴产业的蓬勃兴起，服务型制造对产业的影响主要表现在以下方面：

1）产业布局：将由比较优势为主导转向以市场客户需求、服务创新需求为主导。
2）产业发展：将转为面向个性创意、个性生产到个性消费的创新驱动模式。
3）产业集群：将出现空间集聚、跨界融合和互动关联的发展态势。
4）产业竞争：将促进构建"服务+产品+知识+支持"的综合系统。
5）产业管理：将在研发设计、生产流程、创新方式和企业架构上发生重大转变。
6）产业资源：将由大型节点化连接转向全球网络化、供应链物流连接。
7）产业组织：将呈现大规模生产与定制化生产、分布式生产并存。
8）产业交易：更加趋向小批量、多批次、短周期和快结算。

4.5.4 服务型制造的实施路径

目前在我国服务型制造得到了极大的关注，但除了大型装备、工程设施等行业因其产品的复杂性，自带服务的属性，因此在服务型制造方面取得了较好的成绩，相应的成功案例也比较多以外，其他行业的制造企业在服务型制造上仍处于积极的探索阶段。

1. 制造服务化升级的闭环管理

企业在进行制造服务化的时候切忌一方面简单地将售后服务公司化，进行简单拆分，就认为完成了服务化转型，另一方面，盲目跟风，为建平台而建平台、为连设备而连设备、为边缘计算而边缘计算……动静不小，但却一直没有形成稳定的商业模式、构建起与之相匹配的核心竞争力和人才梯队，投入不少却盈利无期。

其实服务型制造的核心不是制造与服务本身，而是以客户为导向，以自主创新全面提升产品品质为前提，以服务为载体的商业模式重构，是对"制造→供应链→产业生态圈→跨产业"的重新再定位，离开了"制造"的根基，"服务"只会是漂浮在半空中的浮云。

企业服务型制造的升级过程是一个从宏观到微观，再由微观到宏观，从战略到执行和从执行到战略的反复验证过程；是一个以战略为先导，技术、人才不断沉淀的过程；是围绕产品这个核心服务不断深化的过程。因此，企业服务型制造实施路径在进行服务化升级的过程中，应遵循以下几点：

1）要进行服务化升级，需深入的基于行业，而不是单纯站在企业的角度进行思考。与其盲目地切入其他行业，不如重新审视自己所熟悉的行业，从行业、产品、用户及供应商等多个角度，对所处行业的薄弱点、痛点、难点、衔接点等进行深入的研究，寻找可能的服务突破点。突破点需具有相当的规模，一方面服务是需要规模效应的，另一方面要想在既有的业务中获得稳定的资源保障，也是需要以规模作为支撑的。如果没有合适的切入点，与其盲目切入，不如按兵不动，当然企业为了推进服务化，在未看清方向之前，试探性地进行尝试是可以的。

2）围绕这些令人兴奋的突破点，还需盘点企业内部已经具备的资源，尤其是盘点技术、人才资源和可能进行紧密合作的战略合作伙伴，在此基础上进行商业模式规划，完成商业模式、核心业务、核心业务流程和组织模式等的设计。

3）在完成了商业模式的规划后，才是IT人员所熟悉的基于业务的IT规划，进行细化的需求分析、系统框架设计、系统开发和实施部署。信息化只是制造服务升级的重要手段之一，不是唯一；也不能盲目信奉所谓的"快速迭代"，因为传统制造业是经不起这样折腾的。

4）服务运营，即是通过实际的运营来验证创新业务的可持续性。其中原型的应用是非常关键的，只有原型应用成功，才有可能进行普及推广。但在进行大规模的普及推广前，还需进行服务标准化和服务产品化的工作。服务标准化是有效提升服务效率，降低服务成本，增强盈利水平的关键；而服务产品化是有效进行普及推广的有效手段。同时在成功普及推广的基础上，进行精益化的服务运营管理。

5）将服务过程中面临的挑战、问题等成体系地传递到系统开发、商业模式迭代及战略性研究环节，形成高效的闭环管理，从而实现服务型制造的可持续发展。服务型制造实施路径如图4-33所示。

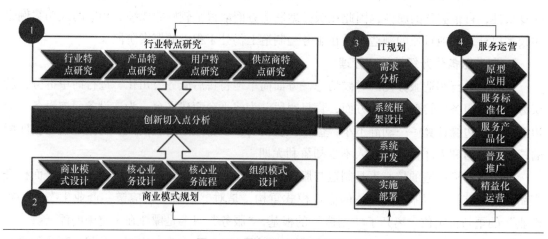

图4-33 服务型制造实施路径

总之，企业进行制造服务化升级的时候，要坚持"行业视角、价值驱动、整体规划、分步实施、快速迭代"的闭环管理。

2. 制造服务化升级的九大思维

在制造服务化升级过程中，逐步构建起团队的用户思维、全局思维、闭环思维、长板思维、流程思维、平台思维、数据思维、精益思维和迭代思维九大思维显得非常关键。

1）用户思维：就是要站在用户的角度去思考服务，而不是站在自身的角度进行思考，也就是思考如何为用户创造价值。用户价值的体现无非两方面：一方面是降本，如何帮助用户提高效率、降低成本；另一方面是增效，就是更好地帮助用户增加收入。因此，研究的视角还需要透过用户本身，去研究用户的用户。在实施用户思维的时候，需要对用户进行分类，针对客户进行客户画像，形成不同的服务方案，不要幻想一个方案包打天下，用户定位越精准，需求越明晰，越有利于方案的实施。

2）全局思维：就是要站在行业的角度进行思考，可能有些方案在一定范围内是有效的，但扩展到一个更大的范围内就变得低效，甚至无效，因此一定要"升维"进行规划，"降维"实施落地。

3）闭环思维：就是任何为服务而产生的方案，最终都要能回溯到企业内部，有效地促进企业主业的发展，这样才是可持续的方案。在现实的实践中，企业往往会忽略了服务的最终目的，没有考虑方案能为企业的主业带来哪些价值，从而很难获得持续的资源保障和相应的政策支持。

4）长板思维：传统制造业遵循的是木桶理论，需要的是补齐短板，实现均衡发展；而制造服务化遵循的是长板思维，结合自身的能力，点上突破，将优势能力得以凸显，并通过优势的不断增强，与合作伙伴的长板衔接，实现合作共赢。制造服务化的长板思维如图4-34所示。

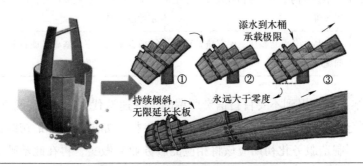

图4-34 制造服务化的长板思维

5）流程思维：就是服务要依靠系统、依靠流程来实施运营管理，标准化服务体系。虽然"人"是制造服务化过程中最为宝贵的资源，但也需要将"人为"因素降到最低，切忌将服务模式发展成为拼资源的增长模式。

6）平台思维：就是要有效地在服务规范化和产品化的基础上，将服务转化为"服务"，并将服务构建在平台上，实现"服务化的调用"，借助互联网的网络化优势，进行有效的推广和应用。

7) 数据思维：就是要将服务所产生的数据进行有效的管理和应用，将服务数据作为服务的宝贵资源进行深度挖掘，一方面通过数据优化服务流程；另一方面通过数据迭代优化服务，同时创新出新的服务业务。

8) 精益思维：就是要将精益管理的体系、方法和工具等有效地应用到服务环节中，避免服务环节中的各种浪费。服务的浪费通常具有很强的隐蔽性，往往被忽略或认为这些浪费是服务中的不可或缺环节，就如库存在生产环节中存在一样。服务的精益化，是服务业务一旦成形后，企业实现竞争超越的核心能力。精益生产、精益服务浪费类比见表4-14。

表 4-14 精益生产、精益服务浪费类比

对 比 项	精 益 生 产	精 益 服 务
过剩	大量生产对应需求的不确定性	众多的服务目录和大量招聘人员对应服务需求的不确定性
不良品	管理不严密、松懈所导致未按标准作业生产，出现废品、次品，不必要的返工再生产	未按工作规程提供服务，满意度低、甚至抱怨投诉，返工重复服务，服务过程管理缺失
等待	因计划不合理、设备故障、原材料短缺等造成生产等待	因计划、人员、辅助手段、必备资源缺失等造成服务等待；被动等待上级指示、下级汇报及客户反馈等
搬运	无序的库存流转、空车搬运、空间浪费等	传统方式的信息传递、重复的信息录入、无序多地存储、时间浪费等
动作	不产生附加值的动作	不产生附加值的业务流程（尤其是审批）；系统操作界面烦琐，菜单多级嵌套
加工本身和无效劳动	不必要的工序、习惯性操作，不加以改善	不产生增值的服务内容，传统方式提供服务内容，不加以改善
库存	成品、半成品积压，库存掩盖更多问题	信息无法共享，基础设施超前，低效的业务繁忙，人员忙碌掩盖更多问题

9) 迭代思维：前面提到不要盲目信奉所谓的"快速迭代"，但不是说不需要迭代思维，而是需要构建在有核心基础上的迭代，就像滚雪球一样，如果缺少了最初的核，是很难滚出大雪球的，因此，制造服务化初期应该将相应的服务业务做实，再在此基础上进行有策略性的迭代，在迭代的过程中才有可能创造新的机会。

3. 制造服务化升级的路径探索

企业在构建了以上的九大思维模式后，还需关注制造服务化不断演进迭代升级的路径，在此过程中进行全局性的谋划，寻找到相应的突破点。服务在制造业中的角色一直在不断演化中创新，大致可以分为四个阶段：

1) 质量延伸阶段：服务被视作产品质量的延续（例如复杂产品的安装、调试和维修等）和产品质量不足的弥补，服务部门是企业的成本中心。

2) 差异竞争阶段：服务与产品密切融合，成为产品战略的重要组成部分，并且成为企业差异化竞争的关键要素。

3) 价值创造阶段：服务成为独立的业务和品牌，并转变为企业的价值和利润来源，服务甚至成为一些企业的核心，产品则成为附属。

4) 创新迭代阶段：在对客户服务的过程中，对客户真实需求深入挖掘和共同探索，能源源不断地获取创新灵感，通过整合资源，成为企业持续创新的源泉。

制造服务化不断演进迭代升级的路径见表4-15。

表4-15 制造服务化不断演进迭代升级的路径

质 量 延 伸	差 异 竞 争	价 值 创 造	创 新 迭 代
➢ 产品销售为主 ➢ 服务单一，是产品的附属 ➢ 服务不创造价值或可忽略不计 ➢ 服务部门是企业的成本中心	➢ "产品+服务"打包销售 ➢ 服务种类比较丰富 ➢ 服务是产品战略的重要组成部分 ➢ 设立专门服务部门 ➢ 服务质量和服务能力是产品竞争力的重要衡量标准 ➢ 服务产生部分价值	➢ "解决方案"销售 ➢ 个性化服务 ➢ 服务成为利润的主要来源 ➢ 服务成为单独的结算中心甚至成立单独公司 ➢ 服务人员专业化、专家化	➢ "创新方案"销售 ➢ 服务成为企业的核心利润来源 ➢ 创新驱动商业模式变革 ➢ 制造成为成本中心 ➢ 创新是企业的核心竞争力 ➢ 与客户成为真正的合作伙伴关系 ➢ 注重创新生态圈建设成为关键

由于在进行制造服务化升级的过程中，更多的是基于产品的商业模式创新，而商业模式是很容易被抄袭而且具有规模效应，因此，企业如果没有强大的资本作为支撑，实现快速扩张，通过规模优势而形成竞争壁垒，那么企业在进行制造服务化升级时就应该坚持以下三个原则：

1) 对主业不要产生负面影响，而是促进其发展。

2) 服务规划没有设想到5~7层，不要盲目实施，需在服务过程中构建竞争性壁垒。

3) 切忌贪大求全，而是在点上进行突破，快速迭代。

4.5.5 服务型制造转型案例

1. 企业案例：罗尔斯-罗伊斯公司制造服务转型案例

创立于1906年的罗尔斯-罗伊斯（Rolls-Royce）公司是英国著名的发动机公司，也是世界三大航空发动机生产商之一，旗下产品包括航空发动机、船舶发动机以及核动力潜艇的核动力装置，其中航空发动机是其久负盛名的拳头产品，所研制的各种航空发动机广泛应用于世界各飞机厂商生产的民用和军用飞机。

最初，罗尔斯-罗伊斯公司主要从事汽车设计、生产和销售业务，同时也从事发动机的制造，第二次世界大战结束后，生产航空发动机成为公司的主业之一。由于在1971年开发新型航空发动机亏损，罗尔斯-罗伊斯公司负债累累导致破产，在英国政府干预下进行改组，于 1973 年分拆为 Rolls-Royce plc（一家航空动力系统和防卫公司，以燃气轮机技术为核心，活跃在民用航空、国防、船舶和能源等市场）和 Rolls-Royce Motors，一家拥有劳斯莱斯（Rolls-Royce）和宾利（Bentley）两个高端品牌的汽车公司，目前劳斯莱斯归属宝马汽车公司，而宾利则归属大众汽车公司。

罗尔斯-罗伊斯公司并不直接向客户出售发动机，而是以"租用服务时间"的形式出售，并承诺在客户的租用时间段内，承担所有的保养、维修和服务，发动机一旦出现故障，不是由飞机制造商或航空公司来修理，而是由每个大型机场的驻场专业工程师进行修理。

罗尔斯-罗伊斯公司通过改变营销与运营模式，有效地扩展了发动机维护、发动机租赁和发动机数据分析管理等服务，通过服务合同绑定用户，增加了企业的盈利能力。

2019 年，罗尔斯-罗伊斯公司的销售收入为 154.5 亿英镑（2018 年为 150.7 亿英镑），其中服务型收入为 78.9 亿英镑，占比为 51%，民用航空领域服务业务的占比更是超过了 60%（2014 年为 53%）。

以民用航空发动机为例，罗尔斯-罗伊斯公司所提供的服务具体涵盖：

1）离翼服务支持：包含检查和维修、更换线路元件、不定期维护、整合服务通报和适航性指标、供应商管理等。

2）信息管理：包含发动机监控、先进的预测维护、发动机性能趋势监测、运行波动监测和发动机维修计划等。

3）运行服务支持：包含技术服务和知识、备用发动机/零件/工具、大修消耗材料等。

4）库存管理：包含物流、库存管理、发动机运输等方面。

此外，可根据客户的需求提供项目管理方案、联合维护方案和全面维护等不同的服务包。

2. 行业案例：纸包装行业服务化转型探索

包装是指在流通过程中为保护产品，方便储运，促进销售，按一定的技术方法所用的容器、材料和辅助物等的总称。现代包装材料的四大支柱为：纸、塑料、金属、玻璃，其中，纸制包装因为资源丰富、易回收，而且容易降解等优点成为包装行业增长最快的领域，纸包装生产企业得到了飞速的发展，近年来，随着智能制造的深入，纸包装生产企业的自动化、信息化水平逐渐提升，企业规模不断扩大、盈利水平逐渐增强。

然而长期以来，纸包装生产企业关注的重点往往停留在：区域布局合理、产线改造、产能提升，提供更为丰富的包装产品等方面，较少将关注重点聚焦于服务增值上。虽然很多纸包装生产企业将"以客户为中心，提供客户满意的产品和服务"挂在嘴边、挂在墙上，但这里的服务还是传统的、狭隘的围绕包装产品交付的服务，真正的制造服务化的升级仍处于起步阶段。由于纸包装行业本身自带服务于千行百业的特性，因此纸包装行业未来服务化具有非常广阔的前景。

结合纸包装行业的特点，制造服务化升级可围绕"包装+设计""包装+设备"和"包装+供应链"三个维度进行拓展，包装行业制造服务化升级之路如图 4-35 所示。

下面仅以"包装+设计"服务为例进行说明。

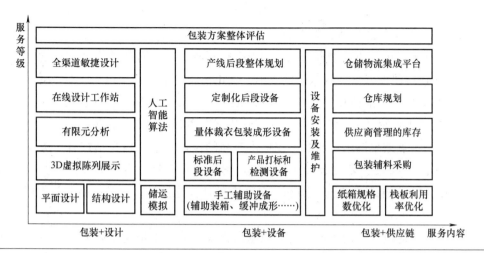

图 4-35 包装行业制造服务化升级之路

"包装+设计"的服务可在传统的提供平面设计、结构设计和色彩等服务的基础上拓展到虚拟仓储优化、人工智能算法提供最佳的包装方案、在线包装设计、仿真分析优化、虚拟销售点效果展示和全渠道敏捷设计等的服务。"包装+设计"服务升级之路如图 4-36 所示。

图 4-36 "包装+设计"服务升级之路

1) 虚拟仓储优化：在不做任何箱形改变的基础上，通过算法实现最优堆码方式，提高装车率、仓储空间占用率，从而降低整个供应链的成本。

2) 优化纸箱方案：借助人工智能算法，根据所装载物品的特性，如尺寸、重量和防护要求等，尤其是多个产品组装在一个容器中时，提供最优箱形结构和材料配置，从而减少纸箱的使用、增加装箱效率。

3) 在线包装设计：通过在线包装设计，一方面可以迅速锁定用户的真实需求，促进销售；另一方面通过大量的数据分析，以优化箱形模型引导客户，减少个性化箱形的需求，有效提升后端批量生产的效率。此外，可以通过设计资源的有效整合，以设计为核心，打通设计、销售、生产及交付各环节，打造全新的包装生态圈，降低设计成本、提高产业链协同。

4）仿真分析优化：通过仿真模拟，如虚拟跌落测试等，有效地增加虚拟验证，减少实物验证，加速设计研发效率、降低研发成本，优化包装方案，减少包装成本，降低因包装而产生的产品破损率。目前仿真设计在很多领域已经被广泛地应用，但在包装行业地应用还有待深入，尤其是因包材的复杂性，相应的基础数据库还有待建立和完善。

5）虚拟销售点效果展示：包装不仅提供产品的保护功能，也是增加客户关注度，促进销售的有效手段（如易上架纸箱），通过虚拟/增强现实工具、传感器等技术，通过对模拟货架上纸箱的展示效果及热点进行分析，科学有效地优化设计，提升产品的关注程度，促进销售。

6）全渠道敏捷设计：由于产品的变化越来越快、铺货渠道越来越复杂，包装设计需要能快速响应并匹配、迅速迭代，为批发、独立便利店、连锁便利店、超市、电商、折扣店、软折扣店等全渠道提供服务，确保品牌有效传递。

诚然围绕"包装+设计"仍有很多服务场景有待挖掘和研究，但更为关键的是需要跨出服务化升级的第一步。

第 5 章
客户价值升级路径

伟大的创新始于识别未能得到满足的需求。需求并不是通过询问人们他们需要什么得到，而是通过敏锐的近距离观察、倾听和思考来完成识别。因此，创新者需要明智通达的学识、寻根探源的好奇和始终如一的激情。

第3章和第4章分别围绕"产品"和"产品实现"对创新的升级进行了阐述，但无论创新如何突破，技术如何先进，不为客户带来价值的创新都是伪创新，因此本章将回归客户需求本身，寻找可能的创新升级。

5.1 需求满足升级

5.1.1 基本概念

1. 需求定义

根据经济学对需求的定义，需求是消费者在一段时间内、在各种可能的价格水平下，愿意而且能够购买该商品的数量。即，需求＝购买动机+购买力。

因此，需求包含了"购买动机"（或购买欲望）和"购买力"两个前提，如果消费者对某种商品既有购买动机，同时又有购买能力，那么就构成了真需求，否则就是伪需求。

其中"动机"是关键词，是进行需求分析的关键。所谓动机是由一种目标所引导，激发和维持个体活动的内在心理过程或内部动力，也就是：

1) 动机是一种心理过程。
2) 这种心理过程会激发和维持个体的活动。
3) 动机是由目标所引导的，这个目标引导个体行为的方向。

2. 需求特征分析

需求具有多样性、可变性、时效性、分散性、隐秘性和欺骗性等特征。

1) 多样性：不同年龄、不同性别、不同地区、不同文化、不同兴趣爱好和不同价值观等，会使需求产生很大偏差。多样性是企业进行产品定位和需求分析时需重点研究的问题。

2）可变性：影响需求的因素很多，某一个或某几个因素的变化，就会改变需求的数量和需求的方向，因此借助可变性，可以有效地引导客户的需求。可变性是市场营销人员要重点研究的问题。

3）时效性：一方面是指需求往往在特定时间内被引发的动机，时间一过需求就会消失或改变；另一方面不同产品的需求响应时效是不一样的，如消费品对时效性的敏感度就比工业品的要高。销售人员可以借助时效性有效提高销售效率，是销售人员要重点研究的问题。

4）分散性：需求不可能成体系地展现出来，而是分散在每一个实际个体的具体场景应用中，即使同一需求，每个个体也会表现出相近或相反的诉求。因此需求信息的获取渠道、信息及时有效获取和信息的整合是企业需要构建的基础能力。

5）隐秘性：需求具有很强的隐秘性，一方面需求很难准确地表述出来，另一方面所表述的需求往往描述的是一种理想状态，甚至所描述的需求与真实需求之间存在一定的矛盾。因此，如何敏锐地捕捉到需求，并在表象需求的基础上挖掘出其本源的需求，进行显性化表述，从而精准地传递给后续创新研发活动，是凸显企业需求分析能力的关键。

6）欺骗性：用户一般不会故意扭曲事实，但在"观点"和"行动"上的区别造成了需求的欺骗性。例如索尼曾经做过一个有趣实验，在某款游戏机推出之前，他们邀请潜在用户来进行产品体验，其中有一个问题是"两种外观设计，你更喜欢黄色还是黑色？"，大多数用户的回答是喜欢黄色，在体验结束时，他们对用户说"感谢你的光临，你可以拿走一台游戏机作为纪念。"结果发现大多数用户拿走的是黑色的游戏机。因此"怎么说"表达的是观点，"怎么做"反映的是行为，这就要求企业在进行需求分析时，要去伪存真，在关注观点的同时更要关注行动。

企业在实践中，不要试图去满足所有需求，而是要有策略性地进行甄选。同时任何需求，"挖"到最后都是人性，所以研究需求，就绕不开美国著名社会心理学家亚伯拉罕·马斯洛所提出的需求层次理论。

3. 马斯洛需求层次理论

马斯洛认为人都潜藏着七种不同层次的需要，这些需要在不同的时期表现出来的迫切程度是不同的（注：马斯洛在人生的两个阶段提出了不同的观点，通常我们所熟知的是生理需要、安全需要、爱与归属的需要（社交需要）、尊重需要、自我实现的五层需求模型）。具体表现为：

1）生理需要：生理上的需要是人们最原始、最基本的需要，如吃饭、穿衣、住宅和医疗等，若不满足，则有生命危险，也就是说，它是最强烈的不可避免的最底层需要，也是推动人们行动的强大动力。当一个人为生理需要所控制时，其他一切需要均退居次要地位。

2）安全需要：安全的需要，就是要求劳动安全、职业安全、生活稳定、希望免于灾难、希望未来有保障等。安全需要比生理需要较高一级，当生理需要得到满足以后就要保障安全需要。每一个在现实中生活的人，都会有安全感的欲望、自由的欲望和防御实力的欲望。

3）社交需要：社交需要也叫爱与归属的需要，是指个人渴望得到家庭、团体、朋友、同事的关怀、爱护、理解，是对友情、信任、温暖和爱情的需要。社交的需要比生理需要和安全需要更细微、更难捉摸。它与个人性格、经历、生活区域、民族、生活习惯和宗教信仰等都有关系，这种需要是难以察觉，无法度量的。

4）尊重需要：尊重的需要可分为自尊、他尊和权力欲三类，包括自我尊重、自我评价以及尊重别人。尊重的需要很少能够得到完全的满足，但基本上的满足就可产生推动力。

5）认知需要：又称认知与理解的需要，是指个人对自身和周围世界的探索、理解及解决疑难问题的需要。马斯洛将其看成克服阻碍的工具，当认知需要受挫时，其他的需要能否得到满足，也会受到威胁。

6）审美需要："爱美之心人皆有之"，每个人都有对周围美好事物的追求以及欣赏。

7）自我实现：自我实现的需要是最高等级的需要，是一种创造的需要。有自我实现需要的人，往往会竭尽所能，使自己趋于完美，实现自己的理想和目标，获得成就感。

通过对马斯洛的需求层次理论的初步分析，不难有以下方面的启示：

启示一：需求是一个从低级向高级发展的过程，最终发展成为激励和指引个体行为的力量。因此可以围绕该理论，通过满足不同层次的需求，挖掘出相应的创新需求。

启示二：需要层次越低，力量越大，潜力越大。因此，不同需求所满足的用户群体的规模是不一样的，要想实现量大面广，就需要降低需求的满足程度；如果可预见的需求量相对较少，则应该向上提升需求的层次。总之，产品的定位非常关键。

启示三：低级层次的需求直接关系个体的生存，也叫缺失需要，也就是通常所说的刚性需求。面对刚需，在供大于求的时候，客户的价格敏感度通常会比较高；当供小于求，尤其是出现可能短缺预期时，价格会背离其价值，甚至引发相应的恐慌。可以借助该特点，适度地进行营销等方面的创新，但切记是适度。

启示四：高级层次的需求往往满足的是构建在基本功能满足之上的内在感知，通常只有低一层次需求获得满足之后，高一层次的需求才会产生，因此，应重点考虑基于服务、体验及认同等方面的创新需求，也就是可结合在产品创新升级模块中，关于经济形态升级的内容寻找创新突破。

启示五：各层次需求之间不但有高低之分，而且有前后顺序之别，因此就同一功能的实现而言，可以通过形成相互彼此独立、有叠加的需求组合，基于产品全生命周期的管理，实现满足同一客户在不同时间段内的不同需求层次。

根据马斯洛的需求层次理论，企业可以形成客户价值的升级，创新出更多的需求，下面将分别对针对个人的消费品和针对群体的工业品需求两个方面进行讨论。

5.1.2 消费品需求的升级

如上所述，由于消费者需求的多样性，没有任何一件商品能够完全满足多层次的需求，因此，企业如果不能建立特别高的技术壁垒，那么就应该找到所熟悉的细分市场和用户痛点，尽早进入并占领高地，建立自己的用户壁垒。

在此过程中，需要对目标人群进行有效的分类，在此基础上通过对特定人群的需求进行分析，有针对性地进行消费升级。基于标签的用户画像，成为当下的有效管理手段之一。

1. 用户画像

所谓用户画像就是基于用户研究，并结合对目标受众的需求、目标和行为模式的分析，系统化地描述出其特性，是理想用户的虚构表示。企业可以通过标签全面、准确、动态地描绘用户画像。

标签通常是人为规定的高度精练的特征标识，如年龄、性别、地域和兴趣等，每个标签分别描述了该用户的一个维度，各个维度之间相互联系，共同构成对用户的一个整体描述，从而抽象描绘出一个用户的全貌。

目前主流的标签体系都是层次化的，通过系统实现标签的动态管理。在进行标签设计时，需重点关注标签本身所具有的准确性、颗粒度、优先级和时效性等特性。

1）准确性：每个标签只能表示一种含义，避免标签之间的重复和冲突，同时标签必须有一定的语义，方便理解每个标签的含义。

2）颗粒度：标签的颗粒度也是需要注意的，标签颗粒度太粗会没有区分度，颗粒度过细会导致标签体系太过复杂而不具有通用性。

3）优先级：各标签需赋予相应的优先级来进行差异化管理，构建优先级的时候需要综合考虑业务需求、构建难易程度等，通过数据实现优先级的动态管理。

4）时效性：有些标签具有很强的时效性，如行为标签等；有些标签时效性比较弱，如性别等。因此，对于不同的标签，需要建立合理的更新机制，以保证标签的有效性。

标签根据产品属性不同，呈现出不同的标签体系，通常可分为基本属性、社会属性、兴趣属性、消费属性和价值属性等基础标签，在基础标签的基础上动态形成汇总属性（即客户画像），标签体系一览表见表5-1。

表5-1 标签体系一览表

标签类别	标签内容
基本属性	性别、年龄、地域、教育水平、出生日期
社会属性	婚姻状况、家庭情况、职业状况、社会活动、社交/信息渠道偏好
兴趣属性	兴趣爱好、使用APP/网站、发布/收藏/转发/互动内容
消费属性	收入状况、购买力水平、购买偏好（时间、位置、渠道）、购买频次、价格敏感度、产品/品牌偏好
价值属性	消费档次、积分等级、信用价值、风险偏好

为了准确描述客户，一定要关注客户属性的动态性变化，因此，描述客户画像的标签，也需要对其动态性进行有效的管理，在精准定位静态标签的基础上，更加关注动态标签，基于静态标签和动态标签，衍生出管理用的各类统计分析用标签，并借助相应的算法，有效地捕捉其中的变化趋势。

2. 需求升级

基于以上的客户精准定位，结合马斯洛的需求层次理论，在考虑消费品需求升级的时候，除了满足功能要素的基本需求外，更需要关注的是情感要素的需求满足。功能要素实现的是产品的可用性；而情感要素的实现，可以有效提升客户的体验，并在此基础上增强客户的黏度和忠诚度。

功能要素需求可以从内向型价值和外向型价值两个维度来进行考虑，其中内向型价值需求是满足个人内在感受所必需的功能，是在围绕高品质的物有所值的基础上，考虑便利性、多样性和使用低风险等方面的功能；外向型价值体现在以外观为核心的感官吸引，如形状、色彩、质感、声音、气味等，和基于客户基本社交需求的愿意分享等功能。随着互联网及城市化的迅猛发展，以存在感为核心的基础性社交需求已经成为人们的基础性生理需求。

感情要素主要表现在：基于身心健康基础上的趣味性增强、极具吸引力的深度社交和个性化价值体现的功能实现，组合成为社交性需求；在此基础上能上升到基于身份认同的精神鼓励，社会地位凸显的尊重性需求；直至升华到社会贡献层面的自我实现和自我超越的需求。消费品需求的升级如图5-1所示。

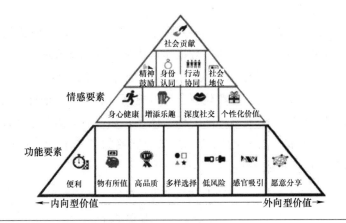

图 5-1 消费品需求的升级

通常功能要素的需求满足是相对有限的，而感情要素的满足却具有无限的拓展空间。

例如，如今人们对运动越来越关注，也因此催生了运动装备这一小众市场的大爆发，尤其是中高端的专业装备更受青睐，因为人们购买专业装备追求的不仅仅是装备本身的运动属性，更为关键的是通过运动装备，可以满足"身份认同"和圈层化的"深度社交"需求。

类似的例子在快消品领域比比皆是，它带给我们的启发是：如何在产品基本功能的基础上，挖掘出相应的情感因素，而这些功能的实现又往往是以"内容"为导向的，因此，构建基于"内容"的功能需求挖掘，将成为未来快消品企业需要构建的新型竞争能力。同时，通过情感要素的功能满足，必然会源源不断地产生出对产品的功能要素的需求，推动产品的迭代更新。

而实现以上需求升级的核心，就是能有效地基于"同理心"进行需求挖掘，即设身处地地对目标人群的需求进行感知、把握与理解，基于此进行需求整合和突破。

5.1.3　工业品需求的升级

工业品与消费品在购买行为上的区别造成了对需求满足的区别。购买消费品是个体决策的结果，是以人性为基础的需求满足过程，通常具有感性的一面；而工业品是按照规范的采购流程和采购标准组织采购，是基于个体的群体决策的理性过程。因此，工业品需求的研究，需在研究人性需求的基础上，同时研究群体决策的特点，才能更为精准地把握需求。

1. 群体决策

所谓群体决策是：为了充分发挥集体的智慧，由多人共同参与决策分析并制定决策的整体过程。其中，参与决策的人组成了决策群体。在工业品采购过程中，通常会有以下的角色参与到决策的过程中：

1）发起者：请求购买产品或服务的人，可能来自最终使用者或高层管理者。

2）使用者：使用产品或服务的人。通常使用者会提出购买建议，并协助完成对产品或服务的使用性的原始要求。

3）影响者：影响决策购买的人。他们通常协助使用者明确产品详细需求、评估方法并提供可能的供应商信息等。通常为企业内部的专业工程师，必要时会邀请外部的专家或专业机构协助完成。

4）决策者：决定产品最终要求和可能的合格供应商的人。企业通常会针对需要组成临时的专项决策小组进行决策。一般由使用者、专业工程师、财务人员、法务人员、审计人员、采购人员等组成。

5）批准者：批准采用最终合格供应商的人。通常由企业决策委员会或按规定明确的管理者进行决策。

6）购买者：获企业正式授权并实施采购行为的人。其主要职责是联系潜在供应商并按照规范组织采购。通常是企业内部的采购中心或委托专业的招投标机构进行。

7）干扰者：在采购过程中，对参与采购的参与者施加影响，希望促成或改变最终决策结果的人。通常是外部有一定影响力的人员。

在群体决策中，虽然企业都有相应的规范流程和评价标准，但在具体的采购过程中，由于参与者的身份不同，在进行决策时往往具有不同的决策倾向，具体表现在：

1）使用者：关注的是成功案例、使用的便利性、可靠性及使用带来的效益。

2）专业工程师：关注的是功能实现的系统性、全面性、开放性、可维护性和可升级等，有时会过分关注功能之间的内在逻辑和原理。

3）专家：关注的是技术的先进性、权威性和逻辑性。

4）购买者：关注的是商业信誉、品牌、沟通效率、谈判过程的愉悦感等，会综合顾及采购后评价的风险，在同等条件下会优先选择整体规模大或曾经合作过的企业。

5）财务人员：关注的是经济性和支付方式。

6）法务人员：关注的是潜在风险和具体条款的法律规范性。

7）审计人员：关注的是采购过程的合规性。

8）干扰者：关注的是关系或潜在利益。

9）批准者：关注的是整体价值和各种利益关系的平衡。

此外，在进行群体决策时，群体共同价值观往往会超越个体的选择倾向，在其中起到非常关键的决定性作用。采购过程中的群体价值观通常可分为：一切从简型、性价比型、盲从跟风型、追求最好型、技术先进型、效率优先型、一步到位型、甩手掌柜型等多种类型。各类型群体决策的特点见表 5-2。

表 5-2 各类型群体决策的特点

类　　型	特　　点
一切从简型	只需要满足要求的最低配置的基本功能，其他功能能少则少，过度关注价格，为了优惠的价格可承担部分功能缺失带来的潜在风险
性价比型	以价值为驱动，关注投入产出比，属于最为理性的群体决策，但也可能会因为过度关注性价比而丧失机会
盲从跟风型	关注竞争对手的购买行为，别人有我也有，往往不会主动提出需求，属于被动型购买，具有较强的攀比性
追求最好型	追求功能的全面性，而且所有功能都需要最好的配置，品牌具有很强的影响力
技术先进型	关注技术先进性、权威性，敢于尝试新功能；但往往会追求完美，会对所购产品提出富于建设性的改进需求
效率优先型	强调效率，喜欢分步实施，先用起来再说，在后期追加功能，可能因为"效率"而重复购买或推倒从来
一步到位型	希望全面、减少麻烦，一步到位，喜欢"交钥匙工程"，可以为了减少麻烦，在功能、价格等方面做出让步，但后续追加功能往往比较困难
甩手掌柜型	委托外部第三方机构全权负责，只关注最终结果，不纠结具体过程

因此，工业品的需求在满足基本需求的基础上，还需要根据群体价值观和群体不同角色有针对性地对需求进行补充和完善，或在现有需求的基础上进行重新组合。

2. 需求升级

工业品首先要实现的是客户最基本的功能要求，在此前提下满足质量要求和基本安全保障下的高效率实现，也就是要满足客户通过工业品创造价值的要求，这是工业品之所以存在的前提，因此，需要在对客户所创造产品进行深入研究的基础上，形成基本的功能要求，然后才是关注产品长期运行的可靠性、便捷地运行、维护及维修、全方位的安全保障、宜人化的操控性、节能低耗、环境友好和可回收循环再利用等功能要求；以及自动化、网联化基础上的智能化，最终实现人机和谐共处的功能需求，从而实现客户终身价值的最大化。工业品需求的升级如图 5-2 所示。

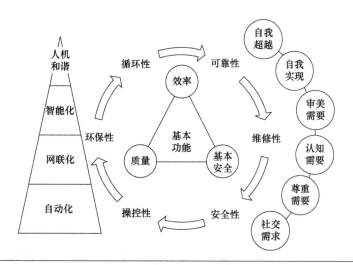

图 5-2 工业品需求的升级

随着物联网推进的深入，人机互联不再是奢望，传统的工业品也正摆脱其冰冷的形象，可以有效地与客户实现互动，创新出新的社交性应用场景，例如汽车的客户可以远程观看自己爱车的加工过程，甚至在某些关键工序，客户可以亲自操控实现生产；同时工业品也需逐步摆脱"傻、大、笨、粗、黑"的传统印象，在"颜值"上获得进一步的提升，并实现工业品与周围环境完美的融合。如果客户有机会进入花园式工厂进行参观，必然是满意度、信任度、品牌度和黏度等综合提升。

5.2 需求传递升级

由于互联网、信息技术及社会物流体系的迅猛发展，消费者已经习惯于网上购买，对于复杂的产品也逐渐转化为线下选货（线上评论）、线上下单的模式，从而打破了交易双方信息不对称的局面，信息的透明化和注意力的分散也让用户变得更加独立和专业，消费者逐渐占据主导地位，过去的卖方市场已经变为今天的买方市场，消费者掌控着购买的决定权。

因此，如何将好的产品、满足客户需求的方案及时、准确、高效地呈现在客户面前将面临巨大的挑战，需要借助新型的营销模式和技术手段来实现，这也将孕育和产生出新的创新需求。

5.2.1 营销范式创新演进

营销范式从麦卡锡的 4P 营销组合到劳特朋的 4C 组合、舒尔茨的 4R 组合和科特勒的新 4P 组合，这些变化并不是替代关系，而是发展关系。营销范式的变化内容见表 5-3。

表 5-3 营销范式的变化内容

营销范式	内容	描述
4P 组合 麦卡锡 1960 年	产品 Product	注重开发的功能，要求产品有独特的卖点，把产品的功能诉求放在第一位
	价格 Price	根据不同的市场定位，制定不同的价格策略，产品的定价依据是企业的品牌战略，注重品牌的含金量
	渠道 Place	企业并不直接面对消费者，而是注重经销商的培育和销售网络的建立，企业与消费者的联系是通过分销商来进行的
	促销 Promotion	包括品牌宣传（广告）、公关和促销等一系列的营销行为
4C 组合 劳特朋 1990 年	客户 Customer	企业必须首先了解和研究客户，根据客户的需求来提供产品。同时，企业提供的不仅仅是产品和服务，更重要的是由此产生的客户价值（Customer Value）
	成本 Cost	成本不单是企业的生产成本，或者说4P中的Price（价格）还包括客户的购买成本，同时也意味着产品定价的理想情况，应该是既低于客户的心理价格，亦能够让企业有所盈利
	便利 Convenience	强调企业在制订分销策略时，要更多地考虑客户的方便，而不是企业自己方便。要通过好的售前、售中和售后服务来让客户在购物的同时，也享受到便利。便利是客户价值不可或缺的一部分
	沟通 Communication	企业应通过同客户进行积极有效的双向沟通，建立起基于共同利益的新型企业/客户关系。这不再是企业单向的促销和劝导客户，而是在双方的沟通中找到能同时实现各自目标的通途
4R 组合 舒尔茨 2021 年	关联 Relevancy	即认为企业与客户是一个命运共同体。建立并发展与客户之间的长期关系是企业经营的核心理念和最重要的内容
	反映 Reaction	站在客户的角度及时地倾听，从推测性商业模式转变成为高度回应需求的商业模式
	关系 Relation	在企业与客户的关系发生了本质性变化的市场环境中，抢占市场的关键已转变为与客户建立长期而稳固的关系
	回报 Reward	任何交易与合作关系的巩固和发展，都是经济利益问题
新 4P 组合 科特勒 2016 年	人员 People	一定程度上反映了企业内部营销人员和雇员对市场成功很关键的事实。市场的好坏由组织内部的人员决定，同时也反映出营销人员必须将消费者看成是"人"，并更加广泛地去了解他们的生活的事实，而不仅仅将他们看成是消费产品和服务的购买者
	流程 Processes	反映了营销管理过程中的创造力、纪律和结构。营销人员必须避免仅适用于某种单一情形的策划和决策，并确保最先进的营销观念和概念在所有方面发挥适当的作用
	方案 Programs	反映了企业所有消费者导向的活动，它包括旧的4P，同时也包括很多也许不那么符合市场营销旧观念的其他营销活动
	绩效 Performance	可能产生财务和非财务影响（盈利能力、品牌和客户资产）以及超越公司本身的影响（社会责任、法律、道德和环境）的全部结果的衡量指标

营销模式从传统的营销发展为互联网+营销、精准营销,直到目前的营销科技,企业的营销目标和战略发生了根本性变化。

1)传统营销阶段:在互联网尚未普及之前,企业借助报刊、广播及电视等线下传播手段,通过初步整合媒介资源,广泛地触达消费者,获取增量客户,是典型的单向传递模式。

2)互联网+营销阶段:在21世纪初,随着互联网的蓬勃发展,企业借助门户广告、搜索广告、社交媒体广告等,实现与消费者的初步沟通与互动,从而获取增量客户,属于典型的双向被动沟通模式。

3)精准营销阶段:近十年来,随着智能移动通讯的迅速普及,企业借助互动性广告、信息流广告及客户数据平台等,通过有效提升触达效率和精准度,从而实现精准地提升增量客户,属于基于数据基础上的双向主动沟通模式。

4)营销科技阶段:现代社会,以大数据为核心的智能技术迅猛发展,企业借助智慧营销技术及系列营销科技技术,通过对整个营销生态圈的培育和高效运营,从而实现潜在客户的持续增加及存量用户的黏性,属于基于数据智能的全面沟通模式。

营销模式的发展路径如图5-3所示。

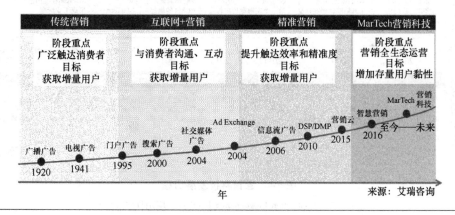

图5-3 营销模式的发展路径

现代营销模式正在变成"以用户为中心和数据驱动"的方式,即从以产品为中心的品牌营销策略,转型为以消费者为中心的数据营销策略,由原来注重效率和精准度的流量拉新,向以增加存量用户黏性为目标的营销运营战略转移,其中数据是贯穿企业内部营销运营的共通性语言。

通过以上的对比分析,不难发现围绕营销的技术创新重点是:通过技术的发展实现与客户沟通方式的转变,即"单向-被动双向-主动双向-智能全面"的转变,从而提升获取客户效率、降低获取客户成本,通过增加客户黏度来扩大客户存量。

因此,一方面,无论是消费品还是工业品,都需要紧跟时代的脉搏,借助新技术,有效地将需求系统、精准地推送给客户;另一方面,在更加碎片化的市场竞争环境中,寻找并创造出新的创新需求。

5.2.2 营销科技概览

1. 基本概念

"MarTech"现已成为炙手可热的关键词,MarTech 是英文 Marketing Technology 的合成词,直译过来就是"营销科技",即将割裂的营销(Marketing)、技术(Technology)与管理(Management)有机地融合在一起,三门学科的交叉融合使企业拥有沉淀数据资产和精细化运营的能力。

将技术融于全营销流程中,把正确的信息,在正确的时间和地点,传递给正确的受众群体,从而实现企业用户资源沉淀、品牌推广、拉新获客、销售转换和留存运营等一系列企业营销目标。

MarTech 的概念由美国著名博主 Scott Brinker 在 2008 年发表的博客中首次提出,2011 年 MarTech 全景图中的公司数量就达到了 150+,到了 2019 年更是达到了 8000+。

营销科技发展历程如图 5-4 所示。

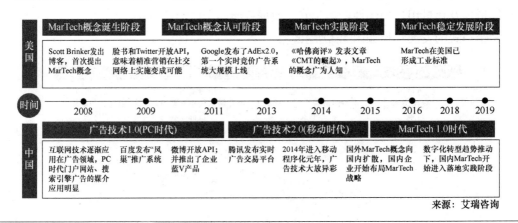

图 5-4 营销科技发展历程

注:API(Application Programming Interface,应用程序接口)。

2. 营销科技组成

目前,营销科技涵盖了广告与促销、内容与体验、社交网络与关系、电商与销售、数据、管理六大类近 50 个细分子类的技术。营销科技技术生态图谱如图 5-5 所示。

1)广告与促销技术(Advertising & Promotion):也称为 AdTech,主要细分领域包括媒体的移动营销、视频营销、内容广告、搜索与社交广告、程序化广告等,解决的是帮助广告主通过传统的媒体资源,将营销内容推送给客户。

2)内容和客户体验管理(Content & Experience):主要细分领域包括营销自动化、内容营销、营销内容优化、电子邮件营销等,解决的是在广告主自有渠道上,在客户采购的各个节点识别客户需求,进行千人千面的个性化营销。国外的电子邮件营销方式和国内的微信营销方式是一样的,微信是 Foxmail 的演变。

3)社交媒体和客户关系管理(Social & Relationship):主要细分领域包括客户关系管理

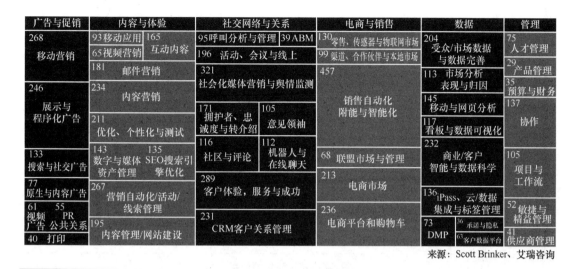

图 5-5 营销科技技术生态图谱

(CRM)、社交媒体营销、线上会议管理、用户忠诚度平台等，解决的是帮助企业在传统 CRM 营销、社交媒体营销（Social CRM）、用户忠诚度平台（Loyalty System）等领域能和客户直接互动，能收集客户数据，并且能进行点对点精确化营销体系的管理和使用。

4）电商与销售管理（Commerce & Sales）：主要细分领域包括销售自动化（sales automation）、电子商务营销、代理商营销、零售线下营销等，解决的是营销和销售侧的对接，以及电子商务的引流。

5）数据管理（Data）：主要细分领域包括客户数据平台（CDP）、DMP（实时的客户数据管理平台）、移动和网站分析、营销数据分析等，解决的是营销所需数据的收集、清洗、分析、结果追踪等，营销数据本身的闭环建设。

6）营销管理（Management）：主要细分领域包括营销协同管理、营销财务管理、供应商分析、项目管理、人才管理等，解决的是大型广告主内部的营销管理。

3. 营销科技的作用

营销科技所发挥的重要作用主要表现在：向下承接技术资源，向上赋能营销策略。营销科技的作用如图 5-6 所示。

站在企业的视角去看营销科技，营销科技向下承接技术资源，将所有基于技术衍生的数据和信息，如企业官网、终端门店、经销商等自有渠道及外部广告投放或供应链上的各触点数据，在云计算、人工智能、大数据等技术的支持下做成数字资源的整合；向上围绕用户的决策过程和企业运营历程两大维度赋能营销团队，即对"了解-吸引-问询-行动-拥护"的用户决策过程和"需求获取-产品研发-产品营销-产品销售-售后服务"的企业运营历程两大闭环体系进行赋能，通过降本增效和收入增长来实现企业短期增长策略和长期企业市场战略。

营销科技的价值主要体现在三个层面：

1）第一层，业务上的价值：通过营销科技能力的串连可以将企业经营过程中不同业务

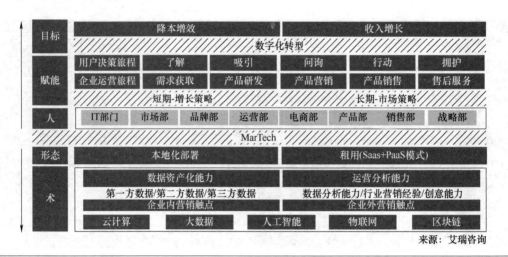

图 5-6 营销科技的作用

系统的数据进行汇总和管理,从而建立起一套有效的数据资产,数据资产化后再反哺于业务的创新和迭代工作。

2)第二层,工作流上的价值:营销工作以往是以人为主体进行沟通和决策,而现在则是人+技术的合作模式,这样决策过程就实现了去中心化和去经验化,从而使得营销业务流程更为高效、科学和智能。

3)第三层,客户增长及留存价值:在营销科技贯穿业务流和工作流后,利用数字化手段,实现精准营销,降低新用户获取成本和提升获取效率;通过挖掘不断沉淀的数据资产,降低老用户流失率同时开发老用户的潜在消费价值,最终使企业增强营销数字运营能力,提升企业竞争力。

总之,营销科技的核心就在于确保精准营销内容高效互动和营销业务更具智能科学性,因此,企业构建在营销科技基础上的围绕第一方数据、第二方数据、第三方数据等数据的资产化能力,和围绕数据分析能力、行业营销经验即创意能力为核心的运营分析能力就显得非常关键。

4. 营销科技的发展

营销科技高度依赖 IT 技术的发展水平,而美国的 IT 技术水平较为成熟,在 2008 年左右,Salesforce、Adobe、Oracle 为首的传统 IT 巨头开始围绕营销科技做转型,陆续进入销售和营销为一体的营销科技市场,在天然的技术优势和企业服务经验借力下,已经探索出一套营销科技的服务方法论,同时在企业多样化的营销需求刺激下,也吸引了众多中小创新企业加入,整体来看,营销科技市场和产业链都较为稳定,美国营销科技市场已进入规模化发展阶段。

而在我国,营销科技进入国内市场的时间较短,再加上营销科技的创新需要与企业内部运营深度绑定,对企业内部组织影响巨大,使得我国营销科技市场目前还处在一个发展初期。目前,国内对营销科技的关注还是以营销供应商和大客户为主,相比于美国,国内营销科技在应用落地的普及度和渗透率上仍存有较大差距，但由于营销具有很强的地域文化属性，因此我国在营销科技领域有着非常巨大的发展空间。我国营销科技市场生态图谱如图 5-7 所示。

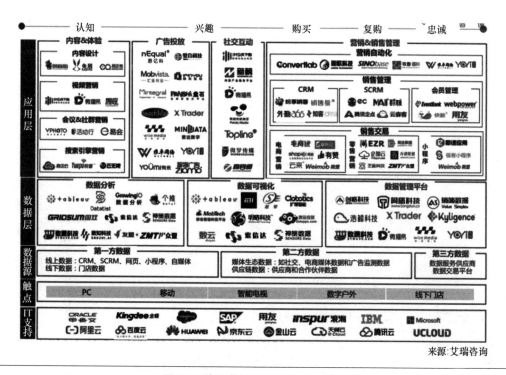

图 5-7　我国营销科技市场生态图谱

爆炸式增长的营销科技应用程序满足了市场上的多样需求，但也带来了数据整合的挑战，因此，未来随着企业对营销科技的深入了解和使用，平台级的营销科技解决方案将成为关注的重点，也成为目前圈内企业竞争的核心。

总之，新型营销范式促进了新的技术发展，而新技术的应用也推动了营销范式的创新。在此过程中，企业一方面应积极拥抱这些变化，谋求新的发展路径；另一方面，可基于应用，挖掘并形成新的创新机会。

第 6 章
企业创新体系框架

知识是一个有很多房间的迷宫,有两种人在为其而探索:一种人,是打开迷宫中一个个从来没有人开过的房间,去探索那些未知的领域;另一种人,则是通过把所打开的房间中的信息收集起来,描绘出迷宫的整体图景。

——伯特兰·罗素

通过不同的创新,可建立创新思维。但如何将这些创新的思维最终形成解决方案,形成产品或服务呢?本章将回到企业内部,探寻企业创新体系的构建。

6.1 企业创新研发定位

企业在进行创新工作的时候,需要思考的首要问题就是关于创新研发的定位问题,这也恰恰是容易被忽略的问题,尤其是那些在创新方面已经开展了相关工作的企业。要将创新工作做好,需要定期对企业的创新研发定位进行讨论和思考,并在此基础上统一思想。

企业创新研发定位通常包括三个方面的内容:创新范围定位、技术创新战略定位、技术创新组织定位。

6.1.1 创新范围定位

在企业实践中,创新是一个非常广泛的概念,通常可由技术创新、管理创新和商业模式创新三大部分组成,如图6-1所示。

1)技术创新。根据实现的难易程度可分为:改进产品创新、产品组合(含服务)、工艺优化、新产品创新、技术创新、材料创新、原理创新等。

2)管理创新。根据影响的范围大小可分为:微流程优化、部门流程优化、跨部门流程优化、产业链协同、生态圈建设等。

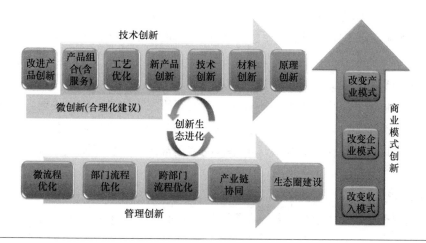

图 6-1 企业创新组成

3）商业模式创新。就是通过改变企业价值创造的基本逻辑，以提升顾客价值和企业竞争力。根据模式影响的范围及涉及的领域可分为：改变收入模式、改变企业模式、改变产业模式等。

4）此外，还有来自现场实践的微创新，包括合理化建议及以精益生产为核心的改善活动等。

创新的根本就是要构建一个不断优化、不断进化、开放共赢的创新生态系统。不同的创新内容需要不同的管理体系。

1. 技术创新

集团化企业通常采取分级方式来进行技术创新的管理，通常分为集团总部的创新研发中心（或中央研究院）和企业级的研发设计中心两层架构体系；少数企业会在两层架构体系的基础上增加基于业务板块的创新研发中心三层架构体系。但笔者不太推崇三层架构体系，而是推荐形成网络化的创新研发体系，即总部创新研发中心负责规划，企业研发设计中心负责具体执行，按照技术领域形成固定开发部门，或组成若干临时攻关项目组等。

1）改进产品创新：由具体的企业进行承担。

2）产品组合（含服务）：由创新研发中心牵头联合各企业的研发设计中心、销售部门及服务部门共同制订方案，由企业研发设计中心具体实现，销售部门及服务部门对研发质量进行把关。

3）工艺优化：简单的工艺优化由企业的生产部门联合企业研发设计部门共同完成，但是当涉及比较大的工艺创新时，例如以智能制造为核心的工艺改进，则需要由创新研发中心牵头联合相关部门在规划的基础上，通过试点来进行，一旦验证成功后可交由具体部门进行推广应用。

4）新产品创新：在创新研发中心进行统筹规划的基础上，由各企业的研发设计中心承担具体的开发过程。

5）技术创新和材料创新：在创新研发中心规划的基础上，结合内部与外部的研发能力,通过开放、联合的方式完成。

6) 原理创新:由于原理创新工作的复杂性、长期性和不确定性,通常是以科研院所为主,企业与科研院所合作完成,对于企业而言,则主要是基于原理实现应用性创新,因此可由创新研发中心进行动态跟踪,视机进行介入。

此外,总部创新研发中心的核心职责除了对创新研发工作进行整体规划、合理布局、动态管理之外,更为重要的就是要构建创新生态圈,其工作的最终成败不取决于具体一两个项目的成败,而是取决于整个创新研发体系是否能够正常运转,创新研发生态系统是否能够实现良性进化。

2. 管理创新

1) 微流程优化和部门流程优化:通常是在公司业务流程管理规范的基础上,在部门内部完成。

2) 跨部门流程优化:通常由专门的业务流程管理部门来完成。目前,不少企业的 IT 部已经转变为 BPIT 部门(Business Process and Information Technology),其中核心就是:对跨部门的业务流程进行梳理,并将其固化到信息系统中;对流程的执行过程进行监控,并基于运行结果提出优化建议,从而形成业务流程优化的管理闭环。

3) 产业链协同:一方面是对内的,是指针对集团有业务关联的不同企业之间如何通过业务协同,实现整体协作效率的提升,而不是相互之间形成竞争内耗,通常由企业的战略发展部门牵头来规范企业间的业务;另一方面是对外的,是指与外部企业间的供应链协同,通常由企业的供应链管理部门牵头来进行,确保供应链的业务延续性。

4) 生态圈建设:是集团的整体战略行为,应由公司的战略部门牵头,协同各部门协同完成,形成围绕客户的价值生态、围绕生产的供应链生态、围绕产品的技术生态及以信息为纽带的数字生态,如图6-2所示。

3. 商业模式创新

商业模式创新是基于客户价值提升的角度,从根本上思考设计企业的行为,通过战略调整实现经营方法的变革的过程,通常可以通过以下方式实现:

1) 改变收入模式:如由卖产品到简单租赁模式的改变,由简单租赁模式到根据客户需求按时付费模式的改变,由按时付费模式到按需服务模式的改变等。

2) 改变企业模式:如改变企业在产业链中的价值,从制造延伸到服务。

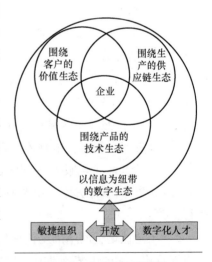

图 6-2 企业生态圈建设

3) 改变产业模式:如云计算改变了传统的信息产业;技术突破带来的商业模式变革,如增材制造(3D打印)改变了传统的制造模式等方式。

当然,商业模式创新需要企业在对自身的经营方式、用户需求、产业特征及宏观技术环境具有深刻的理解和洞察力的基础上积聚企业的资源,才有可能进行,因此,通常商业模式创新应该是自上而下由公司最高决策层主导并进行推进的，而非某一两个职能部门能承担和推动的。

随着新技术的不断演进，尤其是随着新一代 IT 技术的迅猛发展，产业链协同和商业模式创新因技术因素创新的权重越来越高，不少企业已将此类优化单独进行规划，通常由创新部门牵头，联合战略发展及相关业务部门进行；技术创新的实现过程、创新成果孵化及推广，也需要管理创新参与进来。

因此，企业在进行创新工作的时候，首先要界定较为明晰的各类创新工作范围，在此基础上形成有针对性的战略定位和组织边界，下面将围绕技术创新进行这两方面的论述。

6.1.2 技术创新战略定位

通常企业的技术创新战略定位分为：领先型创新、跟随型创新和依附型创新三种。

1. 领先型创新

领先型创新是以重大的发明创造成果为基础的创新。创新的结果通常是建立起一个全新的市场，创造一个全新的需求空间。它集高利润和高风险于一身。领先型创新具有以下显著特征：

1）创新背景具有综合复杂性，往往需要综合多种技术才能成功。
2）创新过程长期性，往往需要几年甚至十几年的时间。
3）创新过程中淘汰率高，只有不到 5% 的设想能够成为现实。
4）创新的市场接受性难以预测，技术的领先并不代表市场的广泛认可。

2. 跟随型创新

跟随型创新是在别人创新的基础上所进行的创新。实施跟随型创新的企业通常是把已经研发出来，但却没有充分认识其意义和价值的创新项目拿来或买来，在其基础上加以完善、创新，并占领市场。

跟随型创新的思路与领先者不同，它在注重技术的同时，更关注市场及客户需求，需要具备较高的市场洞察力、技术敏感度和资源整合能力。

跟随型创新是建立在相关技术突破的基础上进行的创新，因此风险相对较小，被多数企业所采用。但跟随型创新的缺点是一方面由于跟随者较多，容易陷入激烈的竞争中，利润薄弱；另一方面，疲于跟随，很难形成技术竞争优势。

因此如何在跟随创新过程中，寻找到自己的定位，实现技术的差异化定位，是跟随型创新实现突破的关键。

3. 依附型创新

依附型创新是在大市场中占领某个较小生存位置的创新。与领先型创新不同，依附型创新的企业并不谋求在产业中的领导地位，而是谋求在行业中的精准定位，在技术上做深，别人不可能取代，德国的大量"小巨人"企业就是属于这一类型的企业。

依附型创新的创新对象是某个大系统中不可缺少的部分，且市场相对有限，不足以吸引大企业进入参与竞争，而其他小企业没有能力或进入的技术及市场代价巨大。

依附型创新企业的优点是可以避免竞争和挑战，默默地获取可观的收益；而且，只要它所赖以生存的系统正常运转,就可实现持续地盈利,但须不断进行技术上的投入,巩固领先优势,降低被替代风险。

除了具有上述明确技术创新战略定位的企业,还有大量企业没有明确的战略定位,采取的是以项目为推动的被动创新和低水平重复投入,因此很难构建起具有竞争性的核心技术优势;而大量的企业则是没有技术能力,即便有市场创新需求,但由于缺乏人才和相应的技术储备,只能眼睁睁地看着机会一次又一次的流失。

6.1.3 技术创新组织定位

有了明确的技术创新战略定位,与之相匹配的是组织定位。随着企业对创新工作的重视程度越来越高,技术创新组织自身也在不断创新和优化,其组织体系已经非常成熟,在此不再赘述。

集团型企业通常为了有效地整合资源、避免重复性投入,效仿先进集团企业的成功经验,纷纷在集团层面成立了中央研究院(创新研发中心),但由于不少企业对中央研究院的定位不清、职责模糊,因此收效甚微。下面对集团型企业中央研究院的目的和职责进行适当的展开分析。

1. 建立中央研究院的目的

1)整合下属企业的技术创新成果,在集团内部实现有效共享。

2)弥补下属企业在前瞻性技术研究,基础、共性、关键技术研究上的不足。

3)整合国内外智力资源,获得关键技术自主知识产权的突破,加快技术研发的步伐,降低成本与风险。

4)在集团层面,通过有效的市场分析、产品与技术规划手段,为集团管理层提供决策依据和建议,为下属企业的产品发展方向给予指导。

5)引入先进的研发管理思想、方法及流程,通过自身实践和主动推广,帮助下属企业形成高效的创新研发体系。

6)成为集团高端技术人才、产业分析人才的聚合地。

通过达成以上目的,可帮助集团企业提高集团的技术创新能力,为集团各产业板块的跨越式提升提供技术保障。

2. 中央研究院的主要职能

通过构建中央研究院实体单位,打造集团技术创新体系的基础平台。通常中央研究院由技术创新管理中心、产业规划中心、技术资源整合中心、技术研究中心、人才聚合中心五大中心构成,如图6-3所示。

(1)技术创新管理中心 技术创新管理中心是集团知识产权、技术成果在下属企业之间传递和共享的纽带。组织下属企业将各自的自主知识产权进行归纳、整合,在集团内部进行共享;对各产业板块和下属企业的研发投入与产出数据的收集、整理、分析,以供公司高层决策;对下属企业年度自主创新成果、能力等进行数据评价,作为公司高管在对下属企业进行年度评价时作为关键参考。

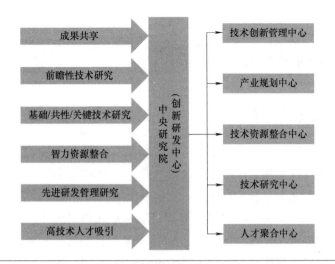

图 6-3 集团中央研究院的战略目的及主要职能

（2）产业规划中心　产业规划中心是集团产业深化、产业调整、产业聚合的重要的决策支持中心。通过引入先进的市场管理、产品/技术规划的方法，组织相关产业板块及下属企业对产业走向、产业竞争态势、集团相关资源等进行综合评价，向公司管理高层提出产业进入、产业退出、产业深化的建议。

（3）技术资源整合中心　技术资源整合中心是指放眼国内外、企业内外，收集优先发展产业和培育发展产业的发展趋势和技术动态，结合产业规划的要求，组建前瞻性技术、基础/共性/关键技术的开发团队。由集团中央研究院作为项目经理单位，聚合高校与科研院所专家、国际合作伙伴、下属企业内部专家，突破相关技术难题，为产业板块及下属企业解决技术难题。

集团中央研究院作为集团的技术资源整合的主导者，在这个过程中，最主要是了解下属企业需要、追踪技术发展趋势、发现关键外部资源、进行资金预算和投放管理、沟通协调各种资源，开发工作由相应的合作机构具体完成，技术资源整合成果纳入技术创新管理。

（4）技术研究中心　技术研究中心是较长远的目标，在成功打造技术创新管理中心、技术资源整合中心、产业规划中心的同时，集团中央研究院初步具备了成为技术研究中心的条件。在集团中央研究院内部形成以共性/基础技术研究为主的研究室和以产业板块专业技术研究为主的专业研究室。基于资源最佳配置原则，招募必要的专业技术人才，成立跨地域的实体研发机构和实验室，与下属企业的研发机构进行有机协同。

（5）人才聚合中心　人才聚合中心是集团中央研究院一项重要职能，主要实现高级人才的吸引和价值认同等工作。在成立早期阶段，主要吸纳知识产权管理、产品管理、项目管理等方面的专业人才；在较成熟阶段主要吸纳专业技术人才、行业带头人等。

总之，各中心职能相互依赖，相互配合，并与集团各企业内的技术创新组织协同，构建起网络化的创新研发体系，并与外部资源有效衔接，构建起集团型开放、协同的创新价值网络。

6.2 企业创新研发过程

6.2.1 完整的创新研发过程综述

企业完整的创新研发过程通常由基于行业的创新战略规划、基于价值的项目研发论证、基于项目的集成创新研发和基于市场的价值普及推广四大阶段组成。

在企业实践中,企业通常非常重视第三阶段基于项目的集成创新研发的管理工作,而忽略了其他阶段的工作。即便是已经完成了 IPD(Integrated Product Development,集成产品开发,一套产品开发的模式、理念与方法)咨询的企业,也会将工作重点放在具体项目的研发过程管理,如规范研发流程、组建跨部门的决策委员会、增加关键节点的审批环节等,当然也会适度延伸到基于具体研发项目的需求分析上。但是对于下列涉及创新研发本源的问题,往往在企业里很难寻找到较为明确的答案。

1)企业为什么要开发这些项目,除了这些项目外,是否还存在价值更大的项目?

2)企业有限的研发资源如何分配与优化?应该优先确保哪些项目?哪些项目可以暂缓?哪些项目在资源不允许的情况下可以不做?

3)哪些项目可以外包?更进一步,项目的哪些环节可以外包?外包给谁?

4)项目研发完成,也评审验收通过了,为何迟迟不能推向市场?

5)即便推向市场,如何高效应对因为产品可能出现的缺陷?(因为没有哪件产品不是在市场多轮磨合的基础上方能完善的。)

6)企业对产品投入市场的底线在哪,也就是能允许亏到什么程度,能允许的时间周期是多长?

7)通过项目开发,企业积累了哪些核心技术?这些技术在行业内究竟是什么水平?这些技术未来的发展走向如何?

8)企业在哪些关键技术上有缺失,这些缺失的技术是否会受制于人,是否有相应的应急方案?

9)现有的技术路线是否在其他行业已经实现,或有更好的技术替代现有的方案?

10)如果自己的技术在本技术领域内处于领先地位,这些技术还可以应用到哪些行业,以便为企业创造出更大的价值?进入时机、切入点、投入资源如何?可能的战略合作伙伴在哪?

11)企业应该优先在哪些方向进行专利布局,什么时候进行申请?专利之间的关联关系是什么?如何以最优的成本代价来获得最大限度的专利保护?

12)除了专利的保护价值之外,企业如何通过对现有专利的整合以获得更大的价值?

13)企业需要建立哪些行业标准?如何积极地参与到相关标准的制订过程中?这些标准如何被行业内所广泛使用?

14)企业应该关注哪些技术的发展动向,这些技术哪些机构的哪些人最为擅长?

……

产生以上诸多问题的根源在于在企业在研发过程中缺失了其他三个阶段的工作,即前期缺乏基于行业的创新战略规划,以及针对具体项目的基于价值的项目研发论证;后期缺乏产品上市过程中基于市场的价值普及推广工作,或对相关工作分段进行,信息相互割裂,未能形成创新体系的闭环管理与优化。

企业完整的创新研发过程如图 6-4 所示。

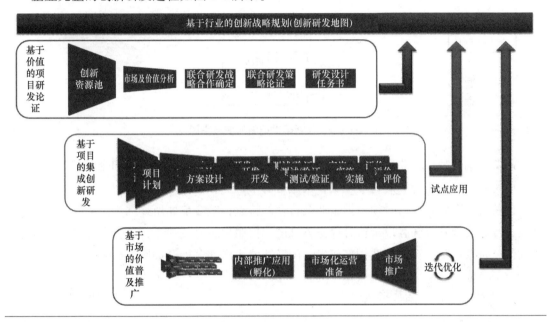

图 6-4　企业完整的创新研发过程

6.2.2　基于行业的创新战略规划

企业的发展轨迹通常是线性发展,但以创新为驱动的企业却可实现指数级的发展,它们是有发展拐点的,这个拐点就是完成了先进技术到产品的研发过程,并准备推向市场。因此企业最大的风险不是经营本身的风险,而是虽然自己的技术在已知的范围内是领先的,但是却不知道在其他领域内,是否有可能存在这样的技术,它完全遵循不同的技术路线,却能对现有的技术形成碾压,因此企业需要时刻保持对新兴技术的敏感度。

而创新研发地图就是帮助企业建立技术敏感度的窗口,是企业制订基于行业的创新战略规划的有效方法。通过创新研发地图可以指明企业的创新方向,指导创新资源分配、创新项目选择和投资决策等。

1. 创新研发地图形成

企业应集聚优质智力,以企业为主,以外部必要的专家为辅,注意不仅仅局限于行业内的,围绕业务价值链的市场、产品、工艺、生产、服务等各个环节,在广泛调研基础上,逐步梳理并完善基于技术和以技术为驱动的管理及商业模式的创新点,在此基础上形成全景式的行业创新研发地图。创新研发地图的信息来源如图6-5所示。

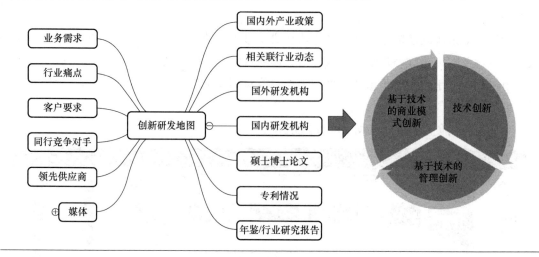

图6-5 创新研发地图的信息来源

需要强调的是：行业创新研发地图制订时，视野不能仅停留在企业和企业相关的产业链上，而是要延展到整个大的行业领域，甚至是与本行业相关的其他行业中。

创新信息有效收集后，须根据企业及行业的特点，结合前面所详细论述的围绕产品创新升级、产品实现升级和客户价值升级三大维度，按照领域有效地进行分类及归纳，形成全景式的创新研发地图。智能制造创新研发地图及智能生产部分展开如图6-6所示。

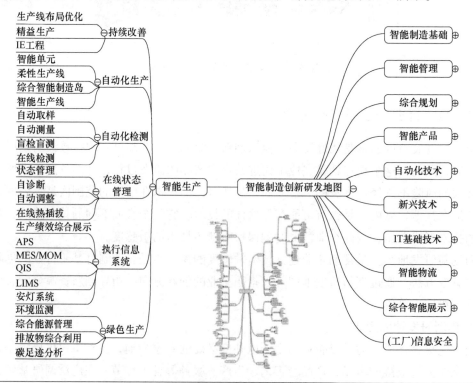

图6-6 智能制造创新研发地图及智能生产部分展开

对于成熟的企业，理论上内部应该是有类似的创新研发地图的，但是由于技术的演进发展及日益复杂的外部环境变化，因此，应定期对创新研发地图进行扫描，不断丰富、细化和完善。维护好了创新研发地图，企业在开展创新研发活动时，可以在全面分析基础上进行系统科学决策，做到有相对明确的方向，有的放矢。一方面不会被所谓的技术热点所左右，避免因头脑发热而产生的"三拍式决策"，即拍脑袋、拍胸脯、拍屁股；另外一方面可以有策略地寻找到未来技术创新需要的突破关键点、价值点及薄弱点，从而成体系地完善企业技术环节的创新布局。

2. 企业研发战略确定

行军打仗时，精准、翔实的地图是基础，运筹帷幄制订战略方向是关键。同样的道理，企业形成基于行业的创新研发地图不是本阶段工作的最终目的，而仅仅是基础。关键的是以此为基础形成技术创新的战略方向，即将"飘"在行业上空的创新研发机会（云），有效地转变为具体的可实施的创新项目（雨），"灌溉"到企业的创新研发资源池中，因此需要对重点创新研发方向进行初步的预判（也就是哪片云朵能下雨）。

创新研发地图形成后，须结合战略性客户的需求，对具体的创新研发项目从技术成熟度、市场价值、研发难度、研发周期等方面客观分析已经构建起的创新生态圈所具有的优势。在对相应的技术创新点进行综合分析的基础上，根据推荐优先级进行排序，将之作为企业决策层决策的依据。

对于综合价值较为明显，既有利于主业发展，也有利于客户价值实现的项目，辅助参考市场价值和技术实现的难易程度，给予预立项，形成创新研发项目的初步规划；并根据整体部署，将之列入相应年度的创新研发项目计划中，使之成为第二阶段基于价值的项目研发论证的工作入口。对于综合价值还不凸显的项目，则返回到创新资源池中；对于没有综合价值的项目，做特殊标记后，也须返回到创新资源池中，保持正常的技术发展动态跟踪，等待时机。

技术类创新研发项目预立项综合决策表见表6-1。

表6-1 技术类创新研发项目预立项综合决策表

序号	领域	技术名称	技术成熟度					市场价值		研发难度	研发周期	优先级
			理论	应用设想	实验验证	小批量	产业化	降本增效	新市场			
1	领域一	项目一	√						千万级	☆☆☆☆☆	>3年	7
2		项目二			√				三百万级	☆☆☆	1~2年	6
3	领域二	项目一			√				五百万级	☆☆☆	<1年	8
4		项目二				√			百万级	☆☆☆	<1年	9
5		项目三				√			四百万级	☆☆☆☆	<1年	10

(续)

序号	领域	技术名称	技术成熟度					市场价值		研发难度	研发周期	优先级
			理论	应用设想	实验验证	小批量	产业化	降本增效	新市场			
6	领域三	项目一		√					亿级	☆☆☆☆	1~2 年	5
7		项目二			√			千万级		☆☆	<1 年	1
8		项目三				√			五百万级	☆☆	1~2 年	4
9		项目四				√			八百万级	☆☆	1~2 年	3
10		项目五					√	百万级		☆☆	<1 年	2

企业在进行综合决策分析时，一定要杜绝与企业业务关联度不大的项目，尤其是要坚决抵制住那些"看似技术难度不大，市场感觉预期不错"的创新项目的诱惑，因为创新研发最终能否成功，技术因素仅能占到三分之一，更为关键的是相应的人才储备、生产组织、供应链等配套性资源，以及将创新产品所属领域的客户资源、品牌等方面的积累，如果不是主业相关的创新性项目，往往会被这些资源所累，最终的结局多是不了了之。当然为了不浪费之前所投入的研究性资源、不错失商机，企业可以采取投资的方式参与到此类项目中，进行体外循环。创新项目立项决策依据如图6-7所示。

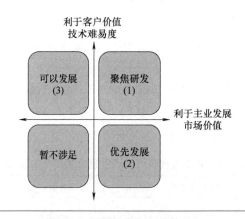

图 6-7 创新项目立项决策依据

3. 创新研发地图维护

行业创新研发地图应定期进行更新，更新的频度可根据行业技术发展的情况而定，通常以技术发展为核心（如电子高科技、互联网等相关行业）和客户需求变化比较大（如快消品）的行业每半年快速刷新一次，每一年需要重新制订一次；而其他行业的企业可以每年快速刷新一次，每三年重新制订一次；或者与企业战略规划的制订周期同步，但需要比战略规划提前完成。

行业创新研发地图的另外一个用途，就是对其中的重点创新研发方向进行技术及市场等方面的动态跟踪，并定期形成创新技术的动态发展月报，为企业在研及预研项目提供必要的技术资讯，这应成为企业创新研发的日常工作之一。

通过创新研发项目的研发反馈，不断完善项目的选择判断标准，并结合研发地图的持续跟踪和研究，使企业创新项目资源池中的项目不断积累、项目质量不断优化、项目目标不断明晰，使之成为企业创新研发的活水之源。

6.2.3 基于价值的项目研发论证

创新研发第二阶段的基于价值的项目研发论证工作，主要完成针对创新资源池中的每一个具体的预立项的研发项目，通过市场及价值分析、研发战略确定、研发策略论证和研发设计任务书等步骤，实现在对项目进行全面、科学、客观判断的基础上，形成明确的项目目标等工作，为项目的正式立项做好充分准备。

1. 项目市场及价值分析

市场及价值分析是在广泛、深入调研的基础上，明确研发项目的价值判断（市场、客户、竞争对手等）、项目目标及核心参数需求、工作范围与具体细节、核心技术及发展路线、拟采取的研发模式、研发资源配置要求（包括人员数量及素质要求、研发基础设施要求、研发费用预算等）、主要里程碑、核心交付物及验收要求与标准等。其中的重点和难点在于对未来市场进行客观的预期分析和多技术路径的判断选择。

对于市场预期分析可借助迈克尔·波特的"五力分析模型"，通过分析供应商的讨价还价能力、购买者的讨价还价能力、潜在竞争者进入的能力、替代品的替代能力、行业内竞争者现在的竞争能力，在客观分析基本竞争态势的基础上形成对市场的整体判断。五力分析模型如图6-8所示。

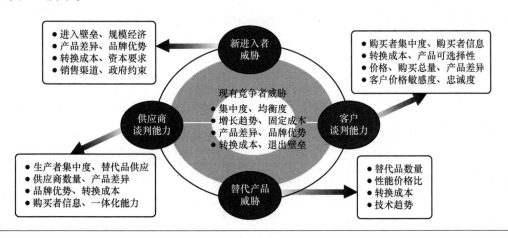

图6-8 五力分析模型

以上分析其实是项目的可行性论证过程，与传统可行性论证的根本不同点在于：这样的论证不仅仅在于论证技术的可行性，更为关键的在于市场的可行性和研发实现的可行性分析，并且要在论证的过程中明确未来的开发方式和可能的合作伙伴，因此更像《商业计书》，但是摒弃了传统商业计划书中那些浮夸的部分。

论证的核心工作内容主要有：

（1）市场评估

1）明确产品的目标市场和目标客户。

2）明确产品对客户的核心价值，如帮助客户增加收入、降低成本等。

3）明确产品能给公司带来的价值，如收入、盈利、竞争力的提升等。

（2）需求分析

1）探索细分市场特征、客户期望、应用场景等多个维度。

2）产业发展方向。

3）新产品的竞争力需求。

4）商业模式，价格需求。

5）需求排序。

（3）规格定义

1）产品概念探索，在多种概念中进行权衡，如外观、技术方案等。

2）形成初步产品需求，包括成本、物理新态、功能、性能、可服务性、可制造性、升级演进、质量、资料、包装、运输等。

3）初始产品需求排序。

4）产品概念的竞争力评估。

（4）执行策略

1）确定各领域的关键实现路径，以确保产品可以满足客户需求，能取得市场成功。

2）包括平台、关键器件、关键技术获取策略，知识产权策略，盈利模式，上市策略，生命周期策略，资源需求预估，投入产出评估，风险评估，盈利计划等。

（5）编写业务计划书　以上内容整合为初始的业务计划书，其中的关键部分形成项目任务书的汇报材料。

2. 研发战略确定

对于预立项研发的创新研发项目，可以根据企业技术方向和资源情况，判断是否要通过外包的形式完成，如果需要外包，企业可迅速地从创新研发生态圈中寻找合适的合作单位进行联合研发。在联合研发项目上，企业需要将很大一部分精力放在团队领军人物的甄选确定上，因此与其等到有了项目才现找，还不如通过平时多方位的接触（交流、讲课、项目竞赛等）来进行全方位的了解。在没有找到合适的领军人物之前，这样的创新项目可以暂时不启动。

确定好合作方后，此时企业需要开诚布公地与联合研发合作伙伴共同探讨可能的联合研发策略（项目制、代理制、股份分享制、联合公司制等），明确双方（或多方）职责和权益等，尤为关键的是研发一旦成功后，相应成果如何共享的问题，如专利的归属问题、利益分配等问题。国内企业在此阶段通常都只谈项目目标及范围，研发费用及支付方式等内容，很少会涉及研发成功后的内容。

为什么不等到研发后期或完成后再来谈，而是在项目正式立项前就谈清楚这些内容？核心就是如何避免互相猜忌，尤其是创新类项目的成功率并不高，企业在初期是不太可能拿出大量的费用来支撑研发的，往往会做相应的口头承诺："项目成功后不会亏待你们的。"但是如何不亏待没有明确的说法，因此在项目研发过程中，尤其是当看到成功的曙光时，联合研发团队中的一些人就开始有了其他想法，因此而放慢研发的进度，更有甚者待该项目宣布失败或搁浅后，将项目相关的核心技术巧妙地进行转化，换个门面重新开张。很多很好的有前景的项目，就是在这样的相互猜忌、项目博弈的过程中丧失了机会，或成为别人的"嫁衣"。

因此与其大家互相猜忌，还不如在项目还未正式开始前就尽量谈清楚所能明确的内容，这样在项目执行的过程中大家可以将精力更多的聚焦在项目上。当然不排除此刻谈好的条件到了项目后期也会产生纠纷，但是企业看重的是多个项目，多个团队的合作，最坏结果是未来的项目不与之合作了，更何况有合同作为约束。在联合研发项目上，"人和"往往比技术本身更重要，除非该技术真的具有绝对的独占领先性。

笔者曾经在2014年访问MIT（麻省理工学院）创新研发中心，当时问过其负责人关于版权及利益划分的相关问题，对方很诧异地想了好一会，委婉地解释道：他们还没有考虑过这个问题，因为不可能发生。如果这种事情真的会发生的话，那么这个团队也将从这个区域及领域消失。这就是创新环境的关键，不是明亮的办公室，而是这些植根于每个人内心深处，需要遵守的商业逻辑（底线）！

3. 研发策略论证

研发团队确定后，应重新对项目的可行性进行细化与重新梳理，再次理解需求和明确目标。这是项目由战略步入实施的关键一步，也是往往被很多企业忽视的一个关键步骤，当然，项目团队的核心人员如果参与到之前的工作，这一步的确是可以省略的。

对于多技术路径，有实力的企业可以组建不同的团队，齐头并进；对于一般的企业，由于资源的限制，可集中优势资源主攻某一技术方（红军），同时建立一支精干"特种部队"（蓝军），时刻关注其他技术路径的进展，向"红军"不断进行挑战和否定，在此过程中逐渐明晰路径和方向。

4. 项目研发立项

最后将沟通确认的内容形成规范的《研发设计任务书》，并签订相应合同，即便对于内部研发的项目，也建议采用类似的办法来进行管理。这样一方面规范了项目，另一方面让研发团队安心。更为关键的是，通过这样反复的讨论，可以从另一角度论证项目的可行性。笔者在项目讨论过程中经常说的一句话是："讨论起来都不兴奋的项目是没有必要做的"；更为直白的一句话是："自己都不愿意投的项目也是没有必要做的"；对老板汇报时常说的一句话是："研发人员可以赌上几年青春做的创新项目，公司有什么理由不对赌呢？"

创新研发项目立项后，在进入集成创新研发流程的同时，企业应同步开启与之相关的市场策划及传播推广的策划，也就是以研发结束的时间为终点，开始策划新技术、新产品发布时的系列传播文档及相应的传播铺垫（渠道、事件、代言人等），对于要保密、在最后时刻闪亮推出的技术或产品，更应该做好之前的引导及铺垫工作。这样做的目的不仅在于为市场工作提前做好准备，更为关键的是要以市场的视角重新审视创新研发的需求是否是面向市场的，是否是真正激动人心的产品或技术。

6.2.4 基于项目的集成创新研发

对于具体的创新研发项目，无论是自主研发还是联合开发，都应该严格按照规范的研发流程，借助一流的辅助工具，通过强有力的项目管理来确保项目如期保质地完成。

面对日益复杂的产品，在进行集成创新研发的时候，须深入研究集成产品开发（IPD）的思路及框架体系，在理顺研发体系和流程的基础上，借助产品全生命周期（PLM）平台，将研发体系和流程进行规范化，从而实现对创新研发项目的有效管理，缩短研发上市周期，降低研发成本，提升研发质量。

关于 IPD 的相关内容有大量的书籍和文章进行论述，在此仅将其核心理念及研发过程中的关键点进行简单概述和分析。

1. IPD 核心理念

IPD 是一套先进、成熟的研发管理思想、模式和方法，是基于市场和客户需求驱动的集成产品开发管理体系，横跨从市场分析、客户需求、概念形成、产品开发、上市，一直到生命周期的完整过程。核心是由来自于市场、开发、制造、服务、财务、采购等方面人员组成的跨部门团队共同管理整个产品开发过程，在产品设计中构筑质量、成本等优势，将产品开发视为一项投资，进行阶段性投资决策评审，确保从商业投资角度而非仅仅从技术角度进行评估，确保产品投资回报实现或尽可能减少投资失败所造成的损失。

IPD 体系框架如图 6-9 所示。

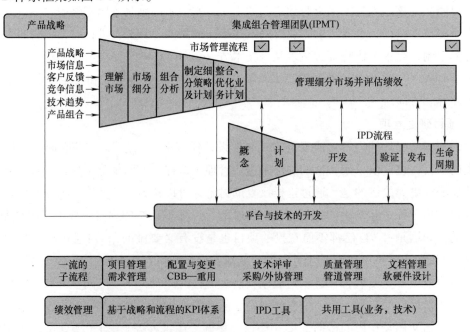

图 6-9　IPD 体系框架

IPD 的核心思想为：

1）研发是投资行为：将所有研发项目作为投资对象进行管理，包括产品开发、平台和技术开发，以及研究类项目。从一开始就要考虑产品、服务、解决方案和技术的投资回报率。针对 B2B 业务，尤其是解决方案类的产品和服务，还需要站在客户角度进一步考虑客户的投资回报率，只有客户成功了，企业才有存在的价值。

2）基于市场需求的研发：满足客户需求是企业生存的基础，无论公司战略、市场规划、产品和技术规划、各功能部门的规划，还是产品和技术的研发，以及公司其他运营活动，都必须围绕客户需求进行。客户需求是多方面的，需要通过管理层、营销部门、产品管理部门、研发部门、售后部门、质量部门等"神经末梢"进行系统收集，并传递到公司的各个体系和部门。大部分内部客户的需求来源于外部客户，把外部客户服务好了，就是以客户需求为中心。

3）平台化开发：为了提高产品、服务、解决方案的开发效率，需要通过需求管理、产品和技术规划提前识别公共技术和关键技术，单独立项开发，这样才能在产品开发过程中调取这些资源，从而在快速响应客户需求、提高质量、降低成本上同时取得领先优势。抽取现有产品共同使用的模块和技术形成平台只是最基础的工作，更为重要的是要探索和研究目标客户未来的共同需求，在此基础上形成产品和技术平台，对产品研发提供有力支撑。是否基于平台和核心技术进行系列产品开发是公司研发实力的最终体现，通过人力资源的共享、专业细分、渠道管理等，实现知识的共享，经验和教训的积累和传承。

4）跨部门协作：在 IPD 体系中，无论是需求管理、产品和技术规划、项目任务书编制、产品和技术研发、产品上市，还是上市后的产品生命周期管理，都应广泛采用跨部门团队，汇集各个领域的专业智慧，形成合力，共同满足客户需求，为产品的商业成功负责。各个职能部门应"退到幕后"，为这些跨部门团队提供资源和支撑。公司的企业文化、绩效管理和激励机制也要支撑跨部门团队的运作。

5）结构化流程：把复杂的产品创新过程进行解构是管理的基础。IPD 体系中的各种流程被划分为若干个阶段，在每个阶段设置了评审点，按角色归集流程中的活动，以便与组织结构相互匹配。评审点分为决策评审点和技术评审点。在流程中，通过决策评审实现高层决策团队（投资方）和规划团队、研发团队（承诺方）等的互动，资源分批受控投入，既满足项目进展需要，又避免投资失控。通过流程中的技术评审，实现专家和项目团队的充分互动，各领域专家充分利用其专业经验为研发团队提供指导，确保产品最终满足客户需求。

6）业务与能力均衡：在快速响应市场需求的同时不能忽略内部能力构建，两者都很重要。无论产品多有竞争力，终有生命周期结束之时，但企业通过各种方式构建的能力可以使其源源不断地推出新产品。在企业发展的不同阶段，可以有策略、有选择地把重心放在业务发展或内部能力的构建上。

7）灵活发展，与时俱进：IPD 不是一套固化的思想、流程、子流程、组织架构、激励机制，更不是各种纷繁复杂的工具、模板、表单和考核指标。IPD 是灵活发展的，必须在不断吸取业界最佳实践经验和解决业务问题的过程中与时俱进。

IPD 的集成思想可表现在三个方面，即：

1）是各类知识体系的集成。IPD 所涵盖的知识体系包括战略、市场分析、需求管理、产品规划、项目管理、产品开发、投资决策等。

2）是理念、方法、流程、组织和绩效的集成。IPD 不只是一套管理工具，更准确地说它是一套管理体系，其中包含了具有 IPD 特色的阶段流程、矩阵式组织、及时反馈的绩效管理模式，更为重要的是其独特的产品开发思想。

3）是跨部门团队的协作（集成）。IPD 式产品开发打破了传统的研发"孤军作战"的产品开发模式，强调产品开发工作需跨部门协作，产品开发团队是各个领域精英的集成。

基于集成的管理思路打破了传统的串行产品开发流程，进而转变为 IPD 体系下的并行产品开发流程，彻底改变了传统研发过程中各个领域的工作做完后移交到下一领域的工作模式。在各领域按照 IPD 各阶段的主要任务协同开展工作，从而规避了传统研发存在的效率低下、无效返工、交接困难、容易扯皮等问题；并通过阶段性评审工作，有效地对风险进行识别，使所研发的项目按照市场需求进行交付。集成产品开发与传统产品开发在对象、流程和绩效方面的区别如下：

1）对象不同：传统产品开发，是指对产品本身的开发，输出的是产品成果，产品经理对产品的开发成果本身负责。而集成产品开发，是指除了产品本身的开发外，还包括产品市场及销售策略、产品服务策略、产品培训与资料策略等方面的产品包的开发，产品经理不仅仅对产品本身的开发负责，更重要的是，要对该产品最终的市场成功和财务成功负责。

2）流程不同：传统的产品开发流程，是部门式分段开发，部门壁垒很重；而 IPD 的产品开发流程，是跨部门、分阶段、分层次、能够具体定义到每一位员工操作活动与评价要素的全流程。

3）绩效不同：传统的产品开发的考核指标，是产品开发的过程指标及产品本身的成果；而 IPD 对产品开发的考核指标，是市场成功和财务成功的结果考核指标，不只是过程的指标。

因此，企业可以按照集成产品开发（IPD）的核心理念，结合所需研发的产品的特点，建立与之相适应的研发管理流程。

2. 关键点分析

作为总部的创新研发部门在基于项目的集成创新研发阶段的重点工作是：做好项目群的综合管理，协调和整合资源，促进研发项目的正常进行，对研发项目过程中的"项目计划、方案设计、开发、测试/验证、实施、验收"等有效地进行评估和规范管理。

在此过程中，除了常规项目管理的进度、人员、费用、沟通等日常管理外，须重点关注需求变更管理及项目结果管理。

（1）需求变更管理　需求管理贯穿于整个创新研发项目的全生命周期。回归本源获取需求设想，在深度调研的基础上形成较为完整的需求池，根据目标要求及优先级等形成需求分析报告。在研发过程中从迭代需求、完善需求、实现需求，到交付上市、动态跟踪、迭代升级，形成完整的"需求-实现"的闭环管理。

需求变更的管理是研发管理中的重点和难点。如若管理不当，对于创新项目的质量、交期及成本等方面都会带来比较大的影响，甚至因需求变更混乱，导致项目失败，因此对需求变更进行行之有效的管理，是确保创新研发项目成功的关键因素之一。

导致需求变更的主要因素有以下方面：

1）调研不充分导致需求变更：因为调研范围、目标对象、调研人员理解能力及时效性等方面的因素，导致在前期需求调研不充分的基础上仓促上马，使得在创新研发的过程中不断弥补因调研不充分而进行的需求变更。

2）业务理解偏差导致需求变更：因对行业及业务理解的深度不同，加上描述过程主要是基于自然语言进行需求描述，缺乏关键性的指标或模型化的手段，从而导致因业务理解不同而产生的需求变更。

3）需求层次不同导致需求变更：不同层级、不同领域的需求存在差异性。往往在项目前期，需求通常是基于执行层或功能层面的；待研发到中后期，尤其是在即将交付的时候，相关的高层或相关业务领域才会深度介入，从而导致因需求层次不同而产生需求变更。

4）业务不稳定导致的需求变更：由于企业的业务成熟度相对较低，需要在摸索中进行不断优化；同时因为存在业务边界模糊、管理待规范及业务流程变更等问题，导致因业务不稳定发生而产生的需求变更。

5）市场快速变化导致的需求变更：由于对目标市场的发展趋势缺乏合理的预判，在项目开发过程中，因瞬息万变的市场环境，尤其是竞争格局的变化，导致因市场发展而生产的需求变更。

6）技术快速发展导致的需求变更：由于对技术的发展趋势缺乏合理的预判，在项目开发过程中，因新技术发展与前期需求分析的偏差较大，从而导致生产的需求发生变更。

通常需求变更的类型可分为：技术类、性能类、功能类、规则类、体验类、数据类等。不同类型的需求变更影响范围、实现难易程度、最终结果影响及应对方案等对比分析见表6-2。

表6-2 不同类型需求变更的对比分析表

类型	影响范围	难易程度	结果影响	应对方案
技术类	全局性	困难	不确定	谨慎评估，可能的情况下，在未来的产品中实现
性能类	局部性	难	大	谨慎评估，技术能力允许的情况下，尽量满足
功能类	局部性	难	中等	谨慎评估，不影响项目周期及成本的前提下，尽量满足
规则类	局部性	中等	中等	最高层领导确认的情况下，通过配置实现
体验类	全局性	一般	一般	不影响正常运作的情况下，暂时不予考虑；应用一定的周期后，酌情进行考虑；在未来的产品中综合考虑
数据类	全局性	不确定	大	标准化接口，通过配置实现。否则需谨慎评估，在未来产品中综合考虑

通过以下五步法，可实现需求变更的规范化有效管理。

步骤一：统一需求变更渠道，搭建需求变更平台。由于需求变更的来源通常会涉及外部客户各层级、政府及监管等相关机构，内部的工程实施部门、研发部门及市场部门等，为减少需求变更对正常研发工作的影响，因此有必要在建立统一的需求变更渠道的基础上，搭建开放的需求变更管理平台，规范变更流程，顺畅变更需求信息传递的透明化，减少无谓的沟通成本。

步骤二：消化变更需求，形成规范的需求描述。对所收集的变更需求进行整理，形成规范、清晰、无二义性的变更需求定义，并与变更提出者做好沟通与确认工作，有效规避对变更需求理解的差异性。

步骤三：分类管理需求变更，合理拒绝变更需求。按照一定的准则，进行优先级划分。通常可以分为不响应、暂时不响应、响应、紧急响应等。如果涉及操作不习惯等需求变更，可以不响应，但须做好说明和培训工作；对于的确是需求的问题，但不涉及全局工作的，可暂时不响应；对于影响了企业全局工作或影响最终产品效果的需求，分级进行响应，并与客户进行沟通，避免产生不必要的误解。

步骤四：透明化需求变更响应过程。按照需求变更的响应级别及相应的响应流程，有效地传递到研发管理环节中，定期对需求变更的进展情况进行反馈。

步骤五：定期回顾需求变更，迭代产品。定期对未响应的变更需求进行梳理，根据需要将其纳入产品的迭代需求规划中，从而实现需求变更的闭环管理。

总之，面对需求变更，一方面，要在不断变化的外部环境中敏锐地挖掘并寻找到其中的不变因素，考验的是企业在创新研发过程中的战略洞察；另一方面，就是在既定的静态内核需求面前，通过敏捷开发来应对外界的变化，开发出满足市场和客户需求的产品，考验的则是企业在创新研发过程中的研发管理能力。

（2）项目结果管理　技术创新是永无止境的；商业化的创新研发则是需要在既定的资源下完成相应的工作，并在市场的洗礼中进行不断优化。切记没有哪个产品在上市之时就是完美无缺的。因此，在创新研发过程中，总部的创新研发部门要以结果为导向，平衡好项目资源与项目最终结果的管理。

1）应及时发现问题并对问题预期进行判断，尤其是当项目陷入胶着状态或暂时失败时，应做好相应的激励管理和突破性变革工作。

2）在项目显露出败绩时，要有勇气在科学评估的基础上，果断终止确实不成熟的项目，并做好总结收尾及善后工作。在整个创新研发体系中，单一项目的成败并不能代表什么，而且失败项目往往是难能可贵的，通过仔细总结分析，一方面为后续的创新项目提供非常宝贵的经验和教训；另一方面，可以将创新工作中切实可用的成果有效地应用到后续的研发项目中。

3）在创新研发项目完成后，应对创新研发项目进行全面、中立、客观的评价，并在此基础上，判断是否应展开后续的价值推广工作；同时做好相应知识产权的申报及保护工作，以相关标准的建立工作等。

此外，为做好创新研发项目群的综合管理，与之相匹配的产品生命周期管理（PLM）

的支撑是非常必要的。

6.2.5 基于市场的价值创造

集成创新研发阶段研发成功的项目，将有集团内部普及推广和外部孵化上市两种途径进行基于市场的价值创造。

1. 内部普及推广

进行内部普及推广的创新研发项目主要有工艺创新类、产业链协同类和商业模式创新类（对内）等，一旦研发完成并在试点应用过程中的确产生了相应的价值，可在集团各单位进行推广普及，此时需要做好相关的移交准备工作，尤其是文档、数据、规范、标准、评估体系等，将相关职能由创新研发体系有效地转交其他职能部门，进行后续的普及推广管理。

创新研发中心将独立、持续地对项目的具体应用情况进行跟踪，以便有效地对项目提出迭代优化需求，并视情况纳入创新项目资源池进行管理。

2. 外部孵化上市

进行外部孵化上市的创新研发项目主要有产品组合类、产品创新类、产业链协同类和商业模式创新类（对外）等，一旦研发完成并通过原型客户的试验，准备批量上市时，需要全面地对相应的准备工作进行有效的梳理、补充和完善，有序地推向市场。

产品上市发布虽然只是一个点上的工作，但如果发布之前的工作没有进行统筹规划、统一监控，往往会因为新产品发布之时有太多的工作，理不清头绪，顾此失彼，剪不断，理还乱，仓促推出，从而影响整体的上市效果，后期弥补需要耗费大量的人力和财力，且效果大打折扣，甚至带来不可弥补的损失，具体表现在：

1）信息不一致。由于相关准备不充分，信息不统一，往往造成：市场宣传与开发不同步，产品/公司品牌宣传不到位；市场部人员对新产品的宣传与实际产品不一致；网站等传播渠道的资料更新不及时。

2）流程混乱。由于发布流程没有融入产品开发流程之中，或缺乏相应的配套机制进行监控，出现制定的发布流程没有得到精准的执行，工作失控。

3）市场与销售脱节。由于缺乏整体策略和推演，往往市场发布了，相关的市场活动如火如荼，然而前端市场销售和后端销售支持力度不够，造成市场与销售的脱节，出现：市场资料及销售策略没有及时传递到销售人员及渠道手中、培训不到位，造成销售体系缺乏对新产品的深刻理解，导致终端销售人员不知道新产品的特性，新旧产品混淆，甚至因营销政策不明晰、价格体系混乱造成终端销售不积极等问题，从而严重影响新产品的上市效果。

4）配套服务缺失。产品上市不仅涉及营销等方面的业务，还涉及内部的生产组织及产品售后服务等关键环节，因为没有哪件产品在上市初期就是完美无缺的，都要在市场中与客户不断磨合的基础上进行完善，因此如果新产品在上市之前没有整体的规划，往往会因为产品销售出去了，铺货渠道、物流配送、现场安装、售后服务等环节没有及时跟上，造成客户反馈无法及时、高效地进行响应，在影响现有用户满意度的同时，更为关键的是对企业的产品品牌及声誉等方面造成负面影响，从而制约了产品上市后的良性发展。

5）缺乏发布评估。由于没有建立相应的产品发布的跟踪机制、评估体系，缺乏与之相对应的工具和手段，从而造成：对新产品缺乏客观的评价标准，难以客观评价新产品的质量；难以跟踪到单个产品量产后的技术状态、发货信息和市场表现，难以对相应的营销策略进行优化和调整；无法做到销售信息及用户真实信息的回收与反馈，对后续产品的迭代规划决策造成困扰。

因此，在产品上市的时候，要做好整体策略演练，不打无准备之仗，项目团队应该有效整合集团资源，实现：

① 对内做好产业孵化的准备工作。重点做好原型产品向市场商品打磨，并做好产品的标准化、系列化和模块化。

② 对外做好相应的市场化运营准备。营销策略制定、销售人员招聘及培训、市场通路布局、宣传推广等，在市场化运营过程中根据市场变化进行迭代优化。新产品上市流程关键活动如图6-10所示。

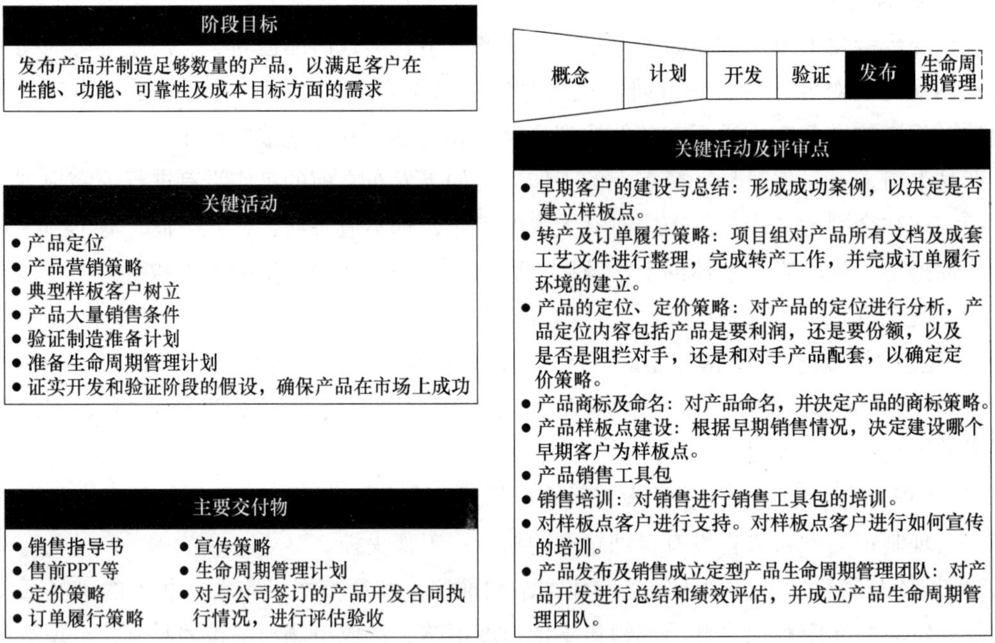

图6-10 新产品上市流程关键活动

其中，典型样板客户的树立是新产品上市过程中的关键活动之一。一方面在上市初期，可以集中有限的优势资源，服务好客户，通过实战总结经验，形成体系化的营销及服务等相关材料；另一方面通过现身说法，可以更好地说服潜在客户，加速销售活动的达成。因此，典型样板客户的树立成为目前各企业都非常关注的重点，尤其是整体解决方案类的营销推广。

企业在树立典型样板客户时对典型用户的甄选显得尤为关键，需关注以下关键环节：

1）是否具备该新产品或新业务需要的环境。

2）是否符合该新产品或新业务的客户群定位。

3）样板客户的应用价值是否得到充分的挖掘。
4）客户是否愿意持续地配合进行相关的工作。
5）样板项目地点是否对潜在客户有吸引作用。
6）是否具备举行现场会等活动的条件。

总之，作为集团的创新研发中心，切忌越俎代庖，亲自操刀，也忌讳放任自流，任其发展，而应有效地对成功的创新项目进行及时的总结和凝练，完善和规范相关的上市流程，构建并有效地聚集相关的市场资源，在将创新孵化的土壤建设好的基础上，对独立孵化上市的创新项目进行有效的跟踪，不断地为所孵化的项目提供相应的"炮弹"。

6.3 创新生态圈建设

要想将创新研发工作全面展开，又想降低风险、取得成效，仅凭自己内部的力量是很难完成的，因此就需要以全球眼光和国际视野，通过全方位的联合研发与产业合作来实现，构建企业的创新研发生态圈已经成为普遍共识。

6.3.1 创新研发生态圈面临的挑战

然而企业如何构建行之有效的、真正能为我所用的创新生态圈，将面临诸多挑战：

1）来源问题：研发项目从哪来？确保源源不断的需求，不断创造出有价值潜力的创新研发项目，是确保生态圈正常运营的关键。

2）资源问题：如何有效地积聚生态圈中的机构？避免有项目的时候没人，没项目的时候人去楼空，再聚集时已面目全非。

3）泄密问题：创新生态圈要持续发展，就必须保持开放，那么如何确保在开放的同时，关键的技术研发方向不被竞争对手获取？创新成果不被窃取？

4）协同问题：不同团队之间如何有效地进行协同？如何有效规避无效沟通而产生的资源浪费？例如：需求目标理解上的差异；需求变更在不同团队之间传递不到位、不及时；设计过程中版本不一致；多方研发成果不能最终集成等问题。

5）共享问题：如何有效地实现资源共享，避免"重复造轮子"的事情？如何让协作团队心甘情愿地将核心技术共享出来？

6）分配问题：如何做到合理分配，避免项目中的挑肥拣瘦现象？如何做到无须扬鞭自奋蹄？杜绝出工不出力的现象。

6.3.2 创新研发生态圈模式探寻

企业创新研发生态圈的建设是一个长期性的系统工程，需要在整体规划的基础上，通过一个个项目来进行磨合、优化和完善，一旦能顺利运行起来，将为企业的创新带来意想不到的效果。

创新研发生态圈的组织应该是一个开放、灵活、动态的组织结构：

1）需要有开放的心态，欢迎行业内外的机构（包括竞争对手）和个人参与其中，各自发挥作用。

2）生态圈可按照圈层来进行管理，不同圈层的权力、义务和可能获得的收益有所不同，所获得的项目也有一定区别（项目可分为封闭项目、半公开项目、全公开项目等）。

3）生态圈是动态变化的，实现双向流动，即有从外圈向内圈的晋升机制，也有从内圈向外圈，直至退出的淘汰机制，是一个不断进化、优胜劣汰的组织。

创新研发生态圈具体运营模式如图 6-11 所示。在实践中不断打磨和完善创新研发生态圈的运营流程和规范，其包括以下几个阶段：

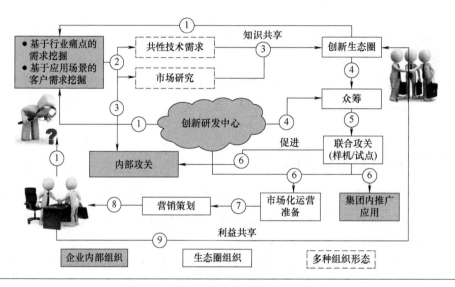

图 6-11　创新研发生态圈具体运营模式

1）由创新研发中心牵头发起相关的待研发议题，初期的议题主要来自创新研发地图中的对外协作的项目内容。待生态圈顺利运转起来后，也可由生态圈的其他机构发起议题或通过项目研发过程产生新的研发议题。

2）议题确定后，通常由创新研发中心自己或由其指定生态圈中的合作伙伴，或采取竞赛等灵活多样的形式，展开需求分析和相应的市场调研，也就是完成集成创新战略（第二阶段）的工作内容。在生态圈的建设中，这是一个非常核心的工作内容，通过这一阶段的工作，一方面可以客观、深入地分析技术与市场的关系，便于做出科学的决策；另一方面可以明确和规范项目目标和范围，为后续的分工协作打下基础。

3）根据具体的项目情况，对生态圈内的机构进行分层的知识共享与讨论，探讨项目的可行性，也就是完成创新项目的立项决策工作。有部分项目在完成预研后，会直接转到企业内部进行自主攻关。

4）一旦项目确定立项后，将由创新研发中心联合创新生态圈的机构共同讨论未来项目的开发形式、众筹策略（并不是所有生态圈的企业都可以参加众筹，也不是只有参与项目研发的企业才能参与众筹）、决策机制、止损机制、退出机制及利益分配机制等，在形成一致意见的基础上组建虚拟联合研发团队。创新研发中心对众筹资金进行统筹管理、专款专用，并承担虚拟公司必要的组织管理工作。

5）由虚拟联合研发团队就项目进行攻关，在上一阶段明确的决策机制下，虚拟研发团队拥有项目研发过程中的独立自主权。创新研发中心需要成套地输出集成创新研发的管理理念、流程、规范；配套的信息管理系统及提供必要的知识库；提供与之相应的系列培训和必要的服务，从而有效规避虚拟联合研发团队的作坊式研发。此外，创新研发中心有独立的审计监督权力和在项目出现严重偏差时参与讨论并进行相应决策的权力。当项目完成后，创新研发中心组织对项目进行客观、科学的评估。

6）根据项目完成的情况，一方面可将研发成果转让给内部进行继续攻关或在公司内部进行推广应用；另一方面如果需要进行市场化运作，则根据第四阶段沟通达成的初步框架，完成孵化公司的注册等相关工作，并按照独立的公司来进行运营。

7）本阶段的核心工作就是为将产品尽快推向市场做准备。具体有两方面工作：一方面是如何快速实现所研发产品的批量生产；另一方面是根据产品特点，做好上市前的系列策划及准备工作。

8）积极开拓市场，按照现代公司治理制度进行规范化运营，创新研发中心则是积极配合整合资源，尤其是行业中所积累的客户资源，迅速将项目做大、做强。

9）按照当初商定的规则实现利益的共享，并在此基础上挖掘出新的创新研发机会，实现创新研发生态圈闭环的良性运营。

6.3.3　创新研发生态圈价值分析

通过创新研发生态圈的有效运营，不仅完成了相应项目研发及产业孵化，更可以为企业带来以下价值：

1）可以围绕核心主题，有针对性地广开言路，获得创新研发思路，不断补充和完善企业的行业创新研发地图。

2）可以批量地获得高质量的创新研发人才，因为这些人才都是结合企业具体项目通过实战的磨炼脱颖而出的，未来与企业研发团队磨合会更加容易。

3）通过生态圈的创新研发项目，引入鲶鱼机制，形成对比，可以有效地促进企业内部项目研发效率的提升。

4）不断吸取经验，完善集成创新研发的流程、模板和知识库，实现对企业内部研发流程的持续优化。

5）通过开发式的创新研发机制，可以围绕企业主营业务实现低成本、低风险、多通道、高效率的业务延展。

6）最为关键的是，实现群体型加速创新，即当创新者相互联系紧密时，一个创新者的新突破，会被另一个创新者了解并掌握，并且在此基础上推出自己更好的创新，这样一次次创新的叠加，会迅速地把创新的整体水平带到一个新的高度。

总之，创新研发生态圈作为新型的创新研发模式，其运行模式还在不断地发展演进中。长期以来一直是"技术提升产业"，如果通过创新生态圈的建设和良性循环，可以实现通过商业运用和市场竞争，为科学研究形成内在动力，为技术创新提供验证机制，形成"业务拉升技术"的新局面。

6.4 创新外部环境分析

在创新的过程中，尤其是创新研发地图编制过程中，外部环境的分析工作是非常关键的，该项工作不仅在规划创新研发地图时要做，而且要落实到日常的工作中，及时把握外界的技术动态及方向，有效地对创新研发地图进行修订和维护。

外部环境的分析主要是对国家政策、行业机构、科研院所、领先企业、价值客户和行业媒体等机构所发布的文件和报告进行研究和分析，获得相应的资讯。

6.4.1 国家政策

通过解读国家相关政策可以了解未来国家将在哪些方面进行布局，可结合公司发展战略有效地进行应对，一方面围绕国家政策展开相应的工作，可以获得资金、人才、品牌等方面的扶持；另一方面，国家相关政策的制定往往是积聚了专家的集体智慧，因此具有很强的方向代表性，可使企业少走弯路。

在进行政策解读时，需要考验的是企业家的决策定力，也就是一方面不要错失良机；另一方面，不要被"美好前景"所迷惑，盲目布局，尤其是跨行业、跨领域的布局。而这种决策定力是一种修炼，需要构建在对行业深刻理解、对外界保持敏锐洞察、对未来有强烈发展欲望和冷静思考的基础上，是在资源有限的前提下、在众多矛盾积聚的基础上做出的判断，这种决策更为挑战的是决策的长期性，往往在短期内很难对决策的对错做出合理的定论。

对于全球化的企业而言，需要用类似的方法研究相关国家或区域的政策，可与所在国家的智库进行合作，实现精准研究。

6.4.2 行业机构

创新研发一定要有国际化的视野，因此对于国际行业机构的研究（如行业协会、商业智库、市场研究机构、咨询公司等）非常关键。通常每个行业都有类似的国际性组织，这些国际性组织会定期发布未来的发展趋势、年度分析报告及相关专题报告等，对这些报告的解读是获得未来发展方向的捷径。

由于这些报告往往是面向全球的，因此，一方面切忌报告中的某些结论由于背景等原因可能与通常的认知存有一定的偏差，而盲目否定其价值，企业刚好可以应用这些信息的不对称，为更为科学、理性的思考带来契机，同时企业可以借助这些不对称性进行合理的全球化布局；另一方面，切忌盲从，将其奉为"圣旨"而左右了自己独立的判断。这些报告往往在技术趋势和全球性的市场趋势的研究上具有相当的权威性，但对于区域政策及区域市场的分析上就有待于仔细推敲。

近年来国内的行业机构得到了蓬勃发展，不少机构已经从传统的行政管理型、市场推广型机构逐渐向战略指引型、市场维护型、技术研究型等的机构转变，不少行业机构已经能定期发布相应的研究报告，但体系、方法、工具等仍与国际领先机构存有较大差距，需要不断完善改进。

以工业数字化领域为例，知名的行业机构见表6-3。

表6-3 工业数字化领域知名行业机构

序号	机构名称	总部属地	简介
1	弗劳恩霍夫协会	德国慕尼黑	弗劳恩霍夫协会（Fraunhofer）是欧洲最大的应用科学研究机构，成立于1949年，截至2017年5月，在德国有69个研究机构，约24500名员工，是公助、公益、非营利的科研机构，为企业开发新技术、新产品、新工艺，协助企业解决自身创新发展中的组织、管理问题，是德国"工业4.0"的主要参与者和推动者
2	M×D	美国芝加哥	2019年美国数字制造和设计创新机构（Digital Manufacturing and Design Innovation Institute，DMDII，2014年成立）更名为M×D（Manufacturing times Digital），M×D代表制造业与数字化的融合，它的使命是推动制造业的数字化未来，开拓新技术，使美国工业基础和作战人员更加敏捷有活力。目前M×D已吸引了300多家合作伙伴，与超过35个州的合作伙伴开展了60多个研究项目
3	日本工业价值链促进会	日本	日本工业价值链促进会（Industrial Value Chain Initiative，IVI）是一个由制造业企业、设备厂商、系统集成企业等发起的组织，旨在推动"智能工厂"的实现。IVI于2015年6月成立，目前大概有200多家企业加入到IVI组织当中
4	高德纳咨询公司	美国斯坦福	Gartner（高德纳，NYSE：IT and ITB）是全球最具权威的IT研究与顾问咨询公司，成立于1979年。其研究范围覆盖全部IT产业，就IT的研究、发展、评估、应用、市场等领域，为客户提供客观、公正的论证报告及市场调研报告，协助客户进行市场分析、技术选择、项目论证、投资决策等
5	国际数据公司	美国	国际数据公司（International Data Corporation，IDC）是IDG（国际数据集团）旗下子公司，是信息技术、电信行业和消费科技市场咨询、顾问和活动服务专业提供商。经常发布市场资讯、预测和资深分析师关于业内热点话题的观点性文章，其在全球拥有超过1000名分析师
6	中国电子信息产业发展研究院	中国北京	中国电子信息产业发展研究院（赛迪研究院）是直属于国家工业和信息化部的一类科研事业单位。致力于面向政府、面向企业、面向社会提供研究咨询、评测认证、媒体传播与技术研发等专业服务。形成了政府决策与软科学研究、传媒与网络服务、咨询与外包服务、评测与认证服务、软件开发与信息技术服务五业并举发展的业务格局。每年向政府和市场提供各类IT市场调查、市场监测、市场分析和建议报告等100余种

(续)

序号	机构名称	总部属地	简　　介
7	中国工业互联网研究院	中国北京	中国工业互联网研究院是工业和信息化部直属事业单位，2018年11月1日正式设立。主要职责是工业互联网发展战略、规划、政策、标准的研究，标识解析体系和网络、平台、安全体系建设，国际交流与合作等工作。旨在打造成为工业互联网领域的世界知名重要智库、技术创新重要源泉、政府监管重要支撑、企业赋能重要动力、拔尖人才重要基地、国际合作重要平台

此外，还有麦肯锡、凯捷、埃森哲、普华永道、IBM、Forrester、CIMdata、e-works 等公司的报告也值得关注。

6.4.3　科研院所

科研院所代表了技术的发展前沿，因此必须对行业内领先的科研院所进行动态跟踪，有效地了解他们在关注和研究的课题有哪些？进展如何？在跟踪科研院所的同时，更为关键的是要跟踪其中的核心领军人才，他们在研究什么？

一方面可以通过背景材料的收集（论文、专利、参与项目情况等）进行了解；另一方面可以通过参加学术类的会议、论坛等进行被动了解。更为直接的是与科研院所建立长期的战略合作关系，具体可采用共建人才培养计划、共建实验室、科研项目合作等多种形式。

在与科研院所的合作中，企业往往注重具体项目的合作，而忽略了技术前沿的研究。其实企业可将所关注的技术方向有效地转化为研究类软课题（这是科研院所擅长的工作，而且有广泛的资源作为保障），让不同的科研院所进行研究，可在系统性获得报告的同时，与多家科研院所的关键领军人才都建立良好的沟通机制，一旦企业有明确的研发方向后，可在相互信任的基础上迅速搭建起协同研发的团队。

当然在关注本行业的科研院所之外，还需定期关注那些综合类、基础型研究机构所关注和研究的内容。

6.4.4　领先企业

对同行领先企业的跟踪是制订创新研发地图最为直接的信息渠道来源，是不少企业都已经在做的事情。但在实践中，因为商业竞争的关系，这种跟踪往往是局部的、碎片化的、非核心的，很难形成体系化的分析。因此企业需要转化思路，通过间接的渠道来获得有价值的信息：

1）定期对核心产品进行研究。

2）有效收集来源于客户和市场的资讯，如可通过用户大会、定期拜访客户、规范技术收集模板、定期分享会、专题技术讨论会等多种形式收集。但最为直接的是，企业需要构建起与其市场销售渠道的沟通机制。

3）有效收集其技术合作伙伴的研发动态和其对紧密供应商的要求。通过定期对这些资讯的分析，可以推导出其关注的技术重点和研发状态。

4）与国际企业进行合作，通过合作系统性地获得更高层面的技术方向与前沿。

企业对于领先企业技术方向的研究，需要有长期的规划，耐心地将各种渠道所收集的碎片信息进行整合，通过拼图的方式逐渐形成较为完整的体系化材料。

6.4.5 价值客户

作为创新研发的价值客户通常不是那些给企业销售（利润）贡献度最大的客户，而是那些能不断提出新需求、愿意分享新观点和勇于尝试新技术的一类客户。

很多行业的创新往往是由这些价值客户所驱动的，因此企业的创新研发部门要有效"经营"好这类客户。一方面，让客户对企业的技术有信心，提高客户的忠诚度，愿意将其需求分享出来；另一方面，在获取需求的同时与客户实现联合创新，有效地服务于客户的客户，这样就可实现持续的价值创造，成为创新的活水之源。

6.4.6 行业媒体

行业媒体的信息也是获取技术方向的重要渠道之一。通过行业媒体除了获得技术的发展趋势外，还可以了解市场对相关技术的接受程度，以及对技术本身成熟度的探讨。对于有一定研究实力的行业媒体，往往会独立的对同一领域的多个技术方向进行对比分析，并提出自己的独立观点。这些都是企业在做创新研发地图时对技术方向、市场价值及成熟度等进展判断时的重要信息来源。

总之，在关注以上机构的同时，一定要关注这些机构中的关键人，因为创新的思路往往是这些关键人思想的展现。

外部环境分析看似头绪很多、工作繁杂，其实企业只要维护好"个、十、百"就能做到游刃有余［其中："个"指的是维护好一条技术政策链；"十"是跟踪TOP10的行业机构、科研机构（国内、国外各10家）、领先企业、价值客户、行业媒体等；"百"是维护好行业内核心的百位关键人］，就能及时、全面地获得企业创新研发所需的"原材料"。

第 7 章
特斯拉全面创新案例

> 当一件事情足够重要时,即使盈利并没有达到预期,仍然需要坚持不懈地去做!
>
> ——埃隆·马斯克(Elon Musk)

之所以选择特斯拉作为本书的综合案例,主要的原因有以下几方面:

1)汽车是大家都非常熟知的,是目前最为复杂的个人消费品,兼顾了消费品和工业品的特点。

2)汽车产业经过百余年的发展,体系非常完整、技术相当成熟,但伴随科技的进步,目前汽车行业正呈现"电动化、网联化、智能化、共享化"的新四化发展特征,整个行业面临着前所未有的以科技为牵引的巨大变革,而我国在该领域基本与世界同步。

3)电动汽车并不是一个新兴的事物,19世纪末与20世纪交汇的时期,在伦敦等大都市的街头大量行驶的是电动汽车,而非燃油汽车,只不过燃油汽车因为技术、成本等因素优势后来居上,成为主流,但目前正面临新的巨大挑战。因此,同一领域不同发展方向是伴随着该领域核心技术的发展而发展的,并非是一成不变的。

4)近百年来,汽车行业鲜有创业成功的公司,而特斯拉的出现,创造了一个新的奇迹(即便在新的电动车发展时代,特斯拉并非一开始就是领跑者)。

5)关于特斯拉的分析文章非常丰富,全面且具有相当的深度,可以进行有效的借鉴(在此对相关作者深表感谢)。

6)特斯拉实现了产品与数据的深度融合,通过了解并掌握用户的所有行为数据而形成需求,促进产品创新,并通过数据为车主提供更加智能的服务。未来将通过数据共享,盘活闲置车辆,为客户赚钱。

7)特斯拉不仅关注重大技术变革,也非常关注工艺及生产等环节的局部优化。同时除在技术方面的创新外,在营销、生态、组织等方面也极具创新,是全面性的创新。

8）最为关键的是，特斯拉在创新领域，通过"第一性原理"的思想方式重新审视汽车行业（所谓第一性原理，即是一切事情从最本质的地方出发，解决它最本源的问题。这是特斯拉自创立之初起，所秉承的一种底层逻辑），因此特斯拉所带来的每一项创新都深刻地影响着汽车这一传统行业，甚至拓展到其他领域，引得各企业纷纷学习和模仿。

在进行特斯拉案例分析时，作者也学到了很多东西，并深受启发。但必须说明的是，这些信息均来源于二手资料，并在此基础上进行的分析，必然会有囫囵吞枣、盲人摸象的感觉，而且这些技术仍在不断地迭代更新、飞速发展，新技术、新应用不断涌现。同时由于专业限制和对相关技术缺乏深入的行业认知，往往会停留在表面，甚至有错漏，还望批评指正。

7.1 特斯拉的领军人物

要深入地研究一家企业，首先需要研究企业的领军人物，因为领军人物的价值观、判断力和行为处事等方面都代表了企业的发展定位和未来，是企业的灵魂所在，因此在具体分析特斯拉公司的创新之前，有必要对其领军人物——埃隆·马斯克进行简略的分析。

7.1.1 埃隆·马斯克简介

埃隆·马斯克（Elon Musk），1971年6月28日出生于南非的行政首都比勒陀利亚（现名茨瓦内），同时拥有南非、加拿大和美国三重国籍；毕业于宾夕法尼亚大学，获经济学和物理学双学位；现任太空探索技术公司（SpaceX）CEO兼CTO、特斯拉公司CEO、太阳能公司（SolarCity）董事会主席。

埃隆·马斯克的母亲是加拿大籍模特，父亲是电子工程师，埃隆·马斯克9岁时，父母离婚，他和弟弟跟着父亲在南非生活。埃隆·马斯克的童年并不幸福，因为父亲经常在语言上严厉地责骂管教两兄弟，更糟糕的是，从孩提时代到青春期，他在学校经常遭到霸凌，被欺负打骂是常态。童年的不幸回忆让埃隆·马斯克变得孤独又偏执，很大程度影响了他之后的生活。

7.1.2 埃隆·马斯克初期创业

在不断地被欺负和殴打的童年里，埃隆·马斯克偶然接触到了计算机，并在10岁那年拥有了自己的第一台计算机，他一下投入到了计算机和编程的世界里，12岁就和弟弟卖掉了自创的一套游戏程序"爆炸星球"，赚了500美元。

17岁时，埃隆·马斯克回到加拿大，就读位于安大略省的女王大学，两年后转学到美国的常青藤宾夕法尼亚大学，毕业时他同时拿到了物理学学位和经济学学位。1995年，24

岁的埃隆·马斯克去了斯坦福,准备攻读应用物理和材料科学博士,结果第二天就退学,直接开始创业。

说起埃隆·马斯克的创业史,就是创业、做大、被收购、变现。

1995年,埃隆·马斯克和弟弟创立了一家软件公司Zip2,用的是父亲投资的28000美元,1999年被著名的计算机公司Compaq(康柏)收购,套现2200万美元。

1999年,他与人共同创建了一家网络金融和支付公司,第二年公司就被收购,2001年合并后的公司改名为Paypal,2002年被eBay以15亿美元收购,埃隆·马斯克占11.7%的股份。

2001年,已是富豪的埃隆·马斯克,开始了他的火星计划,第一步是送一个温室上火星,看看能不能够种植物。最开始他找俄罗斯的航天机构合作,结果嫌对方报价太高未能合作。连续两年的谈判,埃隆·马斯克都败兴而归。他自己亲自核算了各项成本后,决定自己造火箭。埃隆·马斯克出资1亿美元,创建了SpaceX,一家以征服太空为长期目标的公司。

埃隆·马斯克是环保能源的推崇者,2004年加入了著名的电动汽车制造商Tesla(特斯拉)。2008年世界金融危机后,他执掌大旗,规划了一系列惊艳全球的汽车产品。各种黑科技,颠覆了人们的驾驶观念(这将是后续讨论的重点)。2006年,他创立了太阳能公司(SolarCity),现在已经成了美国第二大的太阳能公司,2016年,他用特斯拉收购了SolarCity。

7.1.3 埃隆·马斯克的商业帝国

埃隆·马斯克不但跨界,而且跨的都是世界上最高科技、最困难、最底层、最异想天开的行业,比如电动汽车、太空探索、卫星发射、太阳能应用、可持续能源的存储、人工智能、超高速运输……

埃隆·马斯克所接触的各业务板块之间有什么关联?其商业帝国的最终蓝图究竟是什么?

2016年,埃隆·马斯克在墨西哥国际宇航大会上的演讲,透露了他的终极目标:延续人类的生命,让人类成为一个多星球物种。为了实现这个大目标,埃隆·马斯克将它分解为可执行的小目标——把100万人送到火星居住。事实上,他所有的商业布局,都致力于这个目标的达成。

1. 做SpaceX——将人类送上火星

SpaceX作为一家太空探索公司,从小火箭到制作更大、性价比更高的火箭,都是为了一步步把去火星"船票"的价格降到最低,以便有100万人能负担得起去火星的费用。

另外,因为火星空气稀薄,一般的降落伞技术使火箭降落是行不通的,所以SpaceX大力发展发动机反推技术,以便将来能在火星上安全着陆。

2. 做特斯拉——解决移民火星后的交通和动力问题

火星上空气稀薄,没有氧气,地球上以内燃机动力为主的交通工具和动力设备,无法正常进行工作,因此,只有特斯拉生产的电动汽车可以做到。

作为一家电动汽车公司,从近期看,特斯拉致力于颠覆汽车行业;从长远看,这套技术可以在人类到达火星后,迅速解决交通问题。

3. 做 SolarCity——解决移民火星后的能源问题

火星上没有氧气,不能使用煤和天然气,人类到达后能源从何而来呢?最合适的,就是取之不尽的太阳能。所以,埃隆·马斯克鼓励自己的表兄弟林登·里夫和彼得·里夫,创办了 SolarCity(后被特斯拉收购)。

SolarCity 致力于"提供太阳能服务,以低于电力公司的价格,向用户供电"。特斯拉、SolarCity、SpaceX 这三家公司,技术上互相借鉴、共享,进一步提高了创新效率。

4. 做 The Boring Company——解决移民火星后的运输问题

为了建立更高效的运输系统,埃隆·马斯克创立了 The Boring Company。这家公司的核心技术 Hyperloop(超级高铁)——电动滑轨车、真空地下隧道,是能达到 1000km/h 的超高速运输系统。

除在地球上使用外,火星的真空条件,更有利于这项技术的实行。一旦技术成熟,人类在火星上的公共出行将不成问题。

5. 做 Starlink——解决移民火星后的通信问题

SpaceX 公司有个卫星互联网服务计划,将约 1.2 万颗通信卫星发射到轨道,并从 2020 年开始工作,这一计划被命名为"星链"(Starlink)。

在解决了能源、交通和运输等问题后,Starlink 将解决通信问题。如果一切顺利,不管是与地球通信,还是火星上的通信,都将受益于这个项目。尤其是人刚抵达火星时,很难第一时间在上面建造通信基站或光纤网络平台,这时依靠卫星通信就显得非常重要。

6. 成立 Neuralink——应对超级人工智能的威胁

埃隆·马斯克认为,能严重威胁人类生存的原因,无外乎两个:地球不再适宜人类居住;产生超级人工智能,超越人类。

为了应对第一个问题,埃隆·马斯克展开了"殖民火星"计划;为了应对第二个问题,埃隆·马斯克的方案是:改造自身,主动和机器融为一体。Neuralink 就是埃隆·马斯克和别人一起创立的神经科学公司。通过改造自身,将芯片植入人的大脑,把人类的大脑和计算机结合起来,让人类能更好地适应新的环境、新的星球。

7.2 特斯拉发展简史

历经 17 年,特斯拉由一家硅谷初创小公司华丽转身为全球电动汽车行业的领导者。

2003 年 7 月 1 日,特斯拉由马丁·艾伯哈德和马克·塔彭宁共同创立,创始人将公司命名为"特斯拉汽车",以纪念物理学家尼古拉·特斯拉〔塞尔维亚裔美籍发明家、物理学家、机械工程师、电气工程师。他制造出世界上第一艘无线电遥控船,还发明了收音机、传真机、真空管、霓虹灯管等。以他的名字命名了磁密度单位（1Tesla=10000Gause），用以纪念他在磁学上的贡献]。特斯拉是美国一家电动汽车及能源公司，产销电动汽车、太阳能板及储能设备，总部位于帕洛阿托（Palo Alto）。

2004年，埃隆·马斯克在特斯拉A轮融资中领投650万美元，成为特斯拉最大股东并担任董事长。2006年8月，埃隆·马斯克以《特斯拉的秘密宏图（你知我知）》公开信的方式，提出了特斯拉发展的"三步走"路线图。现在回溯，特斯拉正是沿着这一发展轨迹，将看似不可能的事情一步步付诸实现，主要表现在以下几方面。

1）打造一台昂贵、小众的跑车。特斯拉面向那些具有强烈环保意识、追求高科技且对车辆价格不敏感的潮流人士，推出一款昂贵但性能良好的豪华电动跑车——Roadster，彻底颠覆了大众对电动汽车续驶里程不佳的认知，奠定了其高端电动汽车品牌的地位。

2）打造一台价格适中的车。特斯拉真正意义上全新自主设计的首款车型是Model S/X，定位富裕阶层，并真正实现了量产，特斯拉不再是一个高高在上的小众的电动汽车品牌，公司的客户群体不断下沉和扩大。

3）打造一台经济型轿车。前两步都是铺垫，第三步才是"三步走"战略中最重要的一步，是决定特斯拉能否真正在市场中站稳脚跟的关键。2016年特斯拉发布的Model 3定位大众，售价亲民，通过走量获取利润，一经推出便跃升为大众爆款。

4）在做到上述各项的同时，特斯拉还提供零排放发电选项。

2016年7月，埃隆·马斯克同样以《特斯拉宏图之第二篇章》公开信的方式，发布了特斯拉新的发展目标：

1）创造惊人高效的、配备集成储电功能的、美观的太阳能板。

2）扩充电动汽车产品线，满足各细分市场需求。

3）通过大量的车队学习功能，开发出比人类手动驾驶安全10倍的自动驾驶技术。

4）让车辆在闲置的时候，通过分享来为你赚钱。

特斯拉电动汽车发展历程如图7-1所示。

图7-1　特斯拉电动汽车发展历程

7.3 特斯拉技术创新

特斯拉围绕着电动汽车这一产品,在蓄电池技术、电子电气构架、自动驾驶技术、芯片技术、能源技术、轻量化技术及新工艺等方面,全方位进行了技术上的创新。

7.3.1 战略定位

特斯拉作为埃隆·马斯克终极战略目标"延续人类的生命,让人类成为一个多星球物种"中的重要一环,从创业初期的定位就不是制造电动汽车本身,而是可再生能源解决方案,即致力于通过电动汽车、太阳能产品以及适用于家庭和企业的综合型可再生能源解决方案,加速世界能源消耗向可持续能源的转变。

特斯拉的技术战略:先用高端车锻炼自己的能力,占有势能,又不过分惊扰竞争对手,等到技术成熟了,则迅速推出大众车型抢占市场;通过丰富产品线,满足各细分市场要求;通过自动驾驶改变传统的手动驾驶,并通过平台化运营,有效地盘活闲置资源,帮客户赚钱;通过电动汽车规模化运营和高效的太阳能发-储-配系统,最终实现可持续能源的转变。

7.3.2 蓄电池技术

蓄电池技术是特斯拉引以为豪的优势领域之一。从专利数据显示,蓄电池系统相关专利占比超 60%。特斯拉动力蓄电池系统包括蓄电池单体、蓄电池管理系统(Battery Management System,BMS)、热量管理系统、冷却管理系统等。

自 2015 年以来,特斯拉与动力蓄电池相关的投资有三笔:对达尔豪斯大学杰夫·戴恩研究小组(Jeff Dahn Research Group)的 5 年赞助计划、收购蓄电池技术公司 Maxwell 以及收购蓄电池制造设备公司 Hibar,正是这三笔投资,凑齐了特斯拉自产蓄电池所需的关键技术——动力蓄电池的电极、电解液、隔膜、蓄电池壳体以及蓄电池的制造工艺。

1. 蓄电池单体

特斯拉是最先将圆柱形锂电池应用到电动汽车动力系统的公司,圆柱形锂电池的优点包括能量密度高、卷绕工艺成熟、自动化程度高、成本相对较低等。从特斯拉已发布的车型来看,特斯拉蓄电池技术演变经历了三个阶段。

第一阶段:2009—2012 年 Roadster 和 Model S 车型。搭载的 18650 圆柱形蓄电池,采用钴酸铝+石墨的方案,蓄电池的能量密度为 120W·h/kg。该蓄电池充放电稳定、生产较为简单,但因贵重金属钴含量较高,该蓄电池的成本在 190 美元/kW·h 以上。

第二阶段:2012—2018 年二代 Model S 和 Model X 车型。依然搭载 18650 圆柱形蓄电池,但是正负极材料改为镍钴铝+碳硅方案,负极材料由石墨负极切换为碳硅负极,单体能量密度和 PACK 能量密度分别提升至 250W·h/kg、150W·h/kg,该二代蓄电池的成本由 190 美元/kW·h 逐步降低至 160 美元/kW·h。

第三阶段：2018年至今的Model 3/Y车型，蓄电池系统呈现多元化趋势。2018年后，特斯拉蓄电池改由松下、LG化学和宁德时代共同提供，其中松下和LG化学提供21700蓄电池，宁德时代提供磷酸铁锂蓄电池（LFP）。LFP蓄电池的能量密度一般低于NCA/NCM，但安全性好且价格有优势，结合宁德时代特有的CTP蓄电池组装技术，LFP的价格降至约100美元/kW·h。

2020年9月，特斯拉推出了最新的4680蓄电池组，该蓄电池组从结构、封装、正负极材料、生产工艺等方面都有较大的革新。

1）结构：新款4680蓄电池的电芯直径为46mm，长度为80mm，蓄电池的直径提高了一倍多，很大程度上提升了蓄电池功率和能量密度；并采用了激光雕刻的无极耳技术，去掉了蓄电池主要发热部件，内阻减少，蓄电池的热稳定可控性更高。

2）封装：新的蓄电池包采用无模组设计，大约由960个（40×24）蓄电池组成，相比上千个2170蓄电池组成的蓄电池包要少很多。

3）负极材料：高能量密度的动力蓄电池一直面临着负极材料体积变化的问题，这一问题可能会导致负极材料颗粒破裂、绝缘层扩散与SEI膜变薄等隐患，每一项都会影响蓄电池的寿命与性能，且这些问题在硅基负极上体现得更加明显。为解决这些问题，特斯拉一方面用弹性非常高的材料抑制了硅基负极材料的膨胀；另一方面通过将离子传导的高分子化合物集成，形成了高强度的分子网络，生产出更加稳固的负极材料。

4）正极材料：在正极技术方面，由于钴的价格非常昂贵，因此特斯拉一直致力于逐渐降低钴的含量，并最终取缔钴元素。在减少钴含量的同时，还需要保持蓄电池结构的稳定（从金属特性分析，镍的能量密度高、成本低，因此镍含量需要进一步提升；而钴的作用是提高蓄电池倍率和稳定性）。

5）生产工艺：这款蓄电池将在美国内华达州超级工厂建立一条新的生产线，作为松下在特斯拉工厂的第14条生产线，将采用更简单的生产工艺、更少的组成部分和全新的生产工艺（传统蓄电池生产工艺中，电极材料需要经过混合、涂覆、干燥与辊压，新生产线将活性材料直接放入辊压机压制成极片），生产率将提高10倍。

因此，4680蓄电池的能量密度提升了5倍，达到了300W·h/kg；同时减少蓄电池组10%的质量，整体增加14%的续驶里程，成本可削减56%。

2. 蓄电池管理系统

不同于铅酸电池，锂电池由于具有非线性的充放电曲线，造成不论是电芯或是蓄电池包层面，监测、预估和管理的难度都大大增加。如果管理不当，个别电芯的过度充放电将引起永久性的蓄电池损伤，造成整个蓄电池系统电压、温度不稳定，严重的将导致热失控事件。因此，蓄电池管理系统对蓄电池容量、循环寿命和安全性均起着至关重要的作用。

蓄电池管理系统是特斯拉最核心的几项技术之一，特斯拉BMS主要由主控模块和从控模块组成。其中主控模块相当于BMS的"大脑"，负责电压电流控制、接触器控制、对外部通信等功能；从控模块连接了各路传感器，主要负责实时监测蓄电池包里的电压、电流和温度等各种参数，并上报主控模块。

在每个蓄电池单体上，均设置有蓄电池监控板（Battery Monitor Board，BMB），用以监控每个蓄电池单体的电压和温度；在整个蓄电池包上，设置有蓄电池监控系统（Battery Monitor System，BMS），用以监控整个蓄电池包的工作环境。在整车层面，设置有车辆监控系统（Vehicle Monitor System，VMS），用以监控整个BSM。通过层层监控设防，特斯拉实现了对超过7000节蓄电池的有效管理（Model S 拥有7000+节18650电芯），系统的可靠性和安全性得到充分验证。

特斯拉的BMS具有高精度和高集成度的特点。

1) 高精度：Model 3 的BMS可以将23~25个独立蓄电池组的电压差控制在2~3mV，远低于其他普通电动汽车的水平。

2) 高集成度：特斯拉BMS模块集成了高压控制器、直流转换器和多个传感器，由此可以减少内部通信所需的高压线束，最终减小总质量并降低成本。

特斯拉蓄电池管理系统结构图如图7-2所示。

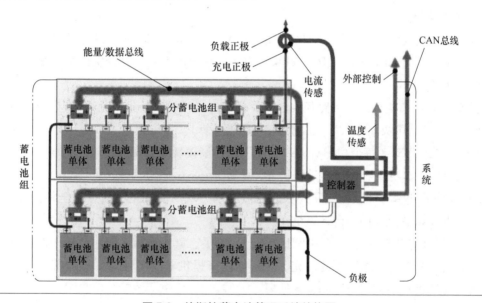

图 7-2　特斯拉蓄电池管理系统结构图

3. 热管理系统

电动汽车的热管理系统主要包括整车、座舱、蓄电池三部分，进行整车温度控制、客舱空调加热制冷、蓄电池过热散热/过冷加热等。目前，主流热管理包括自然冷却、液冷和直冷三种方案。

特斯拉采取水和乙二醇混合的冷却液进行冷却的液冷方案，由四通阀实现电机和蓄电池冷却循环系统的串并联结构。由系统芯片算法控制，当蓄电池温度超过设定目标值时，蓄电池循环与电机循环相互独立，采用并联；当蓄电池温度低于设定目标值时，蓄电池循环与电机循环采取串联，利用电机余热为蓄电池和座舱加热，多余热量将由进气口的热量交换器排放出去。

此方案充分利用车内所有部件热量,使热量有效循环游走,极大提高了蓄电池单体散热性和蓄电池单体间温度一致性。因此,无论冬季还是夏季所对应的极端气候,特斯拉车辆温差控制保持在2℃内,体现强大的温度管控能力。

4. 冷却管理系统

由于蓄电池单体材料升级、体积增大,电芯容量和密度大幅提高,导致蓄电池化学热敏感性提升,可燃点从18650蓄电池的约175℃降低为2170蓄电池的65~82℃,给蓄电池冷却管理系统提出了更高的要求。

对比旧版Model S 85、新版Model S P100与Model 3可以发现,蓄电池冷却管理系统阶段性升级,从早期的单条冷却带到如今的每层独立冷却带,为新版2170蓄电池提供更好的温度管控,极大提高了蓄电池的冷却运行效率。

7.3.3 电子电气架构

1. E/E架构简介

汽车电子电气架构(Electrical/Electronic Architecture,E/EA)将传感器、电子控制单元(Electronic Control Unit,ECU)、线束、电子电气分配系统整合,实现了汽车整体的配置和功能的实现。

目前汽车E/E架构的升级路径表现为:分布式(模块化→集成化)、域集中(域控制集中→跨域融合)、中央集中(车载计算机→车-云计算)。

1)分布式ECU(每个功能对应一个ECU)逐渐模块化、集成到域控制器(一般按照动力域、底盘域、车身域、信息娱乐域和ADAS域等)。

2)部分域开始跨域融合发展(如底盘域和动力域功能安全、信息安全相似),并发展整合为中央计算平台(即一台计算机)。

3)向云计算和车端计算(中央计算平台)发展,其中车端计算主要用于车内部的实时处理,而云计算作为车端计算的补充,为智能汽车提供非实时性(如座舱部分场景可允许微秒级别的延迟)的数据交互和运算处理。

博世E/E架构升级进程如图7-3所示。

随着汽车的电子化发展,ECU由用于控制发动机逐渐深入到控制整辆汽车,一辆车上的ECU个数也急剧增多,目前,大部分车企处于分布式架构阶段。整车的控制体系以ECU为核心,每个功能对应一个或多个ECU,比如加热装置ECU、多媒体系统ECU等,ECU数量迅速增加,中高端车型通常具有100余个ECU。图7-4所示为某品牌汽车整车ECU分布情况。

2. 特斯拉在E/E架构方面的发展

在电子电气构架方面,特斯拉经历了两大发展阶段:

第一阶段是特斯拉Model S和Model X的电子电气架构,采取的是功能模块划分,分为车身域控制、自动驾驶域控制、中控显示域控制。

第二阶段是特斯拉Model 3的电子电气架构,已发展为中央集中式架构,即CCM(中

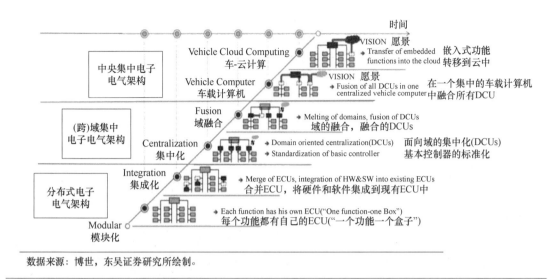

图 7-3 博世 E/E 架构升级进程

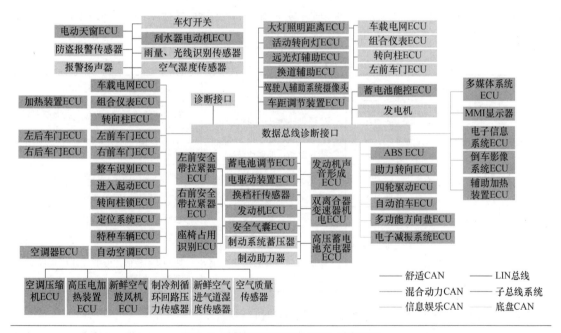

图 7-4 某品牌汽车整车 ECU 分布情况

央计算模块)+三大区控制器。CCM 是整车最高决策者,接管所有辅助驾驶相关的传感器,例如摄像头、毫米波雷达等,并管理各核心控制器。前车身控制器,由于位置靠前,主要负责执行自动驾驶模块、座舱模块、压缩机及车前灯等;右车身控制器,负责气囊控制、12个超声波泊车雷达、热管理、转矩控制等;左车身控制器,负责内部灯光、后电机控制、充电模块等。

随着电子电气架构从分布式架构到域控制式架构,再到集中计算式架构的发展,车上

ECU 的数量也在递减,极度简化了功能开发与集成部署的难度,空中下载技术(Over-the-Air Technology,OTA)过程中受到来自电子电气架构的限制也越来越少,更有利于 OTA 的应用软件升级;同时减少了 ECU 及其周边件的线束,特斯拉从 Model S 共有 3000m 的线束到 Model 3 只剩下 1500m,而计划推出的 Model Y 中预计线束只有 100m。最终在降低了车辆成本的同时,也对车辆的轻量化目标做出了贡献。

7.3.4 自动驾驶

1. 自动驾驶简介

美国汽车工程师协会(Society of Automotive Engineers,SAE)根据系统执行动态驾驶任务的多少,将自动驾驶分为 L0~L5 六种不同级别。

1)L0~L2 级别为辅助驾驶,驾驶人需时刻处于驾驶状态:L0 完全由驾驶人进行操作,没有自动化,仅提供警告功能;L1 实现横向(如车道偏离修正)或纵向(如自动跟车)辅助驾驶;L2 可同时实现横纵向辅助驾驶功能。

2)L3~L5 级别为自动驾驶,驾驶人无须时刻警惕:L3 实现在特定环境下(如交通堵塞)独立完成驾驶操作;L4 为高级别自动驾驶,实现在大部分环境下独立完成驾驶操作;L5 为自动驾驶汽车理想状态,即任何环境下均可实现自动驾驶。驾驶自动化等级划分见表 7-1。

表 7-1 驾驶自动化等级划分

阶段	描述	级别	描述	示例
辅助驾驶	功能开启后,驾驶人时刻处于驾驶状态	L0	仅提供警告及瞬时辅助	如自动紧急制动/视觉盲点提醒/车身稳定系统
		L1	能够制动、加速或转向	如车道偏离修正或自适应巡航
		L2	能够制动、加速和转向	如车道偏离修正和自适应巡航
自动驾驶	功能开启后,驾驶人无须处于驾驶状态	L3	有限制的条件下驾驶车辆	如交通拥堵时的自动驾驶
		L4	有限制的条件下驾驶车辆	如城市中的自动驾驶出租车,可能无须安装踏板/转向装置
		L5	任何条件下驾驶车辆(完全自动驾驶)	如与 L4 相似,但能在任何条件下均可实现自动驾驶

自动驾驶三大核心系统:感知层、决策层和执行层。

1)感知层:实现人类"眼睛"的功能。通过配置车身传感器,即"摄像头+雷达组合",进行环境信息的采集与处理,达到监测车辆环境的目的。

2)决策层:实现人类"大脑"的功能。通过"芯片+算法组合",接收、分析感知层传感器收集的信息,规划行驶操作及路线,替代人类做出驾驶决策。

3)执行层:实现人类"四肢"的功能。通过电子类汽车部件,接收、执行决策层驾驶策略,完成行驶动作。

自动驾驶三大核心系统的示意图如图 7-5 所示。

因此,传感、建模与决策是自动驾驶的三大必备流程,每一个流程都涉及推理芯片应

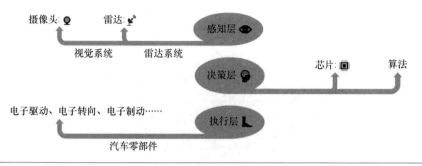

图 7-5 自动驾驶三大核心系统

用。无论环境传感还是障碍物躲避,自动驾驶对人工智能芯片的计算力都提出了很高的要求。自动驾驶等级每提高一级,算力就增加一个数量级:L2 级别需要 2 TOPS 的算力 [1TOPS 代表处理器每秒钟可进行 1 万亿次(10^{12})操作],L3 级别需要 24 TOPS 的算力,L4 级别为 320 TOPS,L5 级别为 4000 TOPS。

同时,算力不是车规级芯片的唯一考核标准,考虑汽车应用环境的复杂性,汽车处理器还需要同时考虑功耗、算力利用率、是否通过车规和安全标准等,这也就对芯片的生产制造提出了更高的要求。

目前,全球已不乏达到 L3 级别以上的自动驾驶技术,但在法律方面,仅允许 L2 级别的自动驾驶车辆在公路上运行(德国 L3 级别自动驾驶车辆已被准许上路),由于 L3 遇到"人车"追责共同体等法律困境,因此 L3 级别法规仍未跟上科技发展的脚步,也导致直接瞄准 L4 级别的开发者开发的自动驾驶车辆的商业化进程受阻。

2. 特斯拉在自动驾驶领域的发展

特斯拉在自动驾驶领域相对激进,通过数据开放等方式引入 IT 巨头,实现深度学习、OTA 升级等方式不断优化自动驾驶的可靠性和安全性,实现产品快速迭代升级。下面重点从感知层和决策层两方面进行阐述。

(1)感知层 在感知层方面,特斯拉秉持"仿生"原理,Model 3 通过配置"8 个摄像头+1 个毫米波雷达"模拟人眼,摒弃多颗毫米波雷达等非必要冗余措施,降低成本,具体配置如下:

1)一组前视三目摄像头:包括前视宽视野摄像头、主视野摄像头、窄视野摄像头各一个,安装于风窗玻璃后。

2)两个侧方后视摄像头:装在翼子板上,位置靠前。

3)两个侧方前视摄像头:装在 B 柱上,位置在侧方后视摄像头的安装位置之后 1m。

4)一个后视摄像头:安装于车尾箱牌照框上方。

5)一个毫米波雷达:位于前保险杠靠下方的位置。

特斯拉自动驾驶感知层配置情况如图 7-6 所示。

(2)决策层 特斯拉自动驾驶系统 Autopilot 自推出至今,历经三代,实现了从硬件到软件、芯片的全方位升级,并走上了自主研发芯片的道路,即:

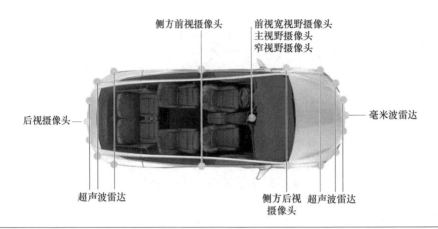

图 7-6　特斯拉自动驾驶感知层配置情况

1）HW1 围绕 Mobileye EyeQ3 搭建：2014 年初始版本，硬件搭载的是英特尔 Mobileye EyeQ3，配置一个英伟达 Tegra 3 处理器。其包括一个监测范围为 160m 的前置毫米波雷达，一个前置摄像头，12 个超声波雷达。2016 年 5 月，发生了在美国的特斯拉自动驾驶"致死事故"后终止了与英特尔的合作。

2）HW2 牵手英伟达，传感器数量有所增长：2016 年，HW2 自动驾驶平台迭代至英伟达 DRIVE PX 2（同时特斯拉开启自主研制芯片项目），FPS（Frames Per Second，每秒传输帧数）增加 110 帧，算力增加至 12TOPS。前置摄像头由一个增至三个，超声波雷达监测范围扩至 8m，有利于泊车性能提升。

3）HW2.5 芯片增配至两个，实现障碍物身份识别：HW2.5 沿用英伟达 DRIVE PX 2 处理单元，但 Tegra Parker 芯片增至两个；前置毫米波雷达监测范围增加至 170m，且相机彩色滤镜阵列切换至 RCCB，可同时感知亮度及颜色，在探测有无障碍物基础上新增物体识别功能。

4）HW3 特斯拉自主研制芯片，FPS 算力双轮驱动：2019 年，特斯拉推出 HW3（即 FSD Computer），装配两个自主研制 FSD 芯片，FPS 取得跨越式进展，由 110 帧增长至 2300 帧，算力增加至 144TOPS，同时 HW3 成本降低至 HW2.5 的 80%。

特斯拉硬件版本进化史见表 7-2。

表 7-2　特斯拉硬件版本进化史

版本	HW1/AP1	HW2/EAP	HW2.5	HW3/FSD
发行日期	2014 年 9 月	2016 年 10 月	2017 年 8 月	2019 年 4 月
搭载平台	MobilEye EyeQ3	英伟达 DRIVE PX 2	英伟达 DRIVE PX 2+	特斯拉自主研制 FSD Computer
数据处理单元系统	MobilEye EyeQ3×1 英伟达 Tegra 3×1	英伟达 Tegra Parker×1 Pascal 架构 GPU×1	英伟达 Tegra Parker×2 Pascal 架构 GPU×1	特斯拉自主研制 FSD 芯片×2
FPS（帧）	36	110	110	2300

（续）

TOPS	0.256	12	12	144
前置毫米波雷达安装数量	1	1	1	1
监测范围/m	160	160	170	170
前/侧相机彩色滤镜阵列	—	RCCC	RCCB	RCCB
前置摄像头数量	1	3	3	3
监测范围/m	—	长焦35°：250；中焦50°：150；广角120°：60		
侧方前视摄像头	—	左90°：80m；右90°：80m		
侧方后视摄像头	—	左：100m 右：100m	—	—
超声波雷达安装数量	12	12	12	12
监测范围/m	5	8	8	8

特斯拉将于2022年推出第四代自动驾驶芯片HW4，该芯片使用7nm工艺打造，预计算力可达HW3的3倍。

Autopilot是特斯拉于2014年10月发布的自动驾驶辅助系统，内置了自动辅助驾驶所需的硬件，经过三次硬件升级和多次软件升级，目前已发展到硬件3版本和软件V10.0版本。Autopilot的软件升级依赖于空中下载技术（OTA），将云端软件包下载至车端，经校验后即对软件进行更新，使用户享受不断升级的驾驶体验。

OTA分为固件OTA和软件OTA两大类。固件OTA（Firmware Over-The-Air, FOTA）：指在不改变车辆原有配件的前提下，通过写入新的固件程序，使拥有联网功能的设备进行升级，如移动互联网设备、汽车动力相关的固件升级；软件OTA（Software Over-The-Air, SOTA）：主要用于可视化的改变，如地图显示模式、音频、视频、游戏等。

目前许多车企已应用OTA升级汽车系统，但多数为软件OTA，仅能实现通信模块、娱乐系统的部分数据更新，而涉及汽车动力、操纵等系统更新升级要到线下4S店。特斯拉自2012年开始投入使用OTA进行系统升级，并率先在固件上应用OTA技术，特斯拉OTA可以实现对动力系统、娱乐系统、自动驾驶系统、车身电子系统、底盘系统的在线升级，在不改变车辆硬件的条件下提升车辆的整体性能，给用户带来持续迭代的新鲜体验。典型的案例就是通过"Acceleration Boost"加速性能升级包，即可将汽车的百公里加速时间从4.6s提升到4.1s。

OTA是通过移动通信的空中接口对SIM卡数据及应用进行远程管理的技术。空中接口可以采用WAP、GPRS、CDMA1X及短消息技术。OTA技术的应用，使得移动通信不仅可以提供语音和数据服务，而且能提供新业务下载。

自2012年6月特斯拉首次交付Model S以来，特斯拉软件系统已经经过三个阶段、六个版本和无数次的创新。从初始软件系统版本V4到V6，特斯拉更多是在优化及探索，给汽车增加很多新颖的功能，如语音交互、实时导航等。自V7版本开始，特斯拉软件中加入了辅助驾驶系统 Autopilot，首次加入了自动车道保持、自动变道和自动泊车三大辅助驾驶功能，其基础是自 2014 年 10 月推出的 HW1.0 硬件系统，此后特斯拉维持高频小幅更新，Autopilot 进入飞速发展的阶段。V8 版本后特斯拉持续加强辅助驾驶功能，并更加关注汽车安全，发布爱宠模式和哨兵模式，在 V10 版本特斯拉加入 YouTube、Netflix 第三方应用，将汽车向移动智能空间方向转变。

特斯拉各阶段软件更新情况见表 7-3。

表 7-3　特斯拉各阶段软件更新情况

阶　　段	版本（时间）	主要更新内容
第一阶段	V4（2012 年）、V5（2013 年）、V6（2014 年 11 月）	给汽车增加很多新颖功能，如驾驶员座椅记忆、语音交互、车速辅助、车道偏离预警、主动巡航控制等
第二阶段	V7（2015 年 10 月）、V8（2016 年 9 月）、V9（2018 年 10 月）	V7 版本加入辅助驾驶系统 Autopilot，后续版本不断完善加强辅助驾驶功能，如自动巡航、自动转向/车道定心、自动辅助变道、自动泊车、召唤等辅助驾驶功能，并更加关注汽车安全
第三阶段	V10（2019 年 9 月）	实现智能召唤、红绿灯、停车标志识别控制、检测限速标志等。开始引入第三方视频、游戏等娱乐软件，打造汽车移动智能空间

某种意义上特斯拉的 OTA 空中升级系统使得汽车从一个普通的交通工具，向拥有无限延展可能的智能移动终端进化。

2019 年，特斯拉收购了人工智能初创公司 DeepScale，以帮助开发自动驾驶技术，并实现打造一支庞大的自动驾驶车队的目标。

自动驾驶神经网络算法的训练离不开大量的数据，特斯拉通过 Autopilot 的影子模式直接采集用户的行驶数据，采集里程在 2020 年 4 月已达 33 亿 mile（1mile=1609.344m），其他自动驾驶企业中采集里程数最多的 Waymoo，仅有 1000 万 mile。经过海量数据训练的特斯拉自动驾驶系统，已经实现了 1000 万次以上的成功换道。

特斯拉高算力、低功耗、高度安全的自动驾驶芯片，以及成熟的自动驾驶算法，是特斯拉实现 L5 级自动驾驶的关键。

7.3.5　芯片技术

1. 自主研制历程

汽车电动化的过程也是半导体器件应用逐渐复杂化的过程。到 L4/L5 级自动驾驶的时候，每辆车将会增加近 1000 美元的半导体器件，其中相当大一部分来自雷达、摄像头等感知模块，但绝大部分还是在决策与控制单元。由于域控制器对算力的巨大需求，特斯拉的电子架构继续向上游延伸，延伸到芯片领域，控制最核心的硬件。

从 2015 年 11 月开始，特斯拉就开始为自主研制芯片招兵买马，2017 年 12 月，埃隆·马斯克向外界透露特斯拉正在研发自动驾驶芯片，主要解决英伟达自动驾驶芯片功耗较大的问题。截至目前，无论传统汽车厂商还是造车新势力均以采购第三方芯片为主，特斯拉是唯一一家自主研制芯片的汽车厂商。特斯拉 FSD 芯片发展历程如图 7-7 所示。

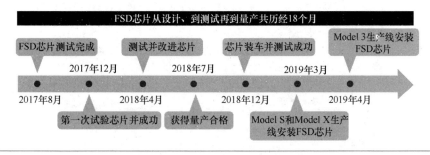

图 7-7 特斯拉 FSD 芯片发展历程

2. FSD 芯片架构

FSD 芯片主要由 CPU（Central Processing Unit，中央处理器）、GPU（Graphics Processing Unit，图形处理器）、NPU（Neural-network Processing Unit，神经网络处理器）3 个模块构成，实际是一款以 NPU 为核心的芯片。

1）CPU：负责 FSD 系统中通用数据的处理，采用 3 个四核并联架构。

2）GPU：负责 FSD 系统中的图像后处理工作，如对外描绘出操作界面和图形。

3）NPU：FSD 系统中的深度学习和神经网络处理单元，主要处理图像数据。

特斯拉在 FSD 系统中布置了两个 FSD 芯片互为冗余备份，在车辆正常行驶时，整车信息通过雷达、摄像头等传感器发送给 FSD 系统，两个芯片都会处理并给出方案，然后由 FSD 系统上的安全模块进行平衡、仲裁和验证，最后发送给传动装置 ECU 并驱动汽车进行操作。当一个芯片出现问题时，另一个芯片可以完全接管，独立支持自动驾驶系统的正常运行，为了安全，特斯拉还设计了冗余的电源、重叠的摄像机视野、各种向后兼容的连接器和接口。

特斯拉宣称，FSD 系统的故障率非常低，甚至比人失去意识的可能性还要低一个数量级。目前，特斯拉传感器产生的数据量远没有到达 FSD 计算平台算力上限，已经基本满足全自动驾驶要求。特斯拉 FSD 互为冗余备份的双芯片如图 7-8 所示。

3. FSD 芯片的创新

FSD 芯片在以下方面进行了创新，确保了其技术的领先性：

1）FSD 芯片采用以 NPU 为主体的架构布局，NPU 承担大部分深度学习模型计算工作，传统 AI 芯片仍采用 GPU+CPU 架构。

2）作为 NPU 运算前站，FSD 的图像处理器 ISP 最高可以处理 10 亿像素的数据量（8 块 1080P 屏幕 60 帧/s），已经赶上目前世界上最快的消费级图像传输标准 DisplayPort1.4。

3）FSD 芯片的 SRAM 能提供 32MB 缓存和 2TB/s 的带宽速度，处理全自动驾驶的缓存带宽至少要达到 1TB/s。

4）FSD 芯片的 CPU 采用的是 12 个 64 位 ARM Cortex A72 内核，运行频率为 2.2GHz，3 个四核 CPU 的并联架构使得 HW3.0 的 CPU 性能是 HW2.5 的 2.5 倍。

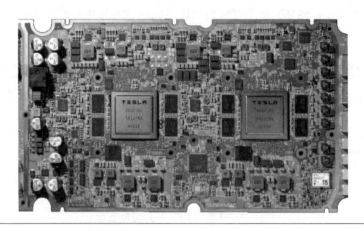

图 7-8 特斯拉 FSD 互为冗余备份的双芯片

7.3.6 能源技术

经过多年的发展,特斯拉已经形成了闭环可持续能源系统,完成了"光伏+储能+电动汽车"的产业闭环布局,将间歇式太阳能和蓄电池存储相结合,为用户提供终端对终端的清洁能源产品。针对家庭用户推出 Solar Roof 太阳能发电屋顶和 Powerwall 储能设备;针对企业用户推出 Powerpack、Megapack 产品和微网一体化解决方案,在分布式能源和储能等方面实现了持续创新。

1. 光伏屋顶和能量墙

2017 年,特斯拉推出首批光伏屋顶产品 Solar Roof,后续也有二代产品投入应用。2019 年 10 月,特斯拉正式推出第三代光伏屋顶产品 Solar Roof V3。Solar Roof V3 不再是前两代光伏组件与结构结合(BAPV),而是光伏组件与建筑集成(BIPV)结构。

BAPV 的主要功能是发电,在不改变原建筑结构上,安装光伏组件,BIPV 的功能不仅是发电,也属于建筑物结构,比建筑物融为一体,提升建筑物美感,安装更简单,比传统建筑物+组件的成本要低。BIPV 产品主要有四类:光伏与墙面结合、光伏与屋顶结合、光伏与遮阳物结合、光伏与围栏结合。目前,光伏屋顶是 BIPV 的主流产品。

相对于前两代产品,Solar Roof V3 保持了在钢化玻璃中镶嵌光伏电池的结构,可以承受 110mile/h 的风和直径近 2in 的冰雹。

设计精简且可叠加的特斯拉 Powerwall(能量墙)设有内置逆变器,可满足家庭用户的用电需求,甚至在需要的情况下,不依赖于公用电网独立运行。随着特斯拉继续在蓄电池、电芯领域降本增效,Powerwall 将更具有经济性。特斯拉 Powerwall 技术参数如图 7-9 所示。

2. 超级充电

电动汽车的里程焦虑主要表现在两个方面:满电状态下的续驶里程和充电便利性前者得益于电池能量密度的提高,当前电动车的续驶里程已达到 400~600km,与燃油汽车接近,因此目前电动汽车的焦虑性主要体现在充电便利性。解决方案主要有:充电站的密度及分布、充电时间,前者主要与投入相关,而后者则需要在技术上的创新。

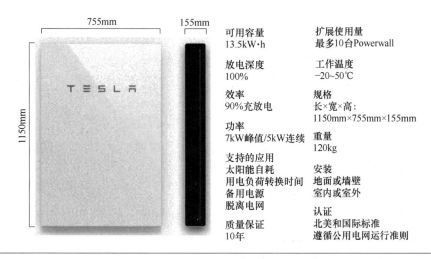

图 7-9 特斯拉 Powerwall 技术参数

在我国，特斯拉的超级充电站数量超过 300 座，覆盖 140 多个城市，超过 15000 个超级充电桩投入运行，已经编制成了一个非常密集的充电网络。

目前，特斯拉第三代超级充电桩（Super Charger）的最大充电功率可达 250kW，相比第二代超级充电桩（120kW）提升一倍。以 Model 3 长续航版为例，使用第三代超级充电桩充电 5min 可行驶约 120km。与第二代相比，第三代充电桩不但实现了翻倍的充电效率，并且同一座充电站有多辆汽车同时充电时功率互不影响，即多辆车同时充电功率都能达到 250kW；在车辆导航去超级充电站的路上，电池会提前加热，以确保插上充电枪头时直接进入快充状态，理想状态下用户平均充电时间约可缩减 50%；同时通过手机应用程序远程监控充电状态，并在电量充满时推送通知。特斯拉超级充电桩的发展历程见表 7-4。

表 7-4 特斯拉超级充电桩的发展历程

发展阶段	推出时间	功率	充电时间
第一代	2012 年	105kW	30min 充电量可供行驶 180km
第二代	2013 年 6 月	120kW	30min 充电量可供行驶 270km，75min 可完成充电
第三代	2019 年 3 月	250kW	5min 充电量可供行驶 120km

3. Powerpack 和 Megapack

Powerpack 具有峰值负载抑制、用电负荷转换、应急储备和需求响应等多种功能。通过削峰填谷和电力储备，能够有效降低成本并在电网中断期间提供备用电源，完全集成的交流连接能源存储系统，具有连接到建筑或公用事业网络所需的一切。系统显著简化了安装、集成和未来的支持，具有应用范围远超独立电池系统的优势。每个 Powerpack 包含 16 个独立的电池舱、温度控制系统和数百个用于监控和报告单元级别性能的直流能源存储设备。

Powerpack 的应用场景如下：

1) 微网：建立可以从主电网断开连接的局部电网，独立运行并增强整体电网的应变能力。

2) 新能源发电：可为电网提供频率调节、电压控制和运转备用服务。

3) 辅助电网可靠性：在分散的位置提供电力和能源容量，可推迟或直接消除对于升级老化电网基础设施的迫切需求。

Megapack 是 Powerpack 的拓展，专用于大型公用事业储能项目。Megapack 在工厂内完成预组装和预测试，内含电池模块、双向逆变器、温度管理系统、交流主断路器和控制装置等，用户无须自行组装，将 Megapack 的交流输出接入现场设备即可启用，安装速度比当前系统快 10 倍。与市场上的同类系统相比，Megapack 现场占用空间减少了 40%，部件数量只有同类产品的十分之一。单个 Megapack 的容量高达 3MW·h，逆变器容量为 1.5MW，与 Powerpack 相比能量密度提高了 60%。

Megapack 产品及应用场景如图 7-10 所示。

图 7-10　Megapack 产品及应用场景

特斯拉的远景是打造可持续的能源系统和可持续的出行方案。但是由于现在的电力系统结构（发电端—主干网—配网—用户端）是典型的单向统一系统，新能源消纳和电动汽车充放电均存在一定的难度（假设电动汽车渗透率大幅提高，成为出行主要方式，那么充电高峰时间势必对电网造成巨大冲击），因此微电网和局域电网将成为未来电网的重要环节，电网由"单向统一"转换为"双向相对独立"，储能是未来电力结构中的重要一环，是提高电网柔性和可靠性的关键，也是各层级电网交互的关键。

7.3.7　轻量化技术

研究表明，燃油汽车车重每降低 10%，能够带来 5%~8% 的能耗减少以及 10% 左右的排放量减少。汽车轻量化的路径主要包括使用轻量化材料、采用先进制造工艺以及在设计时考虑轻量化结构三个方面。新能源纯电动汽车是未来确定的大趋势，而续驶里程是制约新能源汽车普及的关键因素，由于三电系统的加入，相比传统车车重增加明显。因此，特斯拉也在轻量化技术方面不遗余力。

1. 动力蓄电池系统结构件的轻量化

在实现相似蓄电池容量的情况下，Model 3 蓄电池包重量比 Model S 减轻了约 67kg，除了高性能电芯加高集成化的策略外,蓄电池包结构组件的轻量化不容忽视。

由于车身结构的改进,Model 3 蓄电池包不再需要在底部额外加装类似 Model S 蓄电池包上的保护壳,蓄电池包的结构组件只用来承载其自身重量即可,因此蓄电池结构组件做到了较高的轻量化水平;在蓄电池箱体方面,箱体上盖板采用厚度为 0.8mm 的钢板,箱体底板采用厚度为 3.2mm 的铝合金板,重量只有 29.5kg,BMS 组件上盖板为厚度为 1.5mm 的铝合金板,底座为塑料预埋钣金,蓄电池箱体的总重量仅为 53kg;在蓄电池模组结构件上,Model 3 的蓄电池模组主要由 21700 电芯、冷却管以及模组外壳组成,Model 3 的蓄电池模组数量减少为四个,同时外壳选择了重量更轻盈的塑料材质,其中,模组上盖板和两边侧板均采用塑料成型件,模组底盘采用塑料和厚度为 0.8mm 的铝合金板。

此外,Model 3 对电机和高压线束也进行了轻量化。Model 3 将电机、电控单元、减速器进行三合一集成,电机壳体和变速器箱体均采用铝合金材质,进而达到减重目的。Model 3 的两条高压线束采用了被铜网和铝箔包裹的铝导线。铝和铜的密度比约为 1∶3.29,同时铝材比铜材价格低一半,因此在相同体积下,用铝导线代替铜导线可使线束重量大幅减轻,同时大大节约成本。Model 3 在动力蓄电池系统的轻量化如图 7-11 所示。

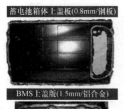

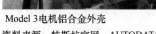
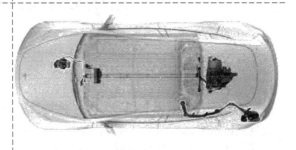

资料来源:特斯拉官网、AUTODATAS、驱动视界、安信证券研究中心。

图 7-11 Model 3 在动力蓄电池系统的轻量化

2. 车身中的材料轻量化

Model 3 综合考虑了成本、安全以及轻量化等多重目标后,采用了钢铝混合的车身。其中:超高强度钢材、高强度钢材、普通钢材、铝合金占车身总重的比例分别是 25%、32%、27%、16%。

Model 3 各材质的分布情况：前纵梁、A 柱、B 柱、后纵梁均采用高强度热冲压钢；车底横梁采用高强度辊压钢；前后防撞梁、四门前盖、后车底均采用冲压铝材；前保险杠支架总成、仪表盘横梁采用塑料或混合材料。

3. 底盘中的零部件轻量化

从底盘来看，出于成本等的考虑，Model 3 并没有像 Model S/X 一样大比例使用铝合金材质，但在一些关键部位上，仍然采用了轻量化零部件。

1）铝合金控制臂：在汽车悬架系统中，控制臂作为导向和传力元件，负责将车轮上的各种力传递给车身，并保证车轮按一定轨迹运动，决定着轿车的稳定性、舒适性和安全性。Model 3 的前悬下控制臂同特斯拉其他车型一样采用铝合金材质，而前悬的上控制臂则将双层钣金改为单层钣金填充工程塑料，在相同成本下较拼焊方案重量减轻 30%。

2）万向节：万向节承载着汽车所受的各种载荷与力矩，是转向系统中最重要、最精密的零件之一，是保证汽车安全行驶的重要部件，同时也是轻量化的重要方向。因万向节前后构造及受力需求不同，Model 3 的前后万向节分别采用锻造铝合金件和铸造铝合金件来达到轻量化目的。Model 3 底盘关键零部件的轻量化如图 7-12 所示。

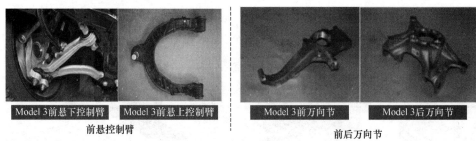

资料来源：爱卡汽车、汽车之家、AUTODATAS、安信证券研究中心。

图 7-12　Model 3 底盘关键零部件的轻量化

7.3.8　新工艺

1. 一体铸造

2019 年 7 月，特斯拉发布车架一体铸造技术和相关的铸造设备设计。该技术将车身上的大量铝铸造零部件进行了集成化设计，并进行一体化铸造，大幅减少了零件数量，更有利于自动化装配。目前特斯拉已在美国工厂的 Model Y 生产线上应用"一体铸造"技术，铝铸造工艺比例提高，由 Model 3 车后底盘的 70 余个部件变成 Model Y 的 2 个部件（最终为 1 个），底盘集成化进一步提升。特斯拉压铸一体化底盘如图 7-13 所示。

这意味着，一台机器就可以完成绝大部分车架的铸造工作。将原来大大小小的压铸零件集成到一起，50 台压铸机和 200 台加工中心的工作将由一台大型压铸机完成；同时节省精加工和装配等中间环节，成本会下降 70% 以上。

未来，特斯拉将把蓄电池直接内嵌在汽车结构中，将进一步减轻车辆的整体重量，减少中间工序，如果该技术得以实施，会进一步缩短整个制造过程约 10% 的时间，且创造出的新

Model 3车后底盘由70余个部件组成　　　　Model Y车后底盘由2个部件组成(最终为1个)

图 7-13　特斯拉压铸一体化底盘

空间可以装进更多蓄电池，续驶里程提升约14%。特斯拉蓄电池+车身一体化工艺如图7-14所示。

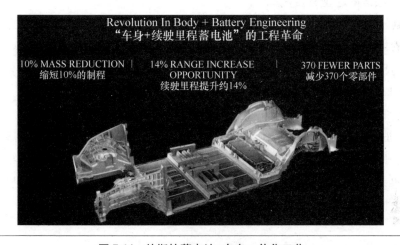

图 7-14　特斯拉蓄电池+车身一体化工艺

2. 干电极

传统的锂电池制造工艺是使用含有黏合剂材料的溶剂（NMP，N-甲基吡咯烷酮是其中一种常见溶剂），将具有黏合剂的溶剂与负极或正极粉末混合后，把浆料涂在电极集电体上并干燥。这种湿法涂覆技术存在着溶剂有毒性、电极材料与溶剂之间反应、涂覆电极物化性质的不良变化等缺点，制造时需要巨大、昂贵且复杂的电极涂覆机，制造成本高昂。

特斯拉2019年收购了Maxwell，因此获得了其超级电容、干电极、负极补锂等相关技术。全新的4680蓄电池将采用干电极工艺，通过无溶剂方式进行加工，将混入活跃的负极或正极材料颗粒的PTFE（聚四氟乙烯，一种黏合剂）原纤维化，形成负极或正极材料的自支撑膜。

由于无溶剂干电极工艺生产蓄电池的负极和正极时不使用溶剂，而使用黏合剂和导电剂代替溶剂，可以使电极比常规做法更厚（蓄电池中的电极材料越多，它可以存储的能量就越多）；同时干法工艺还可以使用高能量密度的液体敏感材料生产电极。

因此，干电极具有以下优势：

1）通过液体敏感电池化学反应的应用和提高电池性能，特别是在高能量密度时，与传统的湿涂层电极相比，放电倍率性能更好，具备 300W·h/kg 的能力，未来有可能突破 500W·h/kg。

2）无溶剂很好地解决了负极补锂的工艺难题，显著提升了锂电池的能量密度和循环寿命，可将锂电池寿命延长 1 倍以上。

3）消除溶剂毒性，实现绿色生产。

4）该技术可应用于下一代材料、无钴电池、固态电池等。

5）由于没有溶剂烘干蒸发环节，能量使用更少，同时减少了溶剂本身及溶剂后处理成本，通过简化工序、生产率得到极大提升。

特斯拉综合以上技术可将蓄电池成本降低 10%～20%，每辆车最高可节省 2000 美元。

3. 不需要喷漆的轻型载货汽车

特斯拉的轻型载货汽车（Cybertruck）绝对算得上是轻型载货汽车车界的不锈钢野兽，其极具棱角的折纸设计和不锈钢外骨骼，是迄今为止最大胆的汽车设计，概念一经推出，就吸引了车友的目光，消息发布一周之后就获得了超过 25 万辆的预定订单。

Cybertruck 由冷轧不锈钢制造而成，冷轧钢回火后会变成：明亮的银色、黄色、紫色、蓝色和灰绿色等颜色跨度，比现有车型的颜色更凸显个性。

因此，Cybertruck 的生产过程中可省去最为重要的喷涂工艺。喷涂工艺需要大型传送装置和电泳槽，同时还需要 ISO7～8 级无尘室，基建成本较高；生产过程中将消耗大量的电力，是汽车四大工艺中能耗最高的工艺，也是运营成本最高的环节；同时更是环保管理的重点和难点。去掉喷涂工艺将极大地降低生产成本。

7.4 特斯拉其他创新

如果说特斯拉借助技术方面的创新造就了伟大的产品，那么特斯拉在制造、营销、生态及组织等方面的创新则成就了一个伟大的商业帝国。

7.4.1 制造创新

产能一直困扰着特斯拉的顺利发展，由于产能不足而导致的生产能力与产品预订量不匹配、交付延期严重等，备受客户的投诉。随着 2020 年上海超级工厂（一期）的建成及产能顺利爬升，这一现象得到初步缓解，预计上海超级工厂（二期）投产及其他工厂顺利建成后，产能将不再是特斯拉的瓶颈问题。

1. 制造布局

特斯拉计划在全球共建设 10～12 座超级工厂，目前已建成/在建 7 座。其中，美国 4 座：内华达州超级工厂（蓄电池、储能产品和零部件）、纽约布法罗超级工厂（太阳能屋顶瓷砖）、加利福尼亚州弗里蒙特工厂（汽车）、得克萨斯州奥斯汀超级工厂（汽车）；我国 1 座：上海超级工厂（汽车）；欧洲 2 座：德国柏林超级工厂（汽车）、荷兰蒂尔堡工厂（汽车)。特斯拉的发展目标是未来在全球每个大洲都拥有其超级工厂。

传统车企强调与一级供应商在研发、制造等环节的协同不同,特斯拉更强调核心部件的自主化,包括:蓄电池、蓄电池包、蓄电池管理系统、充电接口和设备、变流器、电机、变速器、冷却系统等。

自供模式的最大特征为产业链高度垂直整合,在核心技术和零部件上不容易被供应商"卡脖子";同时技术的延续性强,可以有效地把握技术的发展方向和路径。但掌握大量核心技术必然带来前期的大量研发投入,因此必须通过打造精品和爆款,通过规模效应摊薄研发、试制等前期投入。

例如,动力总成集成优化内部结构,有利于降低车型成本,形成价格竞争力。特斯拉一直保持包括蓄电池包、BMS、冷却系统、电机等动力总成高度集成的特点;再如,无论是感应电机还是永磁开关磁阻电机,基本结构都为变速器、逆变器和电机三体合一的结构。对比来看,每次推出新款车型,特斯拉都尽可能在原基础上集成升级。

2. 制造理念

一直以来,埃隆·马斯克有一个梦想,就是让机器制造机器。因此,埃隆·马斯克对其所建造的工厂有两个期待:①通过持续不断对机器进行优化,降低车辆制造复杂度;②在降低成本的同时,提升制造效率。

在特斯拉已经建成的工厂中,围绕这一目标,贯穿了以下的生产制造理念:

1) 只有效率才能够为企业带来更高的价值。
2) 产品设计方面尽量避免人工的参与。
3) 确保设计与制造的衔接,形成闭环。
4) 尽可能减少工序,最好的工艺就是没有工艺。
5) 将生产流水线尽可能地靠近装卸区,减少不必要的移动。
6) 充分利用好自动化和物品本身的重力,实现高效流转。
7) 关注机器人之间的信息传输。
8) 生产过程需尽量考虑人体工程学。
9) 做好能源综合利用,其最终目标是打造零能耗的工厂。
10) 在现有基础上持续优化,提高效率。

3. 制造从设计开始

特斯拉的制造是从设计开始的。

(1) 产品及工艺设计 在产品设计上,特斯拉的每一个设计环节都是为了更高的生产、装备效率,埃隆·马斯克认为机械臂的组装速度要远远大于人工装备速度,所以产品设计方面尽量避免人工的程序。人们看到的中控大屏、简洁无比的中控台以及无比简单的转向盘,都是为了摆脱人工组装做出的设计改变。

通常一台电动汽车由40000个零部件组成,但Model 3却压缩到了10000多个,生产成本就大大地降低了,效率得以提升;同时,因此而带来的是零部件设计、检测、采购流程等都得到了系列的简化。传统汽车与特斯拉汽车的线束布局如图7-15所示。

| 传统汽车的线束布局 | Model 3的线束布局 | Model Y的线束布局 |

图7-15　传统汽车与特斯拉汽车的线束布局

埃隆·马斯克喜欢跟线束过不去，从生产角度上不难理解，因为复杂的线束不仅仅更加耗能，同样不利于轻量化生产，最为关键的是复杂的线束无法通过机械臂来组装完成，穿孔、绑扎工作需要人工来完成，已经成为车辆自动化生产环节最大的阻碍。Model系列产品线束长度的变化：Model S的全车身线束总长大约3km，而Model 3的线束总长仅为1.5km，Model Y上更是缩短到100m左右，简直就是特斯拉对效率灼热追求的直接结果。

Model Y整体化更高，一台车少了1000多个焊点，其整体性更强，不仅仅生产成本更低而且车辆强度更高。每一代特斯拉都能直接颠覆上一代的设计。

再如，前面提到的新一代蓄电池的工艺变化，在新的蓄电池生产线上，特斯拉将采用完全不同于过去的蓄电池生产工艺。在传统蓄电池生产工艺中，电极材料需要经过混合、涂覆、干燥与辊压，而新产线是将活性材料直接放入辊压机压制成极片。通过这样的生产工序改进，特斯拉自产蓄电池极片的成本将比传统蓄电池降低75%，工序效率则能够提升10倍。

（2）工厂设计　埃隆·马斯克认为只有效率才能够为企业带来更高的价值，机械臂的一次性投入要比工人的持续性投入更能为企业带来生产价值，更短小的生产线以及更加有序、高效的机械臂工作模式同样比工人组装更能带来效率化，不仅如此，管理、费用开支都要更低，而这些都在产品设计之初就已经确定之后的优势。

1）在工厂布局上，特斯拉延续了其产品迭代创新的思路，将上一代工厂的优势延续到下一代的工厂，将上一代工厂面临的问题，在下一代工厂的建设中得以很好的解决。例如弗里蒙特工厂受限于原有工厂的布局，车间相对独立，造成零部件的物流路径较长，因此在建造上海超级工厂时，布局变得更加紧凑、合理。特斯拉弗里蒙特工厂和上海超级工厂布局对比分析如图7-16所示。

2）自动化生产线需具有一定的柔性，支持跨地域、跨车型的快速高效复制。Model 3车身生产线的自动化程度已达到95%。上海超级工厂Model 3产线（跨地域）和Model Y产线（跨车型）就是自动化生产线平台的受益者。此外，蓄电池工厂也考虑了未来蓄电池技术和结构可能发生的变化，产品线设计非常灵活，随时可跟着技术的变化而进行调整，可以同时生产蓄电池单体和蓄电池模组。

3）通过设计，工厂也可以进行模块化拼装。特斯拉的工厂与其说是"建造"出来的，不如说是"组装"出来的。需要哪些材料，依照何种流程组装，都有一套明确的模板工序，

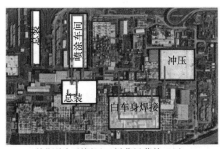

特斯拉加利福尼亚州弗里蒙特工厂　　　　　　特斯拉上海超级工厂

图 7-16　特斯拉弗里蒙特工厂和上海超级工厂布局对比分析

施工团队只要执行确定的流程，不需要重复做出新的设计。

因此，创造了特斯拉上海超级工厂当年开工、当年投产和当年交付的奇迹（当然与我国高效的行政效率和基建强国的完整配套体系密不分）。从底层逻辑上来说，就是充分地运用了复用和迭代的思想。

特斯拉上海超级工厂建设历程见表 7-5。

表 7-5　特斯拉上海超级工厂建设历程

时　　间	里　程　碑
2020 年 1 月 7 日	Model 3 向社会用户交付；二期项目启动（产能为 25 万~30 万辆/年）
2019 年 12 月 30 日	第一批 15 辆 Model 3 正式向内部员工交付
2019 年 10 月 25 日	一期工程的竣工验收完成；拿到生产资质
2019 年 9 月 16 日	联合厂房综合验收
2019 年 8 月 19 日	动力车间首张综合验收合格证
2019 年 7 月	成立工作组开展综合验收
2019 年 1 月 7 日	特斯拉上海超级工厂（一期）奠基仪式（产能为 15 万辆/年）
2018 年 12 月 28 日	获得一期施工许可证
2018 年 10 月 17 日	特斯拉项目签订土地出让合同
2018 年 7 月 10 日	美国特斯拉公司与上海市政府及临港管委会、临港集团签署纯电动汽车项目投资协议

注：1 月 7 日是发明家尼古拉·特斯拉去世的纪念日。

特斯拉上海超级工厂是集研发、制造、销售等功能于一体，投资规模达 500 亿元的超级工厂，项目占地 86 万 m^2，相当于 121 个标准足球场地。其中，一期工厂总建筑面积为 15.7 万 m^2。2020 年 11 月，特斯拉投资 4200 万元（约 640 万美元）。在上海超级工厂附近新建一家工厂，主要生产电动汽车充电桩，预计每年能生产 10000 根充电桩。

相比特斯拉弗里蒙特工厂第一代 Model 3 的生产线，上海超级工厂单位产能对应的平均资本支出预计将降低 65% 左右，Model Y 降低约 50%。此外，Model Y 与 Model 3 有约 70%

零部件可以相互通用,便于快速大批量生产。

4. 超级工厂

(1) 自动化生产　为了实现"让机器制造机器"的梦想,特斯拉内部组建了专注于工厂自动化的团队,并且为了加快进程,特斯拉还收购了包括德国 Grohmann Engineering 公司、美国 Perbix 公司、Compass Automation 公司、加拿大 ATW Automation 公司等在内的多家自动化公司。

从特斯拉公开的视频,无不为遍布工厂的联动机器人的生产场景所震撼。

1)冲压车间。特斯拉的冲压车间采用了中控室一体控制的模式。从原材料进入到冲压件产出的整个过程为全封闭,只留下了卷帘门用于模具更换与维护。全封闭的冲压环境,能够有效减少外界异物粘贴到凹模与凸模,从而降低冲压件诸如点蚀、凹坑等局部缺陷出现的概率。目前,冲压车间的终端收料仍采用人工搬运方式。

2)焊接车间。首先车身零部件从冲压机下线,通过传送装置运输到车身焊接区域,然后由焊接机器人完成车身焊接相应工序,并且在整个车身焊接和涂装工作区域,全部为自动化生产。

焊装生产线由左、右、上三台机器人同时进行工作,相比左右两台机器人,三台机器手臂的协调难度更大,但是生产的效率可以进一步提高。

焊接工艺完成后,特斯拉还采用了机器人自动激光扫描的形式,来进行焊接质量和尺寸的检查。

3)涂装车间。涂装车间内部均为无尘处理,采用工业机器人进行全自动化涂装。

4)总装车间。总装车间作为一个所有零部件整合的环节,会汇总大量来自各地的零部件,在厂房的一侧是一字排开的集装箱卸货区,所有的零部件都能第一时间送达生产线。

在质量控制环节,47 台机器人会从 1900 个位置扫描 Model 3 的车身组装线,确保其符合设计规范,把误差控制在 0.15 mm 范围内。

特斯拉的冲压、焊接及涂装三大工艺已经做到了高度的自动化生产,尤其是焊接及涂装工艺基本实现了全自动化,只需要少量人工进行检查和日常维护,而且机器人各自都能执行 2~3 个独立任务,还有一些机器人联合负责某些工序。虽然在总装车间依然需要人工辅助完成内饰、动力总成等安装工作,但是特斯拉通过大量引入 AGV,实现物流的自动化配送,从而改变了传统汽车生产线依靠板链的固定流水线生产方式,实现了柔性生产。

(2) 安全生产　特斯拉的焊接、涂装、总装车间采用各类点焊、弧焊、喷涂、搬运机器人,现场包含大量的人机混合工位,如何确保人与机器之间、机器与机器之间安全有序地调配,如何确保整个特斯拉工厂更安全、更高效地生产,是一个巨大的挑战。

特斯拉在遍布工厂的每一个角落部署安全扫描仪,根据安全光幕扫描的范围,设置相关保护区域、告警区域及配套的安全设施来确保人机协同安全生产。图 7-17 所示为安全光幕确保安全生产示例。

此外,特斯拉建立了人体工程学、生产和工程技术的设计原则及标准,使得产品更符合人体工程学,易于构建和安装,从初始阶段就将安全性纳入到了设计过程中。

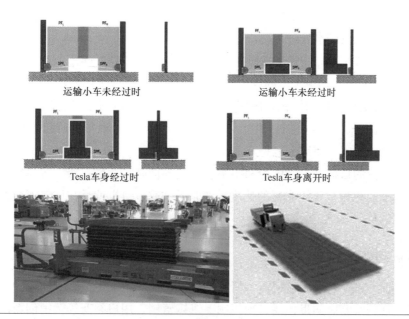

图 7-17 安全光幕确保安全生产示例

（3）信息系统　智能工厂除了自动化，还离不开信息系统的支持，在汽车行业 SAP 公司是这个领域绝对的王者。目前除特斯拉以外的汽车企业前 10 名中，有 9 家使用的都是 SAP 产品。最初，特斯拉也是 SAP 的客户。2012 年 6 月，随着全电动车型 Model S 的推出，为了更好地管理更大规模的生产，特斯拉重新评估其核心信息系统 ERP 的构建方式，考虑是升级现有系统，还是另寻出路？

由于特斯拉的商业模式是销售、服务、制造、研发高度整合的一体化模式，与传统汽车厂生产与销售和服务相分离的，横跨了若干主体的商业模式不同；同时特斯拉处于快速发展期，原有相对僵化的信息构架难于满足，因此埃隆·马斯克找到当时的 CIO 说："不如我们自己建一套吧"，从此开启了自主开发之路。

仅用了四个月时间，特斯拉就完成了系统的开发和上线。自此特斯拉再也不被现成的 ERP 系统所束缚，节省了高昂的产品费及升级费，以及长周期实施和很难戒掉的咨询服务。

特斯拉的信息系统直接使用了当时最好的低代码开发平台 Mendix 进行开发（2018 年西门子以 6 亿欧元收购了 Mendix），后弃用该平台，完全由自主开发。

这套系统叫 Warp Drive（"Warp"），经过多年迭代，Warp 成为全公司遵循的统一的软件开发管理准则。Warp 集中、集成和优化整个公司的供应链、产品计划、库存、销售订单管理、资产、财务等业务流程；用户在车机系统上的求助及报修功能等，也都直接连接到 Warp 系统中。

（4）绿色生产　特斯拉希望将其每一座超级工厂都建成是零能耗的绿色工厂。因此，多种电力来源确保了工厂的紧急电源需要——来自可再生能源与储能产品，整个工厂的屋顶都被太阳电池板所覆盖，同时未消耗的电能将被储存到储能设备中，用来在阴天或者没有光照的情况下使用。超级工厂还利用了地热和风能，并且所有电池可以回收再利用。

除了太阳能之外，对水资源的处理也非常的科学高效，拥有自己的水循环和处理设施，包括一个热回收系统及废水处理工厂。

（5）真正的超级工厂　埃隆·马斯克在 2016 年 6 月的特斯拉年度股东大会上，从工厂效率的角度发表了他对汽车超级工厂的设想："汽车工厂的终极产能＝体积利用率×生产速度"。

1）目前，特斯拉工厂的体积利用率（不是占地面积）低得难以置信，是 2%～3%。

2）今天世界上最先进的汽车工厂，大约每 25s 制造一辆汽车。听起来很快对吧！车身长度加上一些缓冲空间，速度大概是 0.2m/s。

因此，特斯拉的目标是：将体积利用率和速度各提升一个数量级，分别做到 20%～30% 和人步行的速度（正常成年人步行的速度大约是 1.2m/s），也就是在厂房不变的情况下，生产效率提升 6 倍！

7.4.2 营销创新

在推广方面，特斯拉也是值得深入研究的。其产品的精准定位、借助埃隆·马斯克的名人光环效应、话题策略、病毒传播、预售制、饥饿营销、用户裂变等营销创新已经被大家所熟知，这里主要分析其在销售模式和收费模式两方面的创新。

1. 销售模式创新

特斯拉在营销模式上颠覆了传统汽车企业以 4S 店为核心的经销商模式，而采用了"直销+互联网"的营销模式，所带来的好处主要表现在以下几方面：

1）采用直销模式，可有效降低产品库存和资金占用。

2）取消经销商中间利润，可降低消费者购买成本，加快资金周转。

3）解决因为经销环节而产生的价格不统一，通过线上购买可公平、透明消费。线下在市中心和商业中心开设旗舰店，锁定了第一批纯电动汽车的用户。

4）直营门店可减少与消费者之间的隔阂，获得最直接有效的信息反馈，提高产品的适应性和快速应变能力，进而提升产品的市场竞争力。

直销模式与分销模式的优劣势分析见表 7-6。

表 7-6　直销模式与分销模式的优劣势分析

模式	自营门店直销模式	传统 4S 店分销模式
优势	统一规范门店，统一透明售价，突出品牌形象，销售及服务流程统一，方便产品定制化	渠道容易快速铺开，实现资源互补，同时解决厂家售后维修等问题，降低主机厂管理难度
劣势	固定资本投入较高，覆盖区域能力有限，产品交付量多时门店能力有限	掌握客户信息有限，价格管控很难，跨区销售严重

2. 收费模式创新

传统车企通常的汽车换代周期为 5～8 年，因此其收费模式只能是通过销售前端汽车的一次性销售和后端部分维修维护市场获得收入并产生利润；而特斯拉可以通过 OTA 升级不断提升产品性能，并且通过对部分高端功能 OTA 升级进行收费，创造更多收入增长点，从而创出软硬一体化搭建的"终端+软件+服务"全产业链营收模式。

（1）软件收费模式分析　特斯拉目前并未在其财报中单独披露其软件业务的收入，但通过分析公司的业务明细，可以推测出其软件收入主要包括以下三块：

1）自动驾驶选装包。特斯拉的自动驾驶功能（FSD），也可以说是特斯拉汽车的灵魂。消费者付费激活后，可以享受到包括自动泊车、自动辅助导航驾驶、智能召唤等在内的高级自动驾驶功能，而且后续可以通过 OTA 持续升级自动驾驶能力。

2020 年 7 月 1 号，FSD 价格已从之前的 5000 美元/套上涨至 8000 美元/套（国内 64000 元/套），据业内专家预测在 2022 年将达 10000 美元/套。

FSD 收入的财务确认规则：当消费者选择激活 FSD 套件后，特斯拉会获得 6000 美元（现已上涨至 8000 美元）的现金，公司会将其中一半确认为当期收入；另一半则记为递延收入，当特斯拉在 FSD 中新增加一项功能，就可将递延收入余额部分转换为当期收入。从 2019 年的第三季度到 2020 年的第二季度，特斯拉累计新增递延软件收入达 7.55 亿美元。

2）OTA 付费升级。特斯拉此前对于软件的 OTA 升级基本上是以免费的形式提供的。2019 年以来，特斯拉开始积极尝试 OTA 付费升级。典型案例就是"Acceleration Boost"加速性能升级包。Model 3 车主只要付费 3000 美元，即可将汽车的百公里加速性能从 4.6s 提升到 4.1s。

特斯拉 2020 年以来推出的 OTA 付费服务情况见表 7-7。

表 7-7　特斯拉 2020 年以来推出的 OTA 付费服务情况

项　目	费　用	升 级 效 果
OTA 加速包	单次 2000 美元	百公里加速时间降低 0.5s
OTA 座椅加热	单次 300 美元	车辆获得座椅加热功能
续航升级	单次 19800 美元	提升续驶里程
MCU（媒体中心芯片）	单次 1800 美元	MCU1 升级到 MCU2，系统速度提升
家庭充电服务包	单次 8000 美元	家用充电桩和安全服务

3）高级车联网功能。特斯拉从 2019 年第四季度开始，首度开启车联网高级连接服务收费（9.9 美元/月），车主支付了服务费后即可使用实时路况、卡拉 OK、流媒体等高级车联网功能。

（2）软件收入预测　特斯拉未来在软件方面的收入可以从短期和中长期两个维度来考虑。

1）短期。在不改变前装一次性收费的商业模式的前提下，特斯拉软件业务主要由汽车销量、激活率、单价三大变量驱动。预计至 2025 年，特斯拉汽车销售量将超过 150 万辆；随着自动驾驶功能的增强，FSD 激活率有望持续提升，预计 2025 年达到 55%（据推断目前的激活率为 30% 左右）；保守预计 FSD 的单价在 2025 年将超过 10000 美元。

因此，2025 年 FSD 的收入将近 70 亿美元，占特斯拉汽车业务营收的接近 9%，贡献 25%的汽车业务毛利。

2) 中长期。特斯拉在 2021 年 7 月推出了 FSD 订阅服务，价格约为每月 199 美元，实现软件订阅服务的商业模式转换后，每辆激活 FSD 的销售车辆都有望为特斯拉贡献持续的现金流。

软件订阅服务的模式下，FSD 前期消费门槛进一步降低，有利于提升消费者的购买率，并且也符合埃隆·马斯克所倡导的软件持续收费的商业模式，预测 2030 年特斯拉将有超过 1800 万存量车主用户，其中近 80%将成为 FSD 的订阅付费用户，FSD 的订阅服务费将达到 160 亿美元/年。

在软件功能不断提升的情况下，特斯拉车辆的价格却一直在下降，以国产 Model 3 标准续航后驱升级版为例，从 2019 年 10 月的 35.58 万元，经历了 5 次降价后到 2020 年 10 月的售价仅为 24.99 万元，随着产量的不断攀升和国产化替代深入，还有进一步降价的空间。

（3）平台经济模式分析　未来特斯拉还将通过共享服务等网约车出行方式，与客户一起搭建起平台经济模式。2019 年 4 月，埃隆·马斯克在特斯拉总部举行的"Autonomy Day"上向投资者展示了一款特斯拉拼车应用。在 2019 年第四季度的财报会议上，埃隆·马斯克表示在推出自动驾驶出租车（Robotaxi）车队之前先实现共享汽车（car-sharing）。完全自动驾驶和运营的出租车网络将打破传统汽车制造商的商业模式，特斯拉将从硬件类利润率的一次性交易模式转变为软件类利润率的经常性交易模式，向乘客按每英里收取费用，并收取平台费用。未来特斯拉的出租车服务将由两种方式组成：

1) 特斯拉自有车队，完全自主化运营，类比出租车公司。

2) 由特斯拉车主组成的共享汽车车队，车主将空闲时间段的特斯拉交予特斯拉运营，并参与运营分成，类比 Uber 和滴滴。

网约车出行模式的核心是规模优势和算法壁垒，形成较大规模之后才会形成较好的网络效应。另外，通过算法的不断迭代优化，可以实现订单的更精准匹配。但在自动驾驶完全实现之前，特斯拉的共享出行服务实际上是为了让车主赚取出行费用的同时，使更多的消费者可以体验特斯拉汽车，加大其对品牌的宣传力度。

网约车出行的"规模效应+算法"壁垒详情见表 7-8。

表 7-8　网约车出行的"规模效应+算法"壁垒详情

在资金优势的基础上 不断构建规模优势	通过规模优势积累大数据 训练算法，提升效率
• 通过规模优势积累大数据，训练算法，提升效率 • 网约车行业具有明显的跨边网络效应 • 有效运力越多，接单效率越高，需求端体验越好 • 需求侧流量越多，驾驶员接活越多，挂靠驾驶员越多	• 建立 IT 团队，每年需要巨额的系统维护及开发支出，为海量出行订单提供最优效率匹配 • 利用规模优势，积累行驶大数据，持续训练出行算法，构建核心壁垒

综上所述，就不难判断为何特斯拉要不遗余力的降低车辆的销售价格、改变软件付费模

式、提高软件费用、打造自动驾驶出租车。因为,特斯拉卖车只是开始,软件及配套的服务才是特斯拉未来最核心的商业模式。

7.4.3 开放生态创新

特斯拉在生态圈上的创新不仅仅是围绕电动汽车的产业生态,更是围绕太阳能为核心的新能源产业生态,也是围绕开放共赢的软、硬件科技生态。面对生态,特斯拉采取的是完全开放的心态。

新能源汽车的对手不是同行,而是传统的燃油汽车。要想打败燃油汽车,就要尽可能地团结一切力量,把电动汽车技术广泛应用,特别是核心技术——充电系统,这是一个社会化的工程,因为单凭特斯拉一己之力,是不可能完成充电网络布局的。而开源就可以尽可能地聚集更多的新能源汽车开发者,只有整个新能源汽车产业盘活以后,特斯拉才能有更广泛的增长空间。

2014年6月12日,埃隆·马斯克在博客上写道"特斯拉汽车的问世是为了促进可持续交通的到来,如果我们创造出优秀的电动汽车,却用知识产权来阻挡后来者,这种行为是违背初衷的。对出于善意使用我们技术的任何人,特斯拉将不会启动专利诉讼。"

"我们相信,特斯拉和其他电动汽车生产商以及全世界,都将受益于一个共同的快速发展的技术平台",埃隆·马斯克在文章中随后说道"专利能打击竞争对手,但历史证明,技术领导力不是由专利而是由公司吸引和激励最具才华的工程师的能力决定的,我们认为,用开源理念看待我们的专利,将加强特斯拉在这方面的立场。"

技术的开源使得每一个人都可以在已有框架上进行个性化开发,每个人都能成为创意的源头,利用现有技术构建细分领域的应用。目前国内的很多造车新势力的迅猛发展,从某种程度上说是特斯拉开源的受益者。

7.4.4 组织创新

从组织结构来看,特斯拉与传统的汽车企业也存在非常大的差别,它是一个典型的以技术为驱动的高科技公司,九大部门中与技术研发相关的就占据了八个,其中自动驾驶小组由三个部门组成。特斯拉的组织架构如图7-18所示。

从人员组成来看,研发人员占特斯拉公司总人数的比例为18%,其中以"计算机科学+计算机工程+计算机软件工程"为主的软件人员占研发总人数的比例为36%,以"电气电子工程+电气、电子、通信工程"为主的电气工程师占研发总数的比例为19%,两者的总人数占研发人数的比例超过了55%。特斯拉研发人员组成结构如图7-19所示。

除了在组织架构及人才组成方面的创新外,特斯拉更为关注团队的跨界协同,打破传统的研发、设计及生产之间的鸿沟,将开发团队和生产团队组合起来,实现团队技能混合,可以在非常短的循环内快速做出决定。同时,埃隆·马斯克更为强调技术上的跨界整合"如果您想当程序员写代码,就必须掌握力学知识",这样完美有效的结合才开启了特斯拉全新的征途。

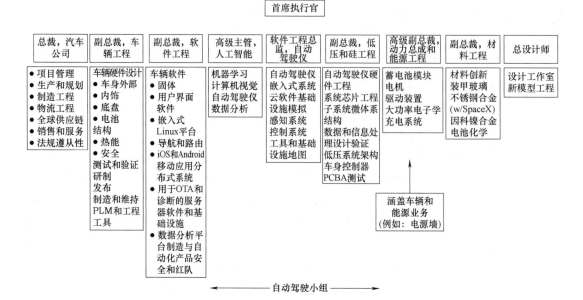

图 7-18 特斯拉的组织架构

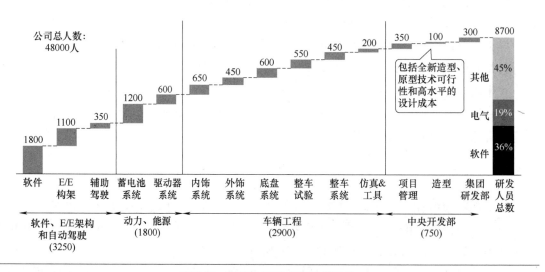

图 7-19 特斯拉研发人员组成结构

7.5 特斯拉创新启示

通过特斯拉案例的分析,不难总结出以下的创新启示:

启示一:创新要站在更高的维度进行谋划

以宏伟目标创办公司,特斯拉并不是一个完全的汽车企业,而是一家科技公司,一家提供生活方式的公司,一家为了地球可持续发展而存在的公司。

特斯拉是典型的行业趋势引领者,在电动汽车产业链尚未成形的年代,凭借出色且大胆的技术集成思路,为汽车行业带来时代性变革。特斯拉即是电动汽车,但不仅仅是电动汽车,具有更为远大的抱负,因此特斯拉不纠结于一时一地的成败,为创新营造了比较好的环境。

启示二:创新回归第一性原理

一切事情从最本质的地方出发,解决它最本源的问题。特斯拉无论在产品侧、制造侧、服务侧及管理侧等方面的创新,无不充分体现了第一性原理。

事情必须是有用的、合乎逻辑的、科学上可以实现的;并着眼于每个层面、每个细节,打破常规,进行提升,如在蓄电池方面的创新,从体系、材料、结构、工艺、制造等方面无不充分体现。

启示三:用科学的方法解决问题

埃隆·马斯克经常把"科学方法"挂在嘴边,什么是科学方法?埃隆·马斯克曾经总结了6个步骤:

第一步:提出一个问题。

第二步:收集关于这个问题尽可能多的资料和证据。

第三步:根据证据发展出可能的公理,并尝试计算每一个公理是真理的可能性,其实也就是这些公理是否能够成立。

第四步:中肯地得出结论:这些公理正确吗?它们与你提出的问题相关吗?它们是不是能严格推出这个结论?结论有多大的概率成立?

第五步:试图证伪这个结论。找一些别人对这个结论的批驳来进一步帮助你打破结论。

第六步:如果没有人能否定你的结论,那么你很可能是对的,但你也不一定绝对正确。

启示四:将创新形成明确的阶段目标

埃隆·马斯克在特斯拉发布的阶段性宏图目标,其实在他的其他商业蓝图中都能找到类似的痕迹,这样做的好处是,一方面可以围绕这一目标集聚资源,特斯拉众多优秀人才及供应商就是围绕这一既定的目标来进行规划的;另一方面,可定期对目标进行审视,重新整合资源来达成目标。

埃隆·马斯克对工作预期完成时间会制定非常苛刻的时间表,但同时特斯拉又总是不能在产品发布期限到来时按时推出产品。埃隆·马斯克的观点是"延迟发货但保证质量比按时交付但敷衍了事要好"。

启示五:开放是实现创新的源泉

创新的目的不是阻止他人进入,而是共同创造,从而提升整个领域的创新水平。成功的开放式创新不但不会降低创新门槛,而会因为水涨船高,构建起新的创新门槛,避免低水平的重复创新,同时开放式创新的发起机构,将成为源源不断的创新源头,因此可构筑起越来越高的门槛。

启示六:跨界才能创造出伟大的产品

特斯拉在电子构架、软件构架等方面极具颠覆性的创新思路，应该是来自于埃隆·马斯克及其团队前期在互联网成功的经验。即是将其他行业的成熟经验转嫁到已经约定俗成的行业中，并实现融合，可创造出伟大的技术和产品。

启示七：从集成创新向正向创新

遵循发展的成熟度路线图，借助科技、资金和政策的力量，与开放的心态进行合作，实现了有效跨越，技术有效地进行迭代（成熟一代、预研一代、探索一代），迭代的依据来源于客户的痛点和技术发展的规律。

启示八：技术与商业完美结合

从实际应用开始，寻求商业化途径，为宏大目标提供可持续道路。

首先从可应用的产品切入，探索怎样与商业结合。特斯拉就是先从可应用的近期产品入手，为宏伟设计奠定一条可持续发展的道路。特斯拉的宏伟目标是批量生产价位合理、远距离行驶的自动驾驶电动汽车，是先从制造较高端的电动汽车出发。

诚然，特斯拉也并非完美无缺，内部必然面临诸多问题，外部面临众多挑战，但其在创新领域的实践是值得深入学习、借鉴和反思的。

参 考 文 献

[1] 李翔，李颖. 企业信息化评估与规划之路［M］. 北京：机械工业出版社，2015.
[2] 辛国斌. 智能制造探索与实践［M］. 北京：电子工业出版社，2016.
[3] 乌利齐，等. 产品设计与开发［M］杨青，等译. 北京：机械工业出版社，2018.
[4] 安筱鹏. 重构数字化转型的逻辑.［M］. 北京：电子工业出版社，2019.
[5] 安筱鹏. 制造业服务化路线图［M］. 北京：商务印书馆，2012.
[6] 赵敏，张武城，王冠殊. TRIZ 进阶及实战［M］. 北京：机械工业出版社，2016.
[7] 胡虎，赵敏，宁振波，等. 三体智能革命［M］. 北京：机械工业出版社，2016.
[8] 赵敏，宁振波. 铸魂：软件定义制造［M］. 北京：机械工业出版社，2020.
[9] 田锋. 精益研发 2.0［M］. 北京：机械工业出版社，2016.
[10] 梁乃明，方志刚，李荣跃，等. 数字孪生实战［M］. 北京：机械工业出版社，2019.
[11] 张新国. 国防装备系统工程中的成熟度理论与应用［M］. 北京：国防工业出版社，2013.
[12] 刘慈欣. 三体［M］. 重庆：重庆出版社，2008.
[13] 库珀，埃迪特. 产品创新战略［M］. 陈劲，于飞，译. 北京：企业管理出版社，2017.
[14] 刘劲松，胡必刚. 华为能，你也能：IPD 重构产品研发［M］. 北京：北京大学出版社，2020.
[15] 郭富才. 新产品开发管理，就用 IPD［M］. 北京：中华工商联合出版社，2015.
[16] 科特勒，凯勒. 营销管理：第 15 版［M］. 何佳讯，于洪彦，等译. 上海：上海人民出版社，2017.
[17] 瓦伦丁. 从丰田主义到特斯拉主义［M］. 陈明浩，译. 北京：社会科学文献出版社，2019.
[18] 派恩，吉尔摩. 体验经济［M］. 夏业良，鲁炜，译. 北京：机械工业出版社，2002.
[19] 中国工程院战略咨询中心. 全球工程前沿［M］. 北京：高等教育出版社，2019.
[20] 德勤. 全球制造业竞争力指数：2016［Z］. 2016.
[21] 麻省理工科技评论. 全球十大突破性技术［Z］. 2020-2016.
[22] 张承耀. 体验经济的十大特征［J］. 经济管理，2004（21）：24-26.
[23] 波特，贺普曼. 物联网时代的企业竞争战略［J］. 哈佛商业评论，2014（11）.
[24] 波特，贺普曼. 物联网时代企业竞争战略（续篇）［J］. 哈佛商业评论，2015（10）.
[25] 国际机器人联合会. 2020 年世界机器人技术［R］. 2020.
[26] 工业互联网产业联盟. 工业互联网体系架构（版本 2.0）［R］. 2020.
[27] 普华永道. 数字化汽车报告［R］. 2018.
[28] 德勤. 2020 中国汽车后市场白皮书［R］. 2020.
[29] 宋大伟，郭雯. 我国服务型制造发展和"十四五"展望［J］. 中国科学院院刊，2020，35（11）：1358-1365.
[30] 艾瑞咨询. 2019 年中国 MarTech 市场研究报告［R］. 2019.
[31] 东吴证券. 软件定义汽车 E/E 架构是关键［R］. 2020.
[32] 波士顿咨询. 特斯拉汽车游戏规则改变者-产品、商业模式及思维方式［R］. 2020.
[33] 任泽平，连一席，谢嘉琪，等. 特斯拉研究报告［R］. 2020.

结束语

面向创新,需要走过四重境界:是、事、势、时。

是:反复纠结于是什么?试图进行反复、充分地论证研究,生怕错过每一次机会,也惧怕判断失误,因此谨小慎微。因为没有深入可能的应用场景,往往停留于简单的概念论证阶段,乐此不疲,却忘记了回归本源去看待问题,也就是回归客户价值、企业价值,回归第一性原理,盲目跟风,丧失独立的判断能力,人云亦云。如果企业家仅纠结于"是",将是大忌。

事:不再纠结于"是"的概念,而是能结合企业实际,回归本源,开始谋划如何做,做什么,并能付诸具体行动计划,也就是"事"上。虽然不完美,但勇于实践,在实践中调整姿态。偶尔也会关注"是"的内容,尤其当"事"碰到困难或挑战的时候。

势:企业如果已经建立了"事"的能力,那么仅仅满足于"事"是远远不够的,可能因为捡了芝麻丢了西瓜。尤其是企业的决策者,需要从"事"中脱离出来,从事物的发展规划去谋"势",即分析目前的态势、展望未来的走势,通过全局视野来看待具体的热点趋势,寻找"势"中的切入点,即选择最具价值的地方进行切入。进入"事"的状态,形成"势事联动",而非"是事纠结"。企业除了"势事联动"外,更应该考虑如何借时造势,谋求事半功倍的效果。

时:具有非常实力的企业,不去论证是非走势的问题,因为那些问题已经有大量的企业在进行论证并付诸实践了,因此他们只需要冷静地进行观察,"让子弹飞一会儿",伺机而动。具有非常实力的企业拥有巨大的资源整合实力,其一旦介入就有可能改变游戏规则,并且往往因此而创造出新的"势"出来。但也切忌"势事不时",观而不动,坐失良机;同时也需要借

"势"将自己的篱笆筑牢,警惕世事变迁,被跨界打劫。

企业是完全可以做到第二、三重境界的。因此与其纠结于"是",论证茴香豆的"茴"字有多少种写法;不如躬身入局,将茴香豆真正地做好,也就是"事"上。当然在埋头赶路的同时,偶尔也要仰望星空,关注"势"的发展;如果有实力"时"机而动,将茴香豆的资源进行全面整合,那么就要借势而为,创造出新的势能。

创新,因为相信,所以看见,无限可能!